KB239481

# 자기혁신경영기술

채수명 지음

가림출판사

# 책머리에

*자기경영기술 없이 자기 비전 없다!*
*자기경영의 노예가 되지 말고 자기 CEO가 되어라.*


이는 프로시대를 맞이해 핵심포인트로서 자기혁신에 의한 탁월한 경영관리가 없는 사람이나 조직이 경쟁력을 잃게 되는 것은 지극히 당연한 자연의 법칙이다.

더구나 지구촌이 하나 되고 무한경쟁에 의한 상상을 초월한 사회변혁의 물결이야말로 두려움의 존재가 아닌 건너야 할 깊은 강이자 넘어야 할 험준한 산맥이며 거센 파도임에 틀림없다.

오늘날은 신지식에 의한 정보통신·문화시대이므로 직업경쟁이 아닌 직종경쟁이 전개되어 오직 몇 %에 해당하는 프로들만 생존할 뿐 누구나 할 수 있는 단순업무직의 아마추어는 자연스럽게 정체되거나 도태되어 갈 수밖에 없다.

따라서 반세기 동안 우리 사회를 지배해온 학력중심의 시대는 가고 능력중심의 시대가 열리니 신선한 창의기획력을 바탕으로 한 노하우와 고품격의 신뢰 및 도덕성을 중시하는 선진사회로 전환할 수밖에 없다. 이로써 탁월하고 건전한 인맥 만들기, 고액연봉과 재테크, 시간창출과 취미활동, 이미지연출과 스트레스 해소를 위한 건강관리 등 신바람을 통한 보람된 삶의 질 향상이 중요한 이슈로 등장하였다.

　이러한 상황 아래에서는 오직 수단과 방법을 가리지 않고 돈을 벌어서 물 쓰듯이 호화롭게 사는 이기주의적인 출세주의의 늪에서 빠져나와야 한다.

　그저 아무 생각 없이 하루를 재미있게 즐기는 일은 있을 수 있으나 아무 계획 없이 일년 아니 수년을 시간만 보내는 것은 자신의 인생 경영에 있어서 문제가 심각하지 않을 수 없다.

　남과의 비교경쟁 우위확보를 위한 발버둥은 참다운 자기 인생이 아니므로 행복하기보다는 오히려 스트레스가 쌓이고 극단적인 이기주의에 빠져 결국 자신의 인생과 가족을 타락시켜 그 종말은 비참한 경우가 많다.

　따라서 단 한 번밖에 없는 인생을 철학자처럼 지혜롭고, 종교인처럼 가치 있으며, 예술가처럼 아름답고, 최고경영자처럼 경영혁신하여 경쟁력을 기르고 재미있게 어려운 이웃에게 봉사하면서 함께 행복하게 살 수 있는 방법을 스스로 찾아야 한다.

　지금까지 내 인생이 타의에 의해 지배를 당하는 피동적인 생활이었다면 이제는 거기서 벗어나 당당히 내가 내 인생의 주인공으로서 창조자이고 경영자가 되기 위해 신지식 자기경영마인드를 바탕으로 지혜와 슬기를 발휘해야 할 때이다.

　이를 위해서는 자신의 인생을 합리적으로 기획하고 조직하며 지휘하고 조정하여 통제하는 한편 비전을 실천하는 고도의 자기경영관리기술이 필요하다.

　이에는 자신의 인생항로와 관련된 인생경영, 직업과 관련된 고유업무의 전문성과 품질을 위한 전문품질경영, 이미지연출 및 비즈니스의 인간경영, 가족의 자원을 극대화하여 행복 추구를 하는 가족경영 등 효율성을 극대화시켜야 한다.

자기경영도 못 하면서 가족경영과 조직경영 그리고 사회경영을 하겠다고 나서는 것은 지나친 모순이고 과욕으로 자신뿐만 아니라 여러 사람들을 그릇되게 하는 주범이 된다는 사실이다.

이런 점 때문에 자기경영에 대한 새로운 인식과 함께 그 방법론을 찾으려는 수많은 혁신자들이 늘어나고 있는 추세야말로 자신과 가정 그리고 조직 및 우리 사회를 밝게 만들 수 있는 바람직한 태도임에 틀림없다.

이런 상황하에서 구호만 요란할 뿐 이를 실천하기 위한 구체적인 지침과 방법론 및 성공과 실패 사례를 제시하는 진정한 전문가와 단행본이 전무해 욕구에 충만한 프로를 지향하려는 수많은 사람들의 기대를 충족시키지 못하고 있는 실정이다.

이런 문제점을 속 시원히 해결하고자 이미 수년 전부터『프로근성』,『자기계발혁신 경영관리실무』라는 단행본을 집필하는 과정에서 좀더 쉽게 독자들의 이해도를 높이기 위해 수정과 보완을 통해 이 책이 탄생하기에 이르렀다.

이로써 지금까지 자기경영기술의 전도사로서 활동을 통해 얻은 자가진단기법과 자기경영기술에 관련된 핵심적인 50가지 요소를 알기 쉬운 설명과 함께 구체적인 방법론 및 성패 사례에 각론을 제안하는 등 필자의 모든 노하우와 역량을 이책에 담았다.

아무쪼록 이 책을 통해 자기경영의 창조자이자 혁신자이고 경영자로서 보람된 삶을 영위함은 물론 비전을 앞당겨 자신과 조직의 성장 및 가정의 행복을 마음껏 누릴 수 있도록 분출구를 마련하는 지침서가 되었으면 하는 마음 간절하다.

'성공하는 사람은 무엇인가 다르다', '멀리 보고 뛰면서 생각하라', '최후의 승리자가 진정한 승리자다', '되는 집안은 가시나무에도 수박 열린다', '단 한 번밖에 없는 인생 멋지게 살자' 라는 점은 무엇을 의미하는지 한 번쯤 생각해 볼 일이다.

어둠 속에서 떠오르는 찬란한 아침 햇살을 바라보면서 이글거리는 한낮에 태양의 정열이 황홀한 저녁노을로 이어지기를 기대하는 것은 한 번밖에 없는 우리네 인생과 다를 바 없다.

이처럼 자기경영기술은 21세기 자기 패러다임(paradigm : 규범)이므로 고도의 과학(science)이고 기술(technology)이며 예술(art)로써 시너지(synergy : 상승) 효과를 위한 자기만의 노하우 축적이 요구된다.

끝으로 이 책이 나오기까지 항시 충고와 격려를 아끼지 않으신 부모님께 진심으로 감사드리며, 올해 칠순을 맞이하신 것을 이 책에 감사의 뜻을 담아 올리고 싶으며, 가림출판사의 무궁한 발전을 빈다.

2002. 9.

연구실에서 **채 수 명**

# 차 례



## 제1장 프롤로그



## 제2장 자기경영기술

# 제1장 프롤로그

# 과학적인 자가진단 - 체크리스트

## 1. 내가 나를 객관적으로 진단해 보라.

그리스의 철학자 소크라테스는 "너 자신을 알라."라고 하였다.

그러나 우리는 이를 '네 꼬라지를 알라.' 라로 변형하여 비아냥거리는 유행어를 만들었다.

그 내면에는 내가 나를 반성하고 새로운 사실을 발견하면 인생 목표에 도움이 될 뿐만 아니라 상황에 따라 긴밀하게 대처하는 지혜와 슬기를 찾을 수 있다는 뜻이 깊게 깔려 있다.

물론 내가 나를 안다는 것은 매우 쉬우면서도 어려운 일이다.

우선 나의 현주소를 알려면 다음과 같이 종합적이고 체계적인 자가진단표를 객관적이고 과학적이며 합리적인 방법에 의해 주기적으로 체크해 보는 습관이 필요하다.

내가 나를 안다는 것은 좋은 일이다.

# 자가진단 체크리스트(체크시간 : 30분 정도)

| 구분 | 체 크 사 항 | 수 (2.0) | 우 (1.5) | 미 (1.0) | 양 (0.5) | 가 (0) | 기타 |
|---|---|---|---|---|---|---|---|
| 지식경영 | 1. 나의 최종학력과 전공 정도는? | | | | | | |
| | 2. 나의 전문성 업무경력 정도는? | | | | | | |
| | 3. 나의 신지식 경영마인드 정도는? | | | | | | |
| | 4. 나의 고객만족 마케팅응용력 정도는? | | | | | | |
| | 5. 나의 국제문화 수용력·응용력 정도는? | | | | | | |
| 창의경영 | 6. 나의 시대변화에 대한 순응 정도는? | | | | | | |
| | 7. 나의 의식수준과 시대변화 정도는? | | | | | | |
| | 8. 나의 아이디어 창출력 정도는? | | | | | | |
| | 9. 나의 고비용·저효율 타파력 정도는? | | | | | | |
| | 10. 나의 참신한 기획력 효용 정도는? | | | | | | |
| 정보경영 | 11. 나의 정보사냥 노력 정도는? | | | | | | |
| | 12. 나의 정보분석 및 활용력 정도는? | | | | | | |
| | 13. 나의 실패 교훈의 대응력 정도는? | | | | | | |
| | 14. 나의 일에 대한 추진력 정도는? | | | | | | |
| | 15. 나의 업무경쟁 전략전술력 정도는? | | | | | | |
| 품질경영 | 16. 나의 종합적인 프로근성력 정도는? | | | | | | |
| | 17. 나의 상호간 시너지효과력 정도는? | | | | | | |
| | 18. 나의 종합품질 강화력 정도는? | | | | | | |
| | 19. 나의 인간욕구, 8Q력 정도는? | | | | | | |
| | 20. 나의 성실성·근면성 정도는? | | | | | | |

| 조직경영 | 21. 나의 팀 지도육성능력 정도는? | | | | | |
| | 22. 나의 의사결정 합리성 정도는? | | | | | |
| | 23. 나의 경영관리기술력 정도는? | | | | | |
| | 24. 나의 팀워크 기여도 정도는? | | | | | |
| | 25. 나의 조직목표 달성력 정도는? | | | | | |
| 비즈니스경영 | 26. 나의 고품격 언어사용 정도는? | | | | | |
| | 27. 나의 협상력과 처세술 정도는? | | | | | |
| | 28. 나의 인맥만들기와 활용 정도는? | | | | | |
| | 29. 나의 고가치 자격증 보유 정도는? | | | | | |
| | 30. 나의 도덕성과 준법정신 정도는? | | | | | |
| 이미지경영 | 31. 나의 매너 호감과 신뢰성 정도는? | | | | | |
| | 32. 나의 디자인 센스, 패션감각 정도는? | | | | | |
| | 33. 나의 이미지 메이킹 파워 정도는? | | | | | |
| | 34. 나의 디스플레이, 환경연출 정도는? | | | | | |
| | 35. 나의 자원봉사 활동 정도는? | | | | | |
| 인생경영 | 36. 나의 시간창출, 활용력 정도는? | | | | | |
| | 37. 나의 인생설계와 실천 정도는? | | | | | |
| | 38. 나의 가정경영의 효율성 정도는? | | | | | |
| | 39. 나의 행복지수와 향상 정도는? | | | | | |
| | 40. 나의 비전준비와 투자 정도는? | | | | | |
| 재테크 | 41. 나의 부기 · 회계상식 정도는? | | | | | |
| | 42. 나의 연봉수준 상대비교 정도는? | | | | | |
| | 43. 나의 자금운용의 효율성 정도는? | | | | | |

| 경 | 44. 나의 소비경제 생활 정도는? | | | | | |
|---|---|---|---|---|---|---|
| 영 | 45. 나의 부업준비와 현실 정도는? | | | | | |
| 건 | 46. 나의 정신건강상태와 관리 정도는? | | | | | |
| 강 | 47. 나의 영양의 효율적인 섭취 정도는? | | | | | |
| 경 | 48. 나의 스트레스해소의 관리 정도는? | | | | | |
| 영 | 49. 나의 맞춤운동의 주기성 정도는? | | | | | |
| | 50. 나의 신앙생활 충실성 정도는? | | | | | |
| 총 계 | | | | ( ) 점 | | |

c. chae soo myung 1

## 2. 나의 자가진단 평가 성적표는?

　내가 체크한 총계는 곧 나의 평가표이기 때문에 어떤 결과가 나오더라도 이를 인정하고 받아들이는 자세가 필요하다.

### 나의 자가진단평가 결과표

◆0~29(29) : 매우 불량(노동자, 블랙칼라) → 문제 심각, 좀벌레, 즉각 퇴출 대상, 아주 불행한 삶과 조직생활 / 근본적인 자기반성, 진단지도 시급

◆30~54(25) : 불량(근로자, 그린칼라) → 문제 보유, 퇴출대상, 불만족스러운 삶과 조직생활 / 자기혁명 진단지도 필요

◆55~69(15) : 부족(아마추어, 블루칼라) → 단순업무수행, 부족한 삶과 조직생활 / 자기혁신 준프로도약

◆70~84(15) : 보통(준프로, 화이트칼라) → 페이퍼 업무, 보통의 삶과 조직생활 / 자기개혁 프로의식 전환

c. chae soo myung 2

이때 평가가 좋으면 좋을수록 인생을 보람되게 생활하고 있다
는 증거이지만 그렇다고 우쭐대지 말고 부족한 점을 강화하여 세
계적인 프로가 되도록 연구 노력해야 한다.

반면에 평가가 불량하다면 지나치게 낙심하거나 거부하지 말고
이를 인정하여 근본적인 문제 해결을 위해 노력하는 자세가 필요
하다.

「사람은 미래를 먹고사는 사회적인 동물」이기에 어제보다는 오
늘, 오늘보다는 내일을 위해 살아가고 있으므로 과거보다는 현재,
현재보다는 미래가 더욱 소중한 것이다.

저 높은 미래 세계에 도착하여 보람된 인생의 삶을 영위하기 위
해서는 항시 인생의 좌표 아래 주어진 악조건 속에서도 굴하지 않
고 내일을 위해 오늘의 고통을 참고 연구 노력하는 길뿐이다.

단 한 번밖에 없는 인생을 멋지게 보내기 위해서는 21세기 글로
벌적인 프로근성의 사고와 행동이 요구되지만 만약 이러한 조건
을 갖추지 못하면 고통스런 나날이 예상된다.

## ▶자가진단 평가사례

몇 년 전 20대 후반의 두 젊은이에게 간곡한 상담요청을 받았다. 두 젊은이는 고향친구로 한 사람은 고향에서 상고를 졸업하였고 다른 사람은 서울에서 2년제 대학을 졸업하고 모두 군에 다녀온 취업준비생이었다. 그들은 유통업분야에 야망을 갖고 꼭 취업하려고 100여 통의 이력서를 냈지만 면접은 고사하고 번번이 서류전형에서 낙방하고 말았다.

그리고 거의 매일 소주로 세월을 보내다가 답답한 마음에 평상시 미친놈들의 장난이라고 맹렬히 비난하던 점쟁이한테 가서 점을 보았다. 그렇지만 점쟁이가 몇 년을 기다려도 될지 말지라고 했기에 그들은 나에게 복채만 날렸다면서 자신들이 취직이 안 되는 그 원인의 해법을 명쾌하게 제시해 달라고 했다. 그래서 두 사람에 대한 자가진단 체크를 해본 결과 모두 부족한 상태로 나왔다.

근본적인 의식개혁으로 새로운 삶의 방향을 세우고 전문성을 강화하기 위한 매너, 교양, 경영, 마케팅, 프로영업테크닉을 위한 자기계발혁신을 권하고 사업을 한 번 시작해보라며 구체적인 방법을 가르쳐 주자 한 사람은 부정적으로 받아들였고 한 사람은 긍정적으로 받아들여 의견 일치를 보지 못한 채 돌아갔다.

그런데 상고를 졸업한 사람은 잊을 만하면 전화로 무엇인가를 물어 보거나 가끔 찾아왔는데 처음에는 시간도 부족하고 해서 귀찮았으나 10여 개월 간에 걸친 한결같은 그의 끈질김에 그만 항복하고 말았다.

　기초적인 인간적 품성과 성실성을 다듬어가고 전문성과 마케팅 경영마인드 등을 파고들려는 그의 집념에 감탄하지 않을 수 없었다. 그러던 중 한 유통업체에 강의를 나갔다가 신입사원 추천 요청을 받았다. 처음에는 그 젊은이의 추천을 망설였으나 문득 그는 현재는 부족하지만 그의 열정이 몇 년간 지속된다면 충분히 재목이 될 수 있다는 확신을 갖고 추천하기로 마음을 굳혔다.

　그러나 혹시 요청한 회사에서 맘에 안 들어할까봐 걱정스런 마음에 면접 준비를 철저히 시키는 극성을 부린 결과 아주 좋은 사람을 추천해줘서 고맙다라는 인사와 함께 강의 요청까지 받았다.

　빈약한 상황에서 자존심만 내세우는 요즈음 젊은이들을 볼 때면 가끔 그가 생각난다.

# 자신을 업그레이드 하는 방법

## 1. 자가평가의 결과를 철저히 분석하라.

언제나 평가의 목적은 과거의 반성을 통해 미래의 발전을 찾으려는 데 있다.

이때 상대적이고 절대적인 비교, 분석을 통해 문제의 원인을 제대로 찾아 개선하는 돌파력을 찾으려는 자세가 필요하다.

비록 과거와 현재가 부족하여도 미래의 발전을 위해 필요한 것이나 평가를 두려워하여 미리부터 부정적인 선입견을 갖고 있다는 점이 발전을 가로막는 주요 원인이다.

따라서 자신이 평가대상자이면서도 혁신자이고 지도자임을 명심한다면 별 문제가 없는 것으로, 분석력이 부족하다면 전문가들에게 자문하면 개선점까지 제시받을 수 있어 더욱 효과적이다.

| 구분 | 지식경영 | 창의경영 | 정보경영 | 조직경영 | 비즈니스경영 |
|---|---|---|---|---|---|
| 만점 | 10 | 10 | 10 | 10 | 10 |
| 점수 | ( ) | ( ) | ( ) | ( ) | ( ) |

| 구분 | 시간인간경영 | 재테크경영 | 품질경영 | 이미지경영 | 건강경영 |
|---|---|---|---|---|---|
| 만점 | 10 | 10 | 10 | 10 | 10 |
| 점수 | ( ) | ( ) | ( ) | ( ) | ( ) |

| 기타 | 평균 ( ) | 최고 강한 분야 ( ) | 최고 취약 분야 ( ) |
|---|---|---|---|

c. chae soo myung 3

  우선 위의 영역별로 평균을 낸 후에 상호간에 비교하여 부족한 점과 장점을 더욱더 강화시키기 위해 철저히 원인을 입체적으로 분석하려는 의지가 있어야 한다.

  이후에는 구체적인 세부사항을 유사한 관련 사항으로 묶어 체계적이고 객관적으로 분석하고 합리적이고 효율적인 개선책을 찾아 실천하려는 자기혁신 및 노력이 요구된다.


## 2. 내 능력의 업그레이드를 위하여

  과연 나는 '나의 계발을 위해 어느 정도 노력하고 있는가?' 하는 질문에 대한 대답은 신통치 않을 것이다.

시대변화로 컴퓨터를 업그레이드 하듯이 나 자신을 업그레이드 하는 방법을 찾아야 한다.

그동안 우리 사회는 외형적인 경력과 학력을 중시하는 과거중심적인 풍토였다. 이러한 풍토는 결국 개인은 물론 조직과 사회, 국가혁신 및 발전의 저해요인이 되었고 그 한계점에 이르러 붕괴되고 있는 것은 좋은 현상이 아닐 수 없다.

과거지향적인 학력과 현재의 업무의 질과의 함수관계는 특정관계가 아니라 참고사항일 뿐 업무와 개인적인 자질 및 신뢰성과는 별개의 일임에 틀림없다는 점에서 시대가 요구하는 신지식인으로 변신해야만 한다.

이런 점에서 믿을 것은 현재의 자질과 능력 및 책임성이기에 자기계발혁신을 위한 끊임없는 학습과 업무 연구 및 노력이 절실하여 근무 외 시간을 내어 과학적이고 장기적인 혁신이 필요하다.

또한 당장 실현이 가능한 것은 미루지 말고 지금 바로 생각하고 개혁하여 실천하려는 의지가 요구된다.

과거의 추억과 영화를 먹고사는 사람은 과거의 여행에 취해 살고, 현재에 취해 있는 사람은 불확실한 내일을 생각지 않으며 현재의 시간을 멈추려 한다.

업그레이드 방법

| 구 분 | 내　　　용 | 방 법 |
|---|---|---|
| 개인혁신 | 시간인생경영, 재테크경영, 품질경영, 이미지경영, 건강경영 | 개인혁신 |
| 지식기술혁신 | 창의경영, 지식경영, 정보경영, 비즈니스경영 | 학습연구 |
| 조직혁신 | 조직경영 | 팀연구 |
| 비　　　고 | 개인혁신, 팀혁신, 기업혁신 / 대학(원)진학, 사내대학운영 | |

c. chae soo myung 4

과거와 현재는 비록 초라하였어도 이에 굴하지 않고 미래를 위해 어떤 고난이 닥쳐도 이를 극복하려는 강한 의지가 있는 사람만이 존재하게 된다.

이로써 보편적이고 탁상공론의 일시적인 연수교육은 기대하는 효과에 도달하지 못하므로 신지식에 의한 체계적인 테크닉방법론을 찾기 위해 매일, 매주 다양한 스터디그룹을 조직하여 혁신경영 관리를 위한 추진방법을 모색하는 것이 바람직하다.

근본적인 문제 해결을 위해서는 자체적으로 철저히 계획되어 승인된 사내대학(원)을 실비운영에 의한 사례중심의 현장연구로 발표한 후에 단행본으로 출간한다면 업무개선과 함께 기업홍보 및 개인의 자질 향상에도 크게 기여할 수가 있다.

그러나 이를 안 된다고 여기고 귀찮아 하다보니 언제나 제자리에서 맴돌게 되므로 전문성이 없고 경쟁력이 취약해지기 마련이다.

자신의 강약점을 고려하면서 항시 연구, 노력하는 사람의 프로

시대가 오고 있으니 아마추어는 자연도태된다는 사실을 깊이 인식하길 바란다.


## 3. 고졸학력으로 국내 최고 명문대학 경영대학원 수료

오랫동안 외항선을 착실히 탔던 M주식회사의 K사장.

큰돈을 모아 뜻을 같이한 한동네에 살면서 형, 동생하면서 친하게 지내던 사람과 건설업을 하다가 원인 모를 부도 이후 오랫동안 분노와 좌절 및 절망에 빠져 자살까지 시도한 적도 있었다.

과거를 훌훌 털고 일어나 영세한 의류 생산업체의 생산과장으로 들어가 밤낮 없이 쉬지도 않고 중노동을 하였지만 몇 년이 안 지나 이마저 부도가 나고 말았다.

이런 바람에 사장이 이민을 떠나자 그동안에 받지 못했던 밀린 월급과 의기투합한 직원들이 돈을 모아 회사를 인수하게 되었고, 가장 신임이 두터웠던 지라 자타에 의해 사장이 되었다.

모든 종업원들은 주주라는 자부심을 가지고 이를 악물고 열심히 일하였다.

그 결과, 물량이 달릴 정도로 생산량이 점점 증가하여 20년 동안 초고속 성장을 이루어 직원도 100여 명이나 되었고, 매출도 연간 100억 원이나 되는 중견기업으로서 업계에서는 내노라고 할 정도로 널리 알려져 있을 정도의 위치를 구축하였다.

이처럼 돈도 많이 벌어 고급 승용차를 타고 고급 빌라에서 살고 있어 부러울 것이 없으련만 언제나 짧은 가방끈이 그 자신을 더욱 짓눌렀다.

고졸이라는 학력과 지식의 빈약함 때문에 고민하기에 그의 자존심을 최대한 살려주면서 시대에 맞는 전문경영자로서의 자질 향상 및 비즈니스는 물론 학력 콤플렉스를 보완하기 위해 대학원 입학을 조심스럽게 권유하였다.

그러자 "나는 고졸학력인데 무슨 대학원이냐, 놀리지 말라."고 하였다. 이에 내가 자세한 설명을 해주자 그는 그제서야 긍정적인 답변을 하여 국내 최고의 명문대학교의 경영대학원 최고경영자과정 입학을 권유하고 온갖 지원을 해주었다.

결국 마침내 당당히 합격하였고, 그는 "국내에서 이름만 들어도 누구나 알 수 있는 저명인사들과 대학원 동기가 되었다."며 즐거워하고 자랑스럽게 여기고 있어 나도 흐뭇하였다.

여기에서 자만하거나 교만하지 말고 최고경영자로서의 자질과 능력을 지속적으로 쌓아 전문화, 차별화를 통한 고객감동으로 부가가치를 높여 국가경쟁력을 기르기 위한 마스터플랜의 수립으로 종업원의 후생복지와 인재육성에 힘썼으면 좋겠다.

나아가 지역사회발전에 기여하는 선진정도경영을 통해 민족기업 나아가 세계 일류 의류회사로 도약하기를 빌 뿐이다.

나는 그가 자수성가하기까지의 고생담과 이론적이지는 못하지만 그 나름대로의 경영기법 등을 후학들에게 전할 수 있는 기회를 만들어 줄 계획이다.

# 제2장 자기경영기술

# 21세기 - 신지식경영

## 1. 21세기 변화의 물결에 대비하라.

1) 21세기 사회변화의 물결을 읽어라.

태초에 하나님이 천지창조한 우주사회는 변화하는 거대한 생명체임에 틀림없다.

수 만년 동안 떠돌이 원시생활을 청산하고 정착생활을 시작한 농업혁명의 제1의 물결을 거쳐 18세기 영국에서 일어난 기계에 의한 대량생산을 위한 산업혁명은 제2의 물결로 300년 동안 이어졌다.

드디어 20세기 후반에는 정보, 통신, 컴퓨터에 의한 정보(IT)화 물결의 제3의 혁명으로 이어졌다는 사실과 함께 21세기에 접어든 최근에는 뉴밀레니엄(New Millennium) 시대가 열렸다.

여기에서 밀레니엄이란 '예수가 재림하여 이 땅을 다스린다는 신성한 천년 간(천년왕국)'을 말하니 무한경쟁시대를 의미해 또다른 새로운 판짜기가 이미 시작되어 사회변혁이 예상된다.

따라서 국가경제 체제에서 지구경제체제로, 국제적인 개방화의 열린 사회로 변화하게 됨으로써 자연히 국경선이 무의미한 시대가 되어 가고 있는 것이다.

이로써 단순표준화를 추구하던 산업사회에서 정보의 창조와 분배적 경쟁을 추구하는 정보화사회로 바뀌어 지각변동을 위한 진행이 서서히 이루어지고 있다는 사실이다.

인위적인 기술에서 하이테크 사회, 종적인 중앙집권체제에서 횡적인 지방분권 네트워크 체제로, 양자라는 극단적인 선택에서 개성을 존중한 다원선택 체제로, 민주주의와 공산주의 양극체제에서 사회민주주의 등으로 변화하고 있다.

이쯤 되니 능력중시 사회로의 변화는 능력이 없으면 자연도태되며 문명(기독교와 이슬람교) 간의 충돌, 동(아시아)과 서(유럽), 남(후진국)과 북(선진국) 등의 충돌이 일어날 것임을 시사하고 있어 또 다른 사건이 예상된다.

이 같은 변화의 흐름으로 보아 앞으로는 불확실성 속에서도 과학과 예술의 만남에 의한 제4의 물결(예술문화를 중시하는 문화혁명) 나아가 제5의 물결(자연융합운동)로 이어질 것이라는 성급한 결론을 도출할 수 있다.

이런 점에서 앞으로는 1H3C(휴대폰, 카드, 승용차, 컴퓨터)의 4가지 상품만 소유하고 있으면 시간과 공간을 초월한 신유목생활을 할 수 있게 될 것이 예상된다. 국가와 민족의 개념은 점점 사라지고 새로운 이념(종교, 정치, 문화)으로 변신하게 될 수밖에 없다.

개성과 창의성에 의한 고가치 효율성을 중시하는 열린 사회로 전문화, 차별화, 고객만족화, 고가치화 사회로 변화하게 됨으로써 누구나 할 수 있는 단순업무에 종사하고 있는 아마추어(화이트 칼라)는 설자리를 잃게 된다.

반면에 전문책임성을 중시한 프로(골든 칼라)시대가 도래될 것은 뻔한 이치로 기술력·경제력·문화력이 약한 나라의 직간접적인 식민지생활이 예상된다.


2) 21세기 변화물결에 적응하는 법을 찾아라.

불확실한 미래 사회를 살아간다는 것은 매우 불안하고 초조한 일이다.

그 불안과 초조를 해소방법은 미리 대비하는 신유비무환(新有備無患)과 옛것을 오늘에 되살리는 신온고지신(新溫故知新) 정신을 실천하는 것뿐이다.

"개미와 베짱이"의 이야기에서 주는 교훈과 "물이 고이면 썩는 것"과 같은 자연의 원리로 보아 항시 현재에 자만하지 말고 내일을 위해 철저히 준비하는 방안을 강구해야 한다.

비가 올 것 같으면 당연히 우산을 준비해야 하며, 마라톤에서 승리의 월계관을 쓰려면 철저한 사전 훈련과 그날의 컨디션을 조절해야 하는 등 경쟁자들보다 탁월한 준비가 있어야 한다.

변화의 물결을 주시해서 대비하려는 적극적이고 긍정적이며 합리적인 사고와 행동이 습관화되어야 하는 것은 당연한 일이다.

그저 학교나 직장을 '시계추처럼 왔다 갔다 한다'면 인생의 황금시간만 낭비할 뿐 그 결과가 뻔하지만 무엇인가 의미를 부여해 끊임없는 자기학습이 누적된다면 점점 성숙된 삶을 영위하게 될 것은 자명한 일이다.

이처럼 자만은 퇴보를 낳고 자기계발은 성장을 주는 원인이 된다. 따라서 변화의 물결을 관찰하여 대비하는 순발력이 가미된다면 오히려 변화의 물결을 도약의 기회로 만들 수 있다.

이를 위해서는 온갖 에너지를 극대화시키려는 솔로몬의 지혜와 슬기가 절실하게 필요하기에 자신을 되돌아보고 올바르게 진단하는 한편 자신이 추구할 비전을 세워 이에 접근하기 위한 구체적인 방법론을 성실하게 접근하는 자세가 필요하다.


3) 성공하는 사람과 실패하는 사람은 뭔가 다르다.

성공한 사람과 실패한 사람은 분명히 그럴 만한 이유가 있다.

국내에서도 성공한 사람을 보면 재벌의 대명사였던 고 정주영 회장과 고 이병철 회장, 월드스타 박찬호와 박세리, 세계적인 아티스트 백남준 등 헤아릴 수 없을 정도로 무수히 많다.

하지만 1980년 군사 쿠데타로 정권을 잡았던 전두환과 노태우도 5공 청문회에 나와 동시에 구속된 사건은 되풀이되지 말라는 교훈을 남겼고, 한국 재벌의 흥망성쇠를 함께 맛본 김우중 대우그룹 회장과 삼풍백화점 회장 등 현재로서는 실패한 사람들도 수없이 많다.

이처럼 성공한 사람들의 공통분모는 이미 어렸을 때부터 미래를 내다보고 어려움 속에서도 성공을 위해 적극적이고 긍정적이어서 무를 유로 창조하는 등 합리적인 방법의 모색을 항시 생각하고 행동을 하였다.

반면에 실패한 사람들은 지나칠 정도로 자기 분수에 넘치는 과욕과 독선 속에 방만하여 부실한 상태에서도 무리하게 세를 확장하려다가 결국은 많은 사람들에게 피해를 입혔고 자신도 말로가 비참하게 되고 말았다.

아무리 탁월한 능력이 있어도 변화의 물결에 순응하지 못했기에 거대공룡이 사라졌고, 용비어천가에 "뿌리 깊은 나무는 바람에 아니 뮐세 …"라고 하지 않았는가?

이것을 보면 아무리 탐스런 열매가 열려도 기반이 튼튼하지 않으면 쓰러질 수밖에 없는 것이 자연의 순리이자 묘미이다.

위기는 붕괴를 낳고 영웅을 만든다는 이분법이라는 사실로 보아 기업과 마찬가지로 직업의 세계에서도 지각변동이 일어나고 있다.

이런 점에서 과거처럼 다른 직종간의 비교우위적인 수직적 경쟁에서 벗어나 같은 업종끼리의 경쟁을 하는 수평적 경쟁시대가 왔다는 점을 주시해야 한다.

어떤 직종이든지 전문화, 차별화, CS화, 고가치화가 없으면 아무리 고급스럽고 고부가가치 직업이라 할지라도 도태될 수밖에 없다는 긴박한 위기상황에 놓여 있음을 감지해야 하는 것이다.

3D업종이 저임금의 외국인 근로자로 채워졌듯이 단순업무에 종사하던 사람들은 명퇴·퇴출 등 실직하는 경우가 많고 이마저도 외국인들에게 자리를 내주어야 할 차례이다.

반면에 정보, 통신, 기획, 방송, 스포츠, 문화 등 첨단기술 지식
분야에서는 오히려 수요가 너무 부족하고 고액의 연봉으로 스카
우트되고 있어 외국의 고급 두뇌들이 우리의 몫을 잠식하고 있음
을 직시해야 한다.

결국 끊임없이 연구하는 프로근성으로 무장한 신지식인은 당연
히 성공이 보장되지만 누구나 할 수 있는 아마추어와 단순직 근로
자는 실패할 수밖에 없는 것은 당연하지 않은가?


## 2. 학력은 필요악, 경력으로 말하라.


1) 그놈의 가방끈이 무엇이길래?

중세기 "모든 길은 로마로 통한다."라고 하였다.

이렇듯 우리 사회도 해방 이후 반세기 동안 모든 것이 학력으로
통하는 학력중시사회임에 틀림없었다.

다른 나라들도 그렇지만 특히 우리나라는 학력의 계층화현상이
너무 극심해 '학력은 곧 개인의 능력이자 인격'으로까지 여기고
있다.

때문에 학력이 높은 사람은 누릴 수 있는 혜택을 톡톡히 누렸지
만 학력이 없는 사람은 항시 학력 콤플렉스로 기죽고 학력이 높은
사람의 그늘에 가려 불만이 쌓이는 암담한 생활을 해야만 했다.

이런 풍토는 결국 수단과 방법을 가리지 않고 명문대학교를 나

와야만 명함을 내놓을 수 있고 돈, 권력, 명예 등 소위 출세를 할 수 있다고 생각하는 풍토는 학력이라는 출신성분이 평생 따라다니는 사회가 되었다.

'고학력＝명문대＝능력'이라는 공식이 곧 엘리트의 상징이자 출세를 보장하는 수표쯤으로 여겨왔다는 것이 안타깝다.

더구나 고급인력의 양성이라는 명분을 앞세운 고시제도가 해답의 틀에 답을 꿰어 맞추는 암기도사들의 경연장으로 변했고, 다양한 분야에서 명문대 졸업자들이 권력을 독점적으로 차지하여 창의성과 경쟁성을 무시한 채 틈새공략을 저지하는 한편 평생 동안의 신분 상승을 보장받는 풍토를 낳았다.

배운 자들이 직·간접적으로 권력을 남용하고 관료적이고 거만하며 이기주의·개인주의·편의주의를 낳은 결과로 생긴, 이 사회의 지도자로서 갖추어야 할 전문성의 봉사정신과는 역행하는, 반지성적인 행동은 조직은 물론 사회·국가발전의 저해요소가 되어 골칫거리로 등장했다.

그러나 워낙 거미줄처럼 연결되었고 깊숙이 박힌 말뚝을 빼기 어려운 것처럼 이렇다 할 대책이 없는 상황하에서 대학 졸업자가 양산되고 있지만 대학의 모집정원 미달사태가 발생했고 학력 저하는 기대감에 못 미쳐 크게 실망만 남겨 가치성이 급격하게 떨어졌다.

16년간 투자한 시간과 경비 및 노력은 미취업상태로 실업자 신세가 되어 허망함과 함께 사회문제로 불만이 고조되고 있지만 지각변동이 없는 한 이를 뒤집을 수 있는 힘이 부족하다.

교육법 제108조를 보면 "대학은 국가와 인류사회의 발전에 필요한 학술의 심오한 이론과 광범하고 정치한 응용방법을 교수, 연마하여 지도적 인격을 도야하는 것을 목적으로 한다."라고 적혀 있다. 그러나 현실은 구호에 지나지 않고 개인적인 영달에 있는 우리 현실이 안타깝기만 하여 지도자 양성을 위한 교육혁명이 요구된다. 명문대 졸업은 졸업에 불과한 참고사항이지 특권이 아닌 시대가 이미 오고 있다는 사실을 직시해야 한다.

## 2) 경력, 학력을 극복하는 방법

학력 때문에 고민하는 사람들을 위해 업그레이드, 극복하는 방법을 제시한다. 결론부터 말하자면 전국의 4년제 대학 안에 있는 경영 · 행정 · 기술 · 농생명과학대학원의 최고경영자, 지도자과정에 입학하면 된다.

"두드려라, 그러면 열릴 것이다."라는 말대로 두드려 보지도 않고 망설이면 혜택은 결코 영원히 돌아오지 않고 마음고생만 하게 되므로 과감하게 해당 학교에 연락하면 된다.

"대학도 안 나왔는데 무슨 대학원에 들어가느냐?"라며 뚱딴지 같은 소리하지 말라고 반문하거나 지레 겁을 먹겠지만 고졸, 중졸, 초졸 심지어는 무학력자도 입학할 수 있다.

과거에 정치인들의 약력을 보면 ○○대학교 ○○대학원 최고경영자, 지도자과정 수료라고 기재된 것이 바로 이런 경우로 이제는 학력으로 기재할 수 없어 사라진 것이 바로 이런 유형이다.

주로 소속된 기업의 매출규모, 직위, 경력 등 현재의 위치를 바탕으로 서류전형이나 면접을 통해 대학원장이나 입학사정위원회에서 학습이 가능하다고 판단되면 누구나 입학이 가능하다.

소위 명문대학에는 많은 사람들이 서로 입학하려고 많이 몰려들다보니 경쟁률이 치열해 어쩔 수 없이 선별하고 있지만 해당 대학의 관련 학과 교수나 동문회 간부들의 추천을 받으면 아무래도 입학하기가 수월하다.

그러나 소위 3류 대학의 대학원은 면접 없이 등록금만 내면 입학이 가능하나 때로는 결원상태로 인해 폐강되는 경우도 있다.

봄(3월), 가을(8월 말)에 입학하므로 몇 달 전에 미리 선발하기 때문에 신문광고를 보거나 해당 대학원에 문의해 보면 자세한 정보를 얻을 수 있으니 망설이지 말고 적극적으로 문을 두드리는 자세가 필요하다.

최고과정은 경력자를 위한 재교육이 목적이므로 학점이 아닌 주1, 2회 정도의 야간강의에 출석하여 저명인사의 강의를 받고 과반수 이상 출석하면 총장명의의 수료증을 받을 수 있다.

대개 1학기(16주) 또는 1년간(2학기)의 과정으로 되어 있다.

시험이나 리포트작성 등 절대 테스트를 하는 경우는 없고 명문대학원일수록 등록금이 비싸지만 대개 한 학기당 350만 원 안팎이다.

대학원 또는 대학 총동문회 활동이 가능하므로 학력 콤플렉스를 극복할 수 있고 기부금을 내면 이사로 활동하게 되어 명예를 얻을 수도 있다.

총장배 골프대회, 야유회, 체육대회, 해외연수, 주기적인 만남,

애경사 등 상호간 비즈니스클럽으로는 적격이며 학력에 대해 응어리진 사람들이 많은 관계로 강한 단결력으로 대학원동문회의 간부직을 석권하는 경우가 일반적이다.

취업이 아닌 직원을 채용하는 위치에 있는 사람은 지도자나 경영자 및 관리자로서 업그레이드하기에는 적격이므로 적극 권장하고 싶다.

2006년 이후에는 미달사태와 평생교육정책과 특례입학으로 사회적 안정을 찾은 40, 50대 중장년층의 부부, 동창대학생들이 대학캠퍼스를 누비고 다닐 것으로 예상된다.

농어촌, 예체능, 논리 · 논술, 창의력, 어학, 소년소녀가장, 봉사활동 등 다양한 방법으로 특례입학과 선진국처럼 초 · 중 · 고 시절의 적성, 인성, 성적, 봉사활동, 서클활동, 미래학업 인생계획서 등을 중시하고 있다.

때문에 성적이 우수하다고 해도 이에 부합되지 않을 경우 법대, 의대, 사범대에 원서조차 내기도 어려운 시대가 돌아온다.

졸업 후에 고향에 돌아가 대학의 건학정신을 살려 지역사회봉사를 유도하는 미국의 대학들처럼 입학지역할당(쿼터)제가 도입되면 입시판도는 크게 달라지게 된다. 앞으로 사회의 주인공이 될 20년 후의 인기학과를 예상하는 지혜가 필요하다.


3) 고학력 실패, 신경력으로 성공한 사람들
▶ **사 례 1.**
한 번은 중년쯤 되어 보이는 사람이 찾아왔다.

연구원으로 근무하고 싶다면서 이력서를 내밀기에 받아 살펴보니 소위 말하는 KS학벌과 외국의 명문대학에서 취득한 경영학박사 학위까지 갖고 있었다.

나는 그의 당당함에 반해 "기대 이상이라면 채용용의가 있습니다. 이력서는 참고사항이지 결정사항이 아니므로 보고서 제목을 줄테니 내일 10시까지 완성하여 갖고 오십시오."라고 하였다.

그러자 그는 "시간상 어렵다."고 하기에 나는 "준비된 프로를 원하지 아마추어를 채용해 훈련을 시킬 여유가 없고 스스로 연구하며 경영관리해야 합니다."라고 하였다.

잡지사와의 인터뷰 일정 때문에 자리에서 일어나면서 "나는 선생을 필요로 하지만 충분하지 않으니 조건이 갖추어졌다고 생각하면 언제든지 다시 찾아오십시오."라고 했다.

며칠 뒤 그로부터 전화가 왔는데 좋은 충고를 해주서서 평생 잊지 않겠다는 고마움의 인사를 전해 들었다.

▶ 사 례 2.

컴퓨터 황제 이상엽 사장은 젊은이들의 우상으로, 고졸 출신이라는 핸디캡에 아랑곳하지 않고 컴퓨터에 관한 한 최고의 경지에 오른 인물임에 틀림없다.

몇 년 전 신문을 보니 대학에서 특례입학의 혜택을 주었지만 이를 정중히 거절했다는 기사를 보고 나는 친분이 있는 교수에게 전화를 걸어 "교수님, 이상엽 사장은 비록 고졸 출신이지만 이미 경지에 올랐으므로 입학보다는 오히려 강사비가 적더라도 출강을 부탁하는 것이 어떤지요?"라고 하였지만 그 교수는 피식 웃고 마는 것이었다.

### ▶사 례 3.

　필자가 지방의 한 대학에서 전임강사로 재직했을 때의 일이다. 어느 학생이 "교수님, 저는 지방대에 다니므로 대기업에 취업할 수도 없고 출세도 할 수 없어요?"라며 하소연하였다.

　"실력이 우수한데도 지방대 출신이라는 이유만으로 그러하다면 자네는 완벽한 실력을 갖추고 있단 말인가? 한번 생각 해보게나? 인동초 김대중 대통령은 학력으로는 상고, 지역으로는 목포 출신이지만 4전 5기 끝에 대통령에 당선되었네. 또한 초등학교 출신의 현대그룹 고 정주영 회장은 '시련은 있어도 실패는 없다' 라는 불굴의 의지를 보여주었네. 고졸 출신의 이상엽 씨는 컴퓨터황제, 법조계에서 상고 출신의 노무현 씨는 사법고시 합격 이후 청문회 스타와 국회의원, 월드스타 박찬호는 대학을 중퇴하였고 박세리, 축구스타 고종수와 이동국, 음악의 세계를 새로 연 서태지와 아이들은 물론 수많은 사람들이 고졸 학력을 뛰어넘어 스타로 자리잡은 것을 보면 학력을 합리화할 때는 지나지 않았는가? 나하고 열심히 해보세."라며 한참 동안 열변을 토하자 그 학생은 그때서야 "죄송합니다." 하는 것이었다.

　그 이후로 그 학생은 열심히 공부하였고 다시는 그런 말을 하지 않았다.

## 3. 현대의 필수과목 경영마인드로 무장하라.

### 1) 새로운 경영마인드란?

누구나 경영마인드를 가져야 한다.

대통령은 국가경영마인드, 정치인들은 정치경영마인드, 공무원은 행정경영마인드, 기업의 경영자와 실무자는 신경영마인드를 가져야 치열한 경쟁에서 살아남을 수 있다. 그렇기 때문에 대학교의 총장과 초·중·고교 학교장은 학교경영마인드, 종교인은 종교 경영마인드, 예술문화인은 예술경영마인드, 디자이너는 마케팅경영마인드가 필수적이다. 이런 점에서 전업주부는 가정경영마인드, 개개인은 인생경영마인드를 필요로 하는 것은 당연한 일이다.

그렇다면 경영마인드에 앞서 경영(Management)이란 무엇인가?

과거의 경영은 수익성을 창출하기 위한 관리라는 개념이 강했기 때문에 사업적인 측면에서만 사용하였으나 이는 미시적인 개념으로 보다 발전적이지 못해 정체현상을 낳아 급격한 변화의 물결에 순응하지 못했던 것이 사실이다.

이런 점에서 올바른 경영이란 규모를 정하고 기초를 세우는 등 계획을 세워 계속적으로 사업을 경제적으로 해나가는 일이기에 내적으로 경영혁신하고 외적으로 고객을 창출하는 것이다.

물론 그 내면에는 이윤 추구가 있으나 이것이 지나쳐 소비자보호와 사회적 책임을 망각한 채 오직 자기중심적인 사고와 행동을 하면 일정 기간은 돈을 많이 벌지 몰라도 곧 비난을 받게 되고 고소·고발당하게 되어 결국은 비난·구속·퇴출되기 마련이다.

이처럼 경영이 이익 추구의 도구가 되면 비전이 없는 한탕주의에 불과하지만 자기만의 이익을 추구하는 효율성, 합리성, 투명성, 민주성, 과학성을 동반한 전문·차별화된 신지식 정도경영마인드는 곧 성장과 발전을 촉진하게 된다.

따라서 규모가 크든 작든 간에 투자자, 경영자, 종업원, 노조, 협력업체, 이해자집단, 고객 등 관련된 모든 사람들과 집단들이 만족하는 한편 지역사회발전에 기여하는 등 최대다수의 최대행복을 추구해야 하는 것이 바로 경영의 목표이자 비전이다.

### 2) 뉴 경영마인드를 가지려면

경영학을 전공했다고 해서 누구나 경영마인드를 갖고 있다고 볼 수 없고 사업을 하고 있다고 해도 누구나 경영마인드를 갖고 있는 것이 아니다.

경영학을 전공하면 선진 이론을 번역하여 편집한 그야말로 거의 유사한 교재로 배우다 보니 누구나 똑같은 생각을 갖게 된다.

더구나 사례 중심이 아닌 주입식 교육은 다변화된 현장으로 보아 이론과 현실이 다를 수밖에 없어 더욱더 보편적이므로 활용면에서 너무나도 취약하다.

반면에 사업을 하거나 직장생활을 한다고 해도 과거 학창시절에 습득한 이론을 바탕으로 일을 추진하다보니 전문성과 차별성이 없어 결국 치열한 경쟁 속에서 이겨내기가 어렵고 다변화된 고객들의 욕구를 따르기가 어렵다.

때문에 경영학과 경영마인드는 끊임없이 조사하고 연구하여 자기 조직과 자기만의 노하우를 통해 실천할 때 진정한 경영마인드를 갖고 있다고 할 수 있는 것이다.

머릿속에 암기된 획일적인 시대감각에 늦은 경영마인드는 가치가 없는 경영마인드이므로 창의적이고 실천을 통해 고객만족, 조직만족, 사회만족을 이루는 경영마인드가 필요하다.

이를 위해서는 신지식에 의한 특정목표(비전)를 향해 철저히 계획(준비)하고 조직(팀)하며 지휘(에너지 극대화)하고 조정(문제해결의 경영)하는 동시에 통제(평가)하는 행위를 말한다는 점에서 누구나 신지식 경영인이 되어야 한다.

모든 에너지의 극대화를 통한 경쟁력의 강화로 전문화 · 차별화 · 고객만족화에 의한 고가치화의 촉진으로 투자자, 경영자, 종업원, 고객, 협력업체, 이해자집단 등 최대다수의 최대행복을 누리기 위한 실천적 사고이다.

경영학을 전공했어도 획일적인 암기 위주의 보편적인 이미 낡은 지식을 갖고 있기 때문에 실무와는 거리가 멀어 적응력이 취약하다.

반면에 기업을 경영한다고 해도 주먹구구식에 의한 얄팍한 현상 위주와 외골수적인 경영마인드를 갖고 있다보니 변수가 많은 복잡한 환경을 슬기롭게 극복하지 못하고 좌절하게 된다.

이런 점에서 수시로 변화하는 환경과 외부시장 및 경쟁자는 물론 내부 구성원과의 긴밀한 팀워크를 이루어 에너지를 극대화시켜 부가가치를 높일 수 있는 힘의 원천인 전략경영을 펼치려고 끊임없이 연구 노력하는 신경영적인 사고와 실천이 필요하다.

경영은 이론이 아닌 현장이며, 성장과 발전을 위한 조직의 목표를 계획하고 조직하며 지휘하고 조정하여 통제하는 고도의 과학(science)이자 기술(technology)이고 예술(art)임에 틀림없다.

따라서 자기가 자기를 경영할 수 있는 마인드가 곧 종합적인 경영마인드를 강화시키는 기초훈련이 아닐까.


### 3) 천당과 지옥을 오간 경영마인드 사례

경영마인드에 대한 두 가지 사례를 들어보자.


#### ▶사 례 1.

두 사람은 국내 굴지의 대기업 영업관리본부에서 근무하고 있었다. 한 사람은 자신이 소위 명문대 경영학과를 졸업한 사람이라며 언제나 선배들의 후원을 믿고 자만에 빠져 있었고, 다른 한 사람은 지방대의 사학과 출신으로 비전공이라는 핸디캡 때문에 항시 콤플렉스를 느끼고 있었다고 한다.

그러던 차에 필자의 강의를 듣고 감동을 받았다며 찾아왔길래 "선의의 경쟁은 좋지만 너무 집착하면 성격장애를 낳을 수 있고 큰 것을 잃어버릴 수 있습니다."라고 주문했다. 그리고는 경영대학원(경영학과 마케팅전공)에 입학하여 체계적인 이론학습을 통해 현재 하고 있는 사례연구를 위한 석사학위논문을 쓰는 등 연구를 계속하면 좋을 것이라고 권해주자 정말로 대학원에 입학하여 휴일에도 도서관을 찾아 공부하는 등 고생 끝에 졸업하였다.

이후에도 계속 연구하여 사내에서 능력을 인정받아 결국 경쟁적인 동기는 승진에서 탈락하였지만 그는 승진했다고 한다.

**▶ 사 례 2.**

1997년 IMF사태 이후 상담을 위해 두 사람이 찾아왔다. 30대 후반의 두 사람은 친구 사이로 음식점 창업을 원하기에 상담한 뒤 정식 평가테스트를 해본 결과 각각 종업원기질과 관리자기질로 나타났다.

따라서 창업은 곧 마지막 평생 · 가족사업이므로 가족과 충분한 협의를 거친 가족의 동의와 사업경영 자세와 마인드가 필요하다고 말해주었다.

몇 달간의 현장실습을 통해 노하우를 축적시키는 과정에서 보다 구체적인 사업계획서 작성을 위해 창업스쿨에 다녀 기초적인 경영마인드를 습득하며 오후에는 아주 잘되는 음식점에 가서 다양한 기법을 실습하고 창업하면 성공하는 6~7% 안에 들 수 있다고 설득하였다.

이후 관리자기질로 나타난 사람은 경영학과를 나왔고 음식 장사하는데 무슨 경영마인드가 필요하며 창피하게 무슨 실습이냐며 반문하고 성급하게 많은 권리금을 주고 음식점을 창업하였다. 그러나 그렇게도 믿었던 친구, 전직 동료들이 찾아오지 않는 등 손님이 없어 6개월 동안 계속 자금을 까먹자 권리금을 절반으로 줄여 가게를 내놓았지만 문의만 있을 뿐 정작 들어오려는 사람이 없었다.

반대로 종업원기질을 가진 것으로 나타났던 사람은 성실하게 나의 창업강좌를 들으면서 실습과 꼼꼼한 사업계획서를 작성하는 등 철저하게 창업준비를 하여 결국 그 친구의 음식점을 헐값으로 인수하여 창업하였다.

한마디로 천당과 지옥을 오간 경영마인드와 철저한 준비의 허와 실의 사례라 할 수 있다.

## 4. 차별화 CS마케터로 대변신하자.

1) 마케팅의 정의와 효과

요즘 마케팅이란 용어는 유행어이자 생활용어로 자리잡았다.

기업에서 도입된 마케팅은 소점포마케팅, 행정서비스마케팅, 교육서비스마케팅, 비즈니스마케팅, 디자인마케팅, 음악마케팅, 스포츠마케팅, 골프마케팅, 정치선거마케팅, 교회마케팅, 부동산마케팅 등등 무수히 많은 마케팅이 생겨났다.

무슨 의미인지는 몰라도 판매와 관련된 전문용어쯤으로 여기고 있는 것이 보편적이다.

이는 원래 1940년대 중반 미국의 기업들이 공급 과잉 현상의 해결점을 찾기 위해 "어떻게 하면 생산된 상품을 판매할 것인가?"라는 고민으로 시장의 중요성을 인식해 마케팅〔Marketing : Market(시장) + 동사(ing)의 합성어〕이란 용어가 탄생된 것이다.

마케팅의 아버지 코틀러는 "마케팅이란 선택된 고객층의 필요와 욕구를 이용하여 기업이 이익추구를 목적으로 고객에게 투입할 자원, 정책 등의 모든 활동을 분석, 계획, 조직, 통제하는 것이다.”라고 강조하였다.

그러나 이는 전근대적인 해석으로 급변화하는 상황하에서 효율성이 있는 표적시장을 대상으로 고객의 1차적(Need) 욕구와 2차적(Wants) 욕구를 동시에 충족시키는 모든 활동이므로 필수조건이자 충분조건이 되어야 한다.

이런 점에서 마케팅은 불확실하고 치열한 환경변화에 적응하기 위한 과학적이고 종합적이며 효율적인 실용학문으로서의 고가치 활동이기에 시장경쟁력 강화를 위한 상품의 고객만족을 위한 사고와 행동이라고 보는 것이 바람직하다.

따라서 고객만족을 위한 전문차별화된 마케팅기법을 적극 도입하면 서비스, 품질, 디자인, 브랜드, 유통 등의 향상 등 경영혁신의 실천으로 인해 시장의 경쟁력 강화를 촉진시켜 주고 시간과 경비를 크게 줄일 수 있는 등 그 효과가 매우 크다.

또한 고객만족(CS)을 통한 판매촉진은 결국 매출향상으로 이어져 생존, 성장을 촉진시켜 줄 뿐만 아니라 기업이미지의 향상으로 이어져 구성원 만족까지도 실현할 수 있는 것이다.

그러나 우리 사회가 마케팅을 도입했다고 하지만 고객은 고려치 않고 홍보 · 판촉활동을 통해 자기 이익을 추구하려는 얄팍한 상술로 사용하고 있어 점점 상품 신뢰도는 물론 기업이미지마저도 잃어가고 있어 매우 안타깝다.

고객들은 의식과 소득수준이 높아 품질, 서비스, 브랜드, 디자인, 기술 등 총체적으로 자신이 만족할 만한 상품을 이성적이면서도 감성적으로 선택하므로 그렇지 못하면 외면당하여 도태되기 마련이다.

이런 점에서 고객만족은 우리의 의무이자 책임인 동시에 최종적으로 나 자신을 위한 것이 바로 마케팅이 추구하는 것이기도 하다.


2) 나도 최고의 CS마케터가 될 수 있다.

누구나 특정 분야에서 최정상을 꿈꾼다.

특히 정상에 도전하는 산악인들은 "정상이 있기에 정상에 오른다."라고 한다.

목숨을 건 그들의 도전정신은 나의 꿈이고, 능이 테스트이자 자존심이며, 명예이고 보람의 대가이기 때문에 앞으로 더욱더 그 갈망은 고조될 수밖에 없다.

이처럼 정상을 위해서는 시장상황과 고객의 욕구를 만족시켜야 하는데, 과거처럼 상품의 구매자나 소비자 및 민원의 대상이 아니라 나의 소중한 관계로 이어진 성장과 관련된 귀중한 손님임을 깊이 인식해야 한다.

그 유형은 상황(과거, 현재, 잠재고객), 질(VIP, 일반, 귀찮은), 양(매일, 자주, 가끔), 관계(친근, 보통), 시간(오전, 정오, 오후, 저녁), 시점(평일, 주말 / 봄, 여름, 가을, 겨울) 등을 최대한 활용해 서비스하여 대만족을 실천해야 하는 것이다.

이 중에서도 잠재고객은 가능성이 무한한 미래고객이며 귀찮은 고객도 나의 언행에 따라 VIP고객이 될 수 있고 보편적인 관계도 언제든지 귀빈이 될 수 있으므로 항시 정중하게 귀빈, 귀족으로 모셔 만족시키는 것은 의무이자 책임이다.

따라서 고객만족(Customer Satisfaction)과 고객감동을 위한 키포인트는 '어떻게 하면 고객만족을 위해 생각하고 행동할 것인가?'를 반복해서 질문하고 대답하여 "아!" 하는 진한 감동을 받게 되면 크게 만족하여 감사함과 함께 다시 찾고, 주변 사람을 소개하는 홍보전문가로 변신하게 되니 당연히 번창하기 마련이다.

한 그릇의 라면을 먹더라도 좀 멀어도 꼭 그 집으로 가기 위해 대중교통을 이용하거나 걷는 경우를 보면 고객만족에서 나오는 결과이므로 단골손님이 많으면 좋은 현상으로써 고객을 데리고 오기 마련이다.

불만족하면 자기 주권을 찾기 위해 항의하거나 고발하여 손해배상을 청구하는 등의 행동과 함께 주변에 소문을 퍼트림으로써 신뢰도가 깨져 미래가 어둡기 마련이고, 만족도가 보통이면 할 수 없이 이용하거나 말없이 이탈하게 되니 무엇인가 이유 있는 저항과 자기방어를 하게 된다는 사실 분석을 해서 대비해야 한다.

더구나 시간이 흘러 친밀하다고 해서 나만의 생각으로 아무렇게나 대하게 되면 외면하게 될 수도 있는 것이 고객의 마음이기에 어디까지나 고객으로 여겨야 한다. 그렇다고 지나치면 부담감을 느끼게 될 수도 있다.

일반적으로 역, 터미널, 병원 근처 등 뜨내기 손님이 많은 곳은 고객에게 대충 바가지를 씌워 자신의 이익을 챙기려는 습관이 있다보니 상품의 품질도 떨어지고 가격도 비싸 한 번 찾았던 고객들은 다시는 찾지 않는다.

마케팅용어에 10-10-10공식이 있다. 이는 고객과의 교감을 형성하는데 10초 걸리고 간접적인 비용은 10달러의 경비가 들며 잃어버린 고객을 되돌아오게 하기 위해서는 10년이 걸린다는 의미로 신중해야 함을 경고하는데 충분하다.

자신과 자사의 시장경쟁력을 강화하기 위해서는 품질과 서비스를 충족시키는 등 고객만족은 당연한 의무이고 책임이며 최종 목표이므로 고객이 생각지도 못한 것을 찾아내 고객을 감동시키는 것이다.

고객만족의 직접적인 요소는 상품의 품질, 브랜드, 가격, 디자인, 포장, 색채, 서비스이므로 이에 대한 신중을 기하면 좋다.

간접적 요소인 여론, 구성원의 언행, 사회관계, 국제경쟁력 등 무수한 요인이 적시·적소·적량으로 만족되어야 하나 아무래도 상대적이고 경쟁적일 수밖에 없다.

## 3) CS마케터로서 친절로 반가운 사례

### ▶사례 1.

공무원인 K씨는 관광안내를 담당하고 있다.

아담한 키와 수려한 외모에 언제나 싱글벙글 미소를 지으며 유창한 영어회화로 고객을 대하기 때문에 어느 누가 봐도 호감을 사게 만든다는 것이 주변 사람들의 공통된 이야기이다.

뿐만 아니라 예의 바른 고운 말과 말끝을 명료하게 하며 유머를 섞어 가며 자신감을 갖고 국내외 관광객과 화합해서 좋은 인상을 갖도록 자세하면서도 친절한 세심한 배려는 몸에 배여 있다.

이런 친절함과 프로근성 때문에 감사의 편지와 함께 관광객 주

변의 사람들이 그를 찾을 정도로 인기인이 되었으니 당연히 친절
공무원에 뽑혀 진급되는 행운까지 얻었다.


▶**사례 2.**

분당의 모 우체국에 근무하던 40대 초반의 남자공무원인 K씨는
언제 보아도 항시 친절하고 정직하며 고객의 편에 서 있다.

다른 우체국에 가보면 매출액을 고려해서인지 무조건 빠른 등
기를 반강제적으로 권하지만 그는 내용물의 성격을 물어 보통 우
편은 끈으로 묶어 소포로 요금을 조금이라도 절약시키는 등 언제
나 고객편에 서서 일을 처리한다.

예의 바르고 친절한 미소는 보는 사람의 기분을 좋게 하고 업무
의 꼼꼼함을 보면 누구나 '우리나라에 저 사람 같은 공무원만 있
다면…' 하는 마음이 들 정도로 감동을 준다.

뿐만 아니라 한 번 갔었던 손님은 미리 알아보고 인사하며, 사
탕을 준비해 두었다가 어린이들에게 주고, 기다리는 시간엔 잠시
라도 무료함을 달래라고 책을 갖다 주는 등 친절이 몸에 배여 부
러움과 함께 존경심까지 갖게 한다.

그 또한 친절공무원으로 선정되어 진급과 동시에 다른 곳으로
전근 갔다는 말을 전해 들었다.

언제나 자기 일에 최선을 다하며 고객 친절서비스, 즉 CS마케
팅을 위해 태어난 듯한 그들을 생각하면 마음이 뿌듯해지며 힘이
솟구친다.

**▶사례 3.**

나는 시장조사가 명목이지만 아내에게는 기사와 비서 역할을 해주겠다는 일거양득의 효과를 노려 함께 집 근처에 있는 모 백화점을 자주 찾는다.

사람들이 빼곡이 차서 바쁜 와중에도 20대 후반으로 보이는 한 청년은 항시 미소를 지으며 친절하고 예의바르게 정직하면서도 흥겹게 콧노래를 부르면서 열의를 다해 야채를 팔고 있다.

언제나 까다로운 주부들을 상대로 하는 힘든 일을 하면서도 한결같아 많은 사람들에게 힘이 솟게 만든다.

나 역시 기운이 없을 때 일부러 그를 보기 위해 아내와 함께 찾으니 당연히 다른 물건도 더 사게 된다.

작은 친절과 프로근성이 점점 더 많은 손님들을 끌어 모으게 되므로 미소도 주고 경제적인 가치를 계산하여도 상당할 것이다.


## 5. 국제문화를 적극적으로 응용하라.

1) 국제화시대에 영어는 필요악이다.

현재 우리 한반도는 외국어 열기로 몸살을 앓고 있다.

"강남 가는 제비 따라 강남 간다."라는 식으로 여름방학이 되면 너도나도 어학연수를 떠나기 위해 북새통을 이루는 인천국제공항의 풍경을 보면 많은 생각을 하게 된다.

오늘날 수백, 수천만 원의 경비가 드는 어학연수를 당연한 졸업 코스로 여기고 있는 현상을 최대한 이용한 상술만을 고려한 연수가 있기 마련이다.

어떤 사람은 "이럴 바에야 미국의 식민지생활을 하거나 미국의 한 주로 편입되는 것이 낫다."라는 아주 위험하고 극단적인 말까지 했고 기러기 가족이라는 말이 있을 정도로 그 부작용이 극에 달하였다.

물론 어학열기와 어학연수가 나쁘다는 것이 아니다.

다만, 맹목적으로 경쟁하여 별 효과도 없으면서도 막대한 외화를 낭비하고 있는 것을 방치하는 것이 안타깝다.

영어만이 지상의 천국이 된 듯 착각하고 있는 무지함은 결국 무자격자들의 그릇된 교육관이 더욱 병폐하게 만든다는 것이 걱정스럽다.

그 근본적인 원인은 소위 전문가라고 자처하는 사람들의 무지함과 언론에서 경쟁적으로 시청률을 높이기 위해 부추기며, 돈을 벌려는 외국어학원 및 외국어 하나로 먹고사는 사람들이 이러한 분위기를 부채질하는 등 총체적인 결과 때문이 아닌가 한다.

우리의 영어 열풍을 고려해보면 영문과 출신, 특히 미국의 대학에서 영문과를 나온 사람들은 모두 취업이 되고 다 출세해야 이치에 맞는데 나의 고향 후배는 실력이 있는 영문과 출신이지만 현재 영업사원으로 근무하고 있다.

그는 "왜 우리나라 사람들이 영어에 매달리고 있는지 도무지 이해가 가지 않는다."고 반문하면서 시간과 정력, 돈 낭비만 하고 있는 현실을 꼬집으며 자신이 영문학을 공부한 것을 후회하였다.

과거 노태우 대통령이 북방정책의 실현을 위해 구 소련을 방문하여 고르바초프 대통령를 만나 정상회담을 하였을 당시 한국에서 통역을 가장 잘하는 여성을 데리고 갔었다. 그런데 그만 통역 실수를 하여 바로 교체된 사실은 국제적인 망신감이 되었으니 우리가 얼마나 무지했는지를 단적으로 알 수 있다.

이미 세계의 중심축은 문명(文明)의 서진설(西進說 : 문명은 태양을 따라 동에서 서로 움직인다)에 의해 동북아로 이동하고 있으니 이 같은 절호의 기회를 잡아야 한다. 만약 준비를 하지 않다가는 중국에게 기회를 빼앗겨 또다시 중국어 열풍이 불 것이라는 것은 불을 보듯 뻔하여 사뭇 걱정스럽다.

필자가 1990년대 초 S기업에서 강의 도중 "국제화시대에 할 일은 무엇입니까?"라고 묻자 "영어를 잘해야 진급합니다."라는 답이 돌아왔다. 나는 그 답변을 듣고 그런 시간에 동시통역기를 개발하여 판매하면 크게 히트칠 것이라고 반문한 적이 있다.

휴대폰에 동시통역의 기능이 첨가되는 날이 현실이 되면 외국어를 잘한다고 기세 등등한 사람은 부가가치가 떨어지고, 대학의 외국어학과와 수많은 외국어학원이 문닫을 날이 오게 되어 지금처럼 불필요한 것에 정력 낭비를 하지 않을 것이다.

국제화시대에 할 일은 국제적인 마인드를 가지고 국제적인 경쟁력을 강화하기 위한 연구 노력을 하는 가운데 상호 협력하며 번영을 누리려는 의지를 가지고 실천하는 것이다.

일본은 영어를 못 하면서도 기술혁신과 기술창조성을 갖고 기술강국 나아가 경제대국으로 도약하여 오히려 외국인들이 일본어를 해야 하는 실정을 보면 정히 필요하다면 엉터리 외국어회화를 하기보다는 동시통역관을 아르바이트로 채용하면 충분할 것이다. 하지만 이것도 불안하다.

물론 외국어를 잘하면 나쁠 것이 없지만 국제 공통언어인 영어는 의사전달의 도구에 불과하므로 특정한 관련자나 관련 부서의 사람만 잘하면 되지 모든 구성원이 다 잘할 필요가 없으며, 또 하루아침에 잘할 수는 없다.


### 2) 특정 국가의 문화를 이해하여 활용하자.

"로마에 가면 로마법을 따르라."라는 말이 있다.

특정 국가와 우호적이고 긴밀한 관계를 유지하려면 그에 상응하기 위한 방법으로 관계를 맺어야 하는 것은 당연하다.

단순한 언어소통은 1차적인 의사전달에 불과해 상호간의 신뢰 속에 보이지 않는 손익계산에 의한 관계로 이루어지기 때문에 끈끈한 유대 관계를 유지하기가 어려워 두터운 2차적인 신뢰관계가 필요하다.

이를 위해서는 언어 이전에 특정 국가의 민족 역사, 자연, 관광 등 특성을 충분히 이해하려는 자세를 가지고 장기적으로 그들을 위해 진정한 마음으로 봉사하며 그들의 사회발전에 기여한다면 당연히 진한 감동을 받아 큰 스승으로 모셔 따르기 마련이다.

초거대 공룡 중국은 정치적으로는 공산주의의 종주국이 된 상황이지만 경제적으로는 자본주의를 지향하여 초고속의 경제성장을 하고 있는 무서운 나라이다.

50여 개 민족으로 구성되어 언어소통이 어려운 13억 인구의 생활계층(상·중·하층)이 뚜렷하며 이 가운데 상류층 10%를 잡는 방법을 강구해야 한다.

우리 민족으로 이루어진 동북3성과 산둥 반도와 긴밀한 상호협력관계를 유지하면서 발전시켜 우군으로 만드는 장기전략이 필요하다.

북경, 상해, 홍콩이라는 3개축을 중심으로 화합 속에 보이지 않는 중심축의 경쟁과 함께 결국 먼 장래에는 구 소련처럼 붕괴될 전망이어서 이에 대한 대비책만 잘 세운다면 우리는 단군 이래 가장 좋은 기회를 맞이할 수 있다.

이런 상황을 볼 때에 중국시장을 공략하기 위한 방법은 투자 입지를 충분히 고려하고 파트너의 외형에 현혹되지 않으며 유력자나 기관을 너무 중시하지 말아야 한다. 또한 중요 문서는 정부기관의 서명을 받는 동시에 지나친 환대에 넘어가지 말며, 인건비가 저렴하다는 고정관념을 버리는 것이 좋다.

반면에 경제기술 대국인 일본은 과거에는 군사적으로, 현재에는 기술과 경제적으로 아시아에 막대한 영향력을 행사하고 있는 집단이기주의 국가로 아직도 군사강국의 꿈을 버리지 않고 있어 세계적으로 비난을 받고 있다. 그들은 언제나 노(No)와 예스(Yes)의 표현이 불분명하므로 주의해야 하며 상당히 까다롭다는 점에서도 주의해야 한다.

한편 베트남, 인도네시아, 말레이시아, 미얀마, 필리핀 등의 동남아시아는 무한한 잠재성을 가지고 있는 가운데 우리와는 우호적인 관계를 맺고 있으므로 미래의 황금시장으로 만들기 위해 교육, 의료 등 각종 자원봉사 등으로 기반을 다져 놓아야 한다.

10억 인구의 기술 초강국 인도는 종교적인 특성으로 인해 빈부의 격차가 심하고 현재는 잠자고 있는 나라이지만 무한한 가능성을 가진 나라로 이에 대한 대비가 필요하다.

해외 건설의 붐을 일으켜 외화 수입과 국가 이미지를 널리 알리게 된 중동과는 종교·문화적 특성을 최대한 존중하고, 기술 지원과 각종 봉사활동 등의 방법을 통해 코리아붐을 다시 한 번 일으킬 수 있다.

유럽은 가장 변동이 심한 지역으로 앞으로의 유럽은 서유럽, 북유럽, 남유럽, 중유럽, 동유럽으로 분류되므로 이 점을 최대한 고려해서 이에 대한 틈새공략법을 모색하려는 지혜가 요구된다.

거대 공룡 미국은 우리의 우방국으로서 교포들이 많이 거주하고 있고, 미국의 자유 분망한 분위기 속에서 각종 사건으로 얼룩진 저소득 청소년, 노인층을 위한 공략법을 고려해 볼만하다.

조용하고 아름다운 나라 캐나다, 정렬의 나라 멕시코, 브라질 등 중남미는 카톨릭을 바탕으로 한 자기들만의 특수한 신문화를 갖고 있으므로 이를 이해하고 활용하는 한편 중하위층을 공략한다면 무한한 자원의 보고가 될 수 있다.

3) 가슴으로 만난 진한 감동이 곧 비즈니스이다.

▶**사 례 1.**

몇 년 전 서울의 ○○호텔에서의 강의를 위해 가던 중에 생긴 일이었다.

때마침 출근시간이어서 수많은 인파에 휩쓸려 복잡한 지하도에서 나가려는 출구를 제대로 찾을 수 없었고 더욱이 시간이 없다보니 더 침착하지 못했다. 그래서 어떤 신사에게 물어보니 친절하게도 그곳까지 안내해주는 것이었다. 나중에 알고보니 그 사람은 일본인으로 호텔에서 숙박을 하고 나왔다고 한다. 아마도 그는 나를 교포나 서울에 처음 온 시골뜨기쯤으로 보았을 것이다.

▶**사 례 2.**

1983년 어느 봄날 덕수궁에 갔던 나는 낯모르는 외국 신사와 뜻밖의 인연을 맺게 되었다.

덕수궁에 입장하는 방법을 몰라 당황하고 있는 그 신사의 안타까운 모습을 본 나는 입장권을 사 그에게 건네주었고 그 입장권으로 인해 인연을 맺게 되었다.

그는 본국으로 돌아간 뒤 감사의 편지를 보냈고, 그후 가끔씩 연락하다가 한국에 오면 바쁜 일정에도 불구하고 나를 만나보겠다고 했다. 그래서 전통 문화와 뼈아픈 역사가 담긴 유적지를 문맥이 맞지 않는 어설픈 영어실력으로 안내해 준 적도 있다.

그가 나의 서툰 영어실력에 속으로 얼마나 웃었을까를 생각하면 나도 우습다.

미국의 한 지방대학의 교수였던 그는 한국 문화에 관심이 있던 터에 나의 행동에 감동하였다며 나에게 대학원 초청 유학을 제안했다. 그러나 장남인 나를 저 멀리 타국까지 보낼 수 없다는 부모님의 반대 때문에 끝내 그 일은 이루어지지 않았다.

그 이후에 받은 연락에 의하면 갑자기 사고로 돌아가셨다고 하는데 나를 보고 싶어했다고 한다. 지금도 가끔 그분이 생각난다.

### ▶사 례 3.

나는 8년 전에 나에게 감동을 안겨준 젊은 공인중개사를 잊지 못하고 있다.

서울에서 살다가 분당으로 이사를 올 때 있었던 일이다.

그의 소개로 이사를 했기에 나는 원칙대로 그에게 복비를 건넸다.

그런데 이삿짐 정리를 다 끝내고 로비에서 차를 마시고 있는데 그가 짐정리를 끝냈느냐며 전화를 하더니 세제를 사가지고 오는 것이 아닌가?

선물을 받아서가 아니라 복비를 한푼이라도 더 받으려고 하는 요즘 세상에 그렇게 전화를 해주고 신경을 써준 그의 작은 정성과 마음이 나를 감동시켰다.

불친절을 당할 때면 그가 더욱 생각나며, 어디에선가 오늘도 진한 감동을 사람들에게 안겨줄 것이라 믿고 있고, 그의 건강과 행복을 빌며 한번 만나보고 싶은 마음이 간절하다.

# 혁신적인 창의력경영

## 1. 나의 생각이 변해야 행동이 변한다.

### 1) 변화의 물결에 순응하기 위한 뇌내혁명

인간의 작은 뇌는 세계 문명을 이끄는 소우주이다.

대우주인 자연이 천기에 의해 생성변화가 지배되듯이 소우주인 인체도 뇌는 기(氣)에 의해 조화를 이루면서 운용되고 있어 이를 움직일 수 있는 힘이 숫구치는 것을 보면 두뇌의 구조와 기능에 따라 행동과 운명은 좌우된다.

뇌(腦)는 1천억 개의 신경세포가 3차원의 복잡한 구조로 연결되어 작용한다.

긍정적이고 발전적으로 생각하는 플러스(+) 발상을 유지할 때 두뇌에서 뇌내 모르핀 분비를 촉진시켜 기분을 좋게 만들며 노화를 방지하고 각종 병에 대한 저항력과 치유력을 높여 준다.

뇌가 에너지를 사용할 때 스트레스를 받더라도 긍정적으로 생각하면 단백질은 육체적인 스트레스를 완화시키는 부신피질 호르 몬과 정신적인 스트레스를 해소시키는 $\beta$엔돌핀으로 분해된다.

하지만 부정적으로 생각하면 독성 물질인 노르아드레날린과 아 드레날린으로 변해 활성산소를 발생시켜 건강을 크게 해치게 되 는데, 우리 생활은 언제나 이기적이어서 부정적인 요인을 갖고 있 어 75%는 마이너스(-) 발상을 하게 된다.

뇌는 인간의 몸을 이루는 핵심부품이므로 오랫동안 정서적인 불안이 쌓여 폭발하면 무서운 정신병이 되고, 뇌졸중이 발생하기 쉬우므로 속상한 일이 있더라도 건강을 위해 언제나 마음을 편하 게 갖고 긍정적으로 생각하는 습관을 스스로 가져야 한다

자의나 타의로 뇌를 지나치게 오랫동안 혹사시키지 말고 휴식 과 영양을 제공해야 하며 손을 많이 움직이면 운동중추신경뿐만 아니라 면역호르몬기능까지 좋아져 자연히 병을 막을 수 있다.

특히 뇌에서의 명령으로 끝없는 인간의 11가지 욕망은 식욕(먹 어야 산다), 성욕(번식과 쾌락의 원천), 재물욕(모든 것은 돈으로 통한 다), 권력욕(모든 것은 나의 것이다), 명예욕(인간은 명예를 먹고 산 다)을 불러일으키게 된다.

또한 지식욕(아는 것이 힘이다), 창조욕(인간은 생각하는 동물이 다), 향락욕(인간은 향락이 있어 좋다), 종교욕(신앙은 나의 구원자), 유희욕(놀이는 신난다), 정의욕(불의를 보면 참지 못한다) 등의 발생 과 행동은 자신과 조직 및 사회발전의 척도가 된다.

이처럼 뇌는 한 인간과 조직 및 사회를 움직이는 중심체이므로 보다 건전하고 긍정적이며 합리적인 가운데 적극적인 사고로 원

칙을 준수하고 약자를 돌보는 등 지역사회발전에 봉사하고 기여하는 선진시민으로의 뇌내혁명이 필요하다.

뇌내혁명 없이 정신혁명 없고 정신혁명 없이 행동혁명이 있을 수 없지 않은가?


## 2) 생각과 행동을 혁신시키는 기술

"생각이 바뀌면 행동이 바뀌고 행동이 바뀌면 운명이 바뀐다." 라는 아주 평범한 진리를 말보다는 행동으로 옮겨야 한다.


**사고와 행동 및 운명과의 관계**

사고(think):t(talent:재능)+h(high:고급)+i(idea:생각)+n(new:신선)+ k(key : 열쇠) → 행동(action : 행동) → 운명(destiny)

자료) 채수명 :「아이디어경영」. 일송미디어, 1999, p.32.


어떤 문제해결의 지침이 되는 전략적인 사고는 보다 의도적이고 계획적, 논리적이며 분석적인 동시에 과학성을 중시하는 고차원의 이성적인 수직적 사고이고, 그 하부구조인 전술적 사고는 비논리적이고 탈과학적이며 감정적이기 때문에 수평적이다.

전자가 머리라고 한다면 후자는 가슴에 가깝다.

예를 들어 낡은 엘리베이터의 교체를 위해 고민하던중 고성능 첨단승강기로 교체한 것은 수직적 사고이고, 승강기 내부를 청결하게 하기 위해 거울을 설치한 것은 수평적 사고이다.

한편 세계적인 음악가 모차르트는 심포니 전체를 한꺼번에 생각한 후에 오페라로 부분 장면을 만들어 악보에 기록하는 습관이 있었지만 베토벤은 수시로 노트에 단편적인 음정을 기록했다가 몇 년에 걸쳐 수정하여 전체의 하모니를 이루었다.

이처럼 자기만의 독특한 사고혁신의 핵은 고정관념과 선입견을 버려야(사고 모형) 하며 열린 생각을 위한 다양한 방법을 모색하고(자아 완성), 개인보다는 의도한 조직시스템에 맞춰야(시스템적 사고) 한다.

또한 가장 합리적으로 효율성을 높이기 위해 온갖 에너지를 극대화하는(시너지효과) 한편 오늘에 만족하지 말고 협력하여 미래를 설계하여(비전 공유) 함께 조사, 연구하는 풍토조성이(팀학습) 필요하다.

그저 수년간 똑같은 기계에 똑같은 재료로 똑같은 형태의 붕어빵만 찍어낸다면 한낱 붕어빵기계에 불과하여 기계의 노예에 지나지 않을 뿐만 아니라 변화하는 고객의 입맛을 맞출 수 없어 항시 그 상태이거나 자연도태되기 마련이다.

물론 수십 년 동안 형성된 사고를 하루아침에 바꾼다는 것은 쉬운 일이 아니지만 그렇다고 언제까지 이유가 아닌 이유를 합리화하여 누워서 감나무의 홍시가 떨어질 날만 기다리고 있는 것은 무모한 짓으로 그 시간에 홍시를 사먹거나 따도록 노력해야 한다.

고객의 변화하는 욕구를 조사, 분석하여 입맛을 리드하여 체인화를 모색하는 등 사업을 확장하는 사고와 행동은 사업가로 변신하여 돈도 벌고 명예도 얻게 한다. 이것이 곧 생각과 행동을 혁신하는 기술을 제시해 주는 표본이 된다.

3) 무지한 생각과 행동 때문에 실패한 사람들

▶**사 례** 1.

그들은 석·박사급의 사람들로서 국내 굴지의 컨설팅사에서 중간 간부로 근무했었다.

그러나 명퇴 바람이 불자 각종 수당과 임금을 받고 퇴직하였다.

또한 서로 의견이 맞는 몇몇 사람들끼리 모든 퇴직금을 털어 모아 컨설팅회사를 차렸다.

그러나 굳게 믿었던 그동안의 인맥은 기대와는 달리 연락조차 없었고 일을 하지 못하는 기간이 길어지자 결국 한 명, 두 명씩 온갖 이유를 들며 떠나 그만 부도처리되고 말았다.

원인은 지나치게 과거에 집착하였고, 과거에 너무 고자세를 취했기에 많은 사람들로부터 외면당했으며, 최첨단 컨설팅사로서 최신 이론과 창의적이고 혁신적인 노하우를 바탕으로 부가가치를 높여야 하는 시스템과 능력을 갖추어야 함에도 불구하고 고학력만 내세웠기 때문이다.

정작 자기 자신부터 변화해야 함에도 자신들은 변하지 않은 상태에서 구체적인 방법론 없이 기업들에게 변화해야 산다고 외쳐댔으니 전근대적인 구호가 설득력을 가질 수가 없다.


▶**사 례** 2.

모 신문기자로부터 컨설팅 소개를 받았다.

인천 남동공단에 있는 회사였는데, 어느 정도의 규모를 갖추고 있던 그 회사는 독일에서 설계를 해오면 이를 보고 기계를 만들어 베트남 등 동남아시아에 수출하는 회사였다.

그 날은 몹시도 추운 겨울날이었다. 방문 요청을 받고는 공장현장과 심지어는 옥상까지 구경하였는데, 정리 정돈이 전혀 안 되어 있었고 직원들은 추위에 떨며 일을 하고 있었다. 그러나 카펫이 깔린 따뜻한 사무실에서 만난 기획실장과 대표이사는 아주 거짓된 내용을 장황하게 몹시 듣기 거북할 정도로 늘어놓는 것이었다.

내가 컨설팅에 대한 일정, 예산, 내용 등에 대해 보다 구체적으로 따지고 들어가자 그들은 적당히 하자는 식으로 일처리를 요구했다.

나는 정말로 어이가 없었다. 때마침 군대 훈련소에서 같이 훈련을 받던 동기(그 회사의 관리이사로 있었다)가 나를 알아보았고, 그가 들려준 이야기를 통해 어렴풋이 회사의 내막을 알 수 있었다.

그는 빌려준 돈을 돌려 받기 위해 이 회사에 와 있는데, 열악한 환경에서 저임금으로 혹사당하면서 일하는 직원들이 불쌍하다며 대표이사는 막대한 자금을 빼돌려 잘 먹고 잘 산다면서 어떤 묘수를 써달라고 호소했다. 그 말에 분노한 나는 그 회사의 컨설팅을 거부했고, 몇 년도 못 가 곧 망하고 말 것이라고 예측하였다.

결국 그 회사는 문을 닫고 말았고, 대표이사는 몇 년 만에 나타나 주변사람들이 자신을 배신했다며 재기하고 싶으니 좋은 사업을 알선해 달라고 부탁했지만 나는 미소만 짓고 말았다.

나중에 들리는 소문에 의하면 그는 또 나쁜 짓을 하다가 구속되었고, 가족들은 뿔뿔이 흩어졌으며, 홀어머니는 화병으로 돌아가셨다고 한다. 옳지 못한 사고는 결국 혹독한 죗값을 받게 된다는 교훈을 모르는 그가 불쌍하게 보였다.

## 2. 신지식 전문가로 성장하라.

### 1) 지식이 왜 필요한가?

도대체 지식이란 무엇이고, 어떻게 하면 효율성을 얻을 수 있을까? 베이컨은 "아는 것(지식)은 힘이다."라고 하였고, 토마스 홉스는 "지식은 인간의 가장 큰 무기요, 놀라운 도구요, 가장 무서운 힘이다. 다식(多識)은 다력(多力)이요, 무식(無識)은 무력(無力)이다. 지식의 양과 힘의 양은 비례한다."라고 하였다. 여기에서의 지식은 단순한 지식이 아닌 인성과 전문지식 등을 포함하는 포괄적인 지식을 의미한다.

원래 지식(知識, knowledge)이란 생활하고 일하는 방법을 개선하기 위해 기존의 틀을 바꿈으로써 현재보다 혁신을 통해 고부가가치를 향상시키는 고차원의 세계를 향한 도전이다.

이로써 지식은 상식보다는 상위개념이며, 고지식보다는 신지식이 중요하고 그보다도 상위개념은 지혜이다.

### 지식의 단계

|  |  |
|---|---|
| 지혜 | 삶의 활용과 윤택(프로 중 프로/고가치성) |
| 신지식 | 시대가 요청하는 첨단지식(프로/기획맨) |
| 고지식 | 차원 높고 골아픈 지식(준프로/자문) |
| 지식 | 상식보다는 상위지식(아마추어/준효율성, 일반적 인건비) |
| 일반상식 | 일반상식(단순 근로자/비효율성, 보통 인건비) |
| 상식 이하 (둔치, 백치) | 상식 이하인(단순 노동자/비효율성, 낮은 인건비) |

자료) 채수명 : 「색채심리마케팅」. 국제, 2002, p.23.

　이처럼 지식은 인간으로서의 질적인 생활의 향상을 위해 필요한 것이라는 점에서 개인적으로는 인간답게 살아가는 생활혁명이며, 거시적으로는 문화의 발전을 꾀하려는 고차원적인 문화혁명을 이루려는 가장 기초적인 요인이 되는 것이다.

## 지식의 유형

| 구 분 | | 내　　　용 |
|---|---|---|
| 시 기 | 과거지 | 옛 지식, 과거 지식 연구, 교훈 / 과거력 |
| | 현재지 | 현재 활용 지식, 현재 문제점과 발전방안 연구 / 현재력 |
| | 미래지 | 미래의 지식, 미래예측 준비 / 미래력 |
| 내 용 | 사물지 | 사물 존재 자체의 인지상태 지식 / 감각기관, 사물력 |
| | 사실지 | 사물의 특성, 상태, 원리 지식 / 구성상태, 사실력 |
| | 방법지 | 문제해결방법의 지식 / 방법력 |
| 형 태 | 암묵지 | 행동에 미치는 영향의 지식 / 묵시력 |
| | 형태지 | 언어, 행동, 조형 지식 / 조형력 |
| | 혼합지 | 문자, 음악, 소리 등 커뮤니케이션 지식 / 전달력 |
| 적 용 | 사회지 | 사회현상(경제, 경영, 사회, 심리, 법) 지식 / 사회력 |
| | 자연지 | 자연현상(생물, 물리, 화학, 지질, 천체) 지식 / 자연력 |
| | 응용지 | 응용(농학, 의학) 지식 / 응용력 |
| 가 치 | 경제지 | 경제적인 가치 지식 / 지식상품력 |
| | 가치지 | 의미가치화 지식 / 효과력 |
| | 무가지 | 무의미, 불건전한 지식 / 무가치력 |

자료) 채수명 : 「신지식 디자인마케팅의 본질과 접근법(목원조형)」. 목원대학교, 2001, p.91.

## 2) 우리들이 인식한 지식의 실과 허

우리의 지식에 대한 현주소는 어떠한가?

낡은 선진이론을 아무 거부감 없이 암기하여 높은 점수를 받아야 모범생으로 여기고 있다. 마치 전투와 같은 입시에서 승리한 사람은 축하를 받지만 패하면 마치 패잔병처럼 비웃음의 대상이 되는 우리의 교육현실이 지금까지 이어져 오고 있으니 참으로 개탄스럽다. 머릿속에 일시적으로 담아두는 담식이다가 졸업과 동시에 모두 날려버리는 것으로 끝나는 우리 교육의 정력과 경비의 낭비는 물론 친구들과 한창 즐겁게 뛰놀고 꿈을 키우려는 청소년 시절의 혹사가 안쓰럽기만 하다.

이것은 일정한 코스를 정해 놓고 달리는 경주형의 공부에 불과하지 자유스럽게 방목하여 스스로 자기의 갈 길을 찾아가며 사회에 봉사하는 연구가 아니므로 지식의 한계점이 드러나고 있는데도 묘수가 없다며 방관하고 있는 것이다.

개성을 찾아 이를 구체화하고 업그레이드하기 위해 창의성으로 방법론을 모색하는 한편 함께 공종공경하기 위해 학습하는 것이 학교교육의 목적인데, 이를 지키고 있는 학교와 교사는 거의 찾아보기가 어렵다.

이런 점에서 길게 보지 못하고 짧게만 보는 습관은 결국 일평생 동안 전투를 치르며, 목표점과 나침반이 없는 상황이다보니 거대한 풍랑을 만나 헤매기를 연속하고 있는 것이다.

삶의 목표를 가지고 그 방법을 찾기 위해 어떤 지식이 언제 얼마나 필요한가를 깨우쳐 충족시키려는 주체성은 평생 동안 주체적으로 생을 영위하지만 대부분의 사람들은 평생 동안 흔들리며 살다가 후회하며 무엇인가를 알 만하면 저 세상으로 가게 된다.

이처럼 지식은 곧 생활의 지혜와 상품가치로서 전문책임성과 차별가치성 및 도덕성과 봉사성이 가미된 실용학문이자 지혜이므로 신문화인인 동시에 신인류인을 요구하는 신지식이 필요하다.

지식의 최종 목표는 세상에 눈떠 삶의 지혜를 연마하고 지식이 없는 주변사람에게 베푸는 것이어야 한다라는 점에서 우리는 생활에 쓸모 없는 불필요한 지식을 답습하여 암기하기 위해 온갖 고통을 겪어야만 했다.

시대가 변했음에도 불구하고 정부의 교육정책 부재, 개성을 찾아 창의성에 의한 방법론을 지도해 건전한 사회활동을 해야 하는 교육자들의 무능, 거기에다 맹목적으로 순응해야 하는 학생과 학부모 등 우리 모두의 문제이다.

21세기 정보화시대의 신지식인이란 시대에 걸맞는 사고를 갖추고 첨단지식을 학습하고 조사, 분석, 연구하여 이를 일반인들에게 보급시킴으로써 조직변혁 나아가 사회변혁을 이루는 문화혁신 전문봉사자를 의미한다.


3) 시대요청에 부응하는 신지식인의 **공통점**

신지식인이 많은 것 같으면서도 그리 많지 않다.

대표적인 인물로 학계에서는 경북대학교의 옥수수박사 김순권 교수, 돼지복제에 성공한 서울대학교 농생명과학대의 황우석 박사 등의 많은 사람들이 두각을 나타내고 있어 기대된다.

예술분야에서는 김덕수의 사물놀이는 잊혀져가는 전통문화를 오늘에 되살리고 해외순회공연을 통해 우리 국악의 우수성을 해외에 널리 알리는 동시에 우리 문화홍보에 적극 기여했고, 여주 목아불교박물관의 박찬수 관장은 불교 목조각의 전통계승을 통해 현대미술과 비교 연구하여 새로운 양식으로 발전시키는 한편 해외전시와 함께 수출에도 기여했다.

이처럼 신지식인이란 특정 분야에서 창의적인 생각으로 특성에 맞게 고가치를 올려 타에 모범이 됨으로써 이를 널리 알리고 보급코자 하는 훌륭한 전문가를 말한다. 다만, 국가 및 사회 발전에 공헌을 하지 않으면 진정한 신지식인이라고 할 수 없다.

오늘보다는 미래, 나보다는 이 사회의 발전을 위해 연구 노력한 이들의 한결같은 공통점은 다음과 같다.

아주 어릴 때부터 생각하는 것이 판이하게 달랐기에 당연히 인생의 목표항로가 다르고 21세기 국제화 시대가 요구하는 점을 충분히 알고 있는 등 생각하고 보고 느끼는 바가 크게 다르다.

또한 탁월한 창의성과 전문성 및 자율성을 바탕으로 차별화, 책임화, 고객만족화, 가치화 등 뛰어난 프로근성으로 자기 목소리를 내며 언제나 오늘에 자만하지 않고 내일을 위해 조사, 분석, 연구, 개발하려는 자기혁신을 습관화하고 있다.

무엇보다도 인간적인 신뢰와 이미지 메이킹 및 건강관리 등 자기 관리가 냉정하리만큼 철저하고 남들이 한 것을 쉽게 모방하지 않으며 폭넓고 깊은 신지식, 신기술로 창조적으로 연구 · 개발하는 등 시너지효과 능력이 우수하다.

무에서 유를 창조하는 적극적이고 긍정적인 사고를 바탕으로
한 합리적인 방법론 및 추진력은 상상을 초월한다.

남이 어렵게 연구한 결과를 가만히 앉아서 혜택 받기보다는 많
은 사람들에게 혜택을 주려고 하며, 또한 이 같은 일을 누가 시켜
서 억지로 하는 것이 아니라 스스로 일을 찾아 즐긴다는 점에서
일반인들은 감히 따라갈 수 없는 생각을 가지고 전문성을 찾으려
노력한다.

따라서 정부, 언론사, 대학, 연구소, 각종 문화재단 등에서 특성
에 맞는 신지식인을 발굴하여 격려하고 보급하는 적극적인 노력
이 요구된다.


## 3. 혁신적인 아이디어를 창출하자.

1) 신선한 아이디어를 찾아라.

아이디어 하나가 대박을 터뜨린다.

시간과 경비를 절약시키고 힘을 덜어 주며 돈도 많이 벌 수 있
게 만든다.

생활과 업무의 혁신적인 지혜를 만드는 근본적인 핵심은 자본
과 기술이 아니라 남들이 생각하지 못한 충격적이고 신선한 혁신
적 아이디어임에 틀림없다.

공상이 풍부한 사람을 주변사람들이 개똥철학가나 정신병환자

로 여기는 것은 상상한 것을 실현하려는 능력이 부족하기 때문이
다. 반면에 상상력이 풍부한 사람은 무엇인가 생각해내는 추출력
이 강한데 만화가, 소설가, 시나리오 작가, 화가, 작사가, 작곡가
등이 대표적이다.

혁신(innovation)이란 묵은 것을 새롭게 한다는 의미를 가지는
데 매우 포괄적이므로 작게는 평상시 불편을 개선하려는 것부터
시작해서 크게는 기대하는 요망사항을 실현화시키려는 것까지 관
련이 안 되는 것이 없을 정도로 광범위하다.

혁신과정

| 모 방 → 유 사 → 응 용 → 적 용 → 혁 신 → 창 조 → 기 능 | | | | | |
|---|---|---|---|---|---|
| 모방술 | 기존기능 | 기존기능 | 기존기능 | 신기능 | 기능발명 |
| 기존형태 | 형태수정 | 신형태 | 신형태 | 신형태 | 신형태 |

자료) 채수명 : 『히트상품개발』. 창지사, 1999, p.120.

아이디어는 뜬구름을 잡는 공상과는 달리 추상적인 상상을 통
해 관심을 유도하고 상품력과 환경적응력 및 추진력에서 고부가
가치력이 내재해 혁신가치력이 있어야 하는 것이다.

신선한 생각과 사업성과의 긴밀한 관계는 생각이 우선해야 하
는 것이 아니라 사업성을 먼저 생각하는 역발상이 필요하다. 이때
법률적인 문제가 중요시된다.

이처럼 아이디어는 사냥과 같아 무엇인가를 보완하고 개선하여
고부가가치를 높이려는 생각에서 출발하는 것이다.

아이디어(IDEA)

| I(Interest : 홍미) | 이슈, 관심력 / 시대 요구 부합력 |
| --- | --- |
| D(Design : 디자인) | 기획력, 조형미, 기술품질력 / 상품력 → 혁신가치력 |
| E(Environment : 환경) | 경쟁력, 위기돌파력 / 환경적응력 |
| A(Action : 행동) | 추진력 / 고부가가치력 |

자료) 채수명 : 『아이디어경영』. 일송미디어, 1999.

## 2) 신선한 아이디어를 창출하는 방법들

아이디어를 창출하려면 그에 걸맞는 사고와 행동이 선행되어야 한다. 우선 무엇보다도 고정관념을 파괴하기 위한 열린 사고에 대한 분위기 조성과 창의성을 위한 접근방법 아래 실용성과 사업성을 위해서는 여러 가지 방법이 있다.

● 브레인스토밍(Brain storming)법 : 편안한 상태에서 자유토론을 전개하는 가운데 상대방의 의견을 차단하거나 거부하거나 비판하는 것은 안 되므로 주의해야 한다. 이 중에서 기대 이상의 아이디어가 나올 수 있는데, 이 같은 방법이 정착되지 않아 이에 대한 분위기 조성이 필요하며 앞으로 기대해 본다.

● 공간충족법 : 공간을 만들어 빈칸에 관련된 아이디어를 탐색하는 기법이다.

● 속성열거법 : 주요 속성을 열거하여 그것을 요구사항에 맞게 개선하려는 방법이다.

● 희구열거법 : 간절히 바라는 목표를 미리 정해두고 이에 부합하고 혁신하려는 기법이므로 아주 효과적인 방법이지만 문제점을

어떻게 극복하느냐가 관건이다.

● **집단노트북법** : 노트를 주고 원형 테이블에 모든 사람들이 앉아 생각나는 대로 기록하는 방법이다.

● **입출력법** : 단점을 버리면서 강점으로 만드는 방법이다.

● **강제관련법** : 현재로서는 관련이 없는 것과 강제적으로 관련시켜 효과를 얻는 것으로 성패의 차이가 매우 크다.

● **결점열거법** : 문제가 되는 부분을 집중 열거하여 개선하려는 가장 흔한 방법이므로 문제분석법이라고도 하는데 이것을 보완, 실천한 것을 리모델링이라고도 한다.

● **시넥틱스(Synectics)법** : 브레인 스토밍법을 보완한 방법으로 처음에는 자유 분방한 아이디어를 내게 한 후에 점차 구체화시키는 방법이다.

● **1H5W법** : Who(누가), When(언제), Where(어디서), What(무엇을), How(어떻게), Why(왜)의 대답을 구체화하는 방법이다.

● **체크리스트법** : 다양한 체크사항을 만들어 아이디어 중에서 가장 좋은 것을 찾아내기 위해 평가하는 방법으로 확대, 축소, 여러 개를 하나로 집합, 하나 또는 여러 개를 분열, 디자인 변화 등이 있다.

● **수학기본법** : 더하기〔하나 이상의 것을 서로 결합 / 승용차컴퓨터산업(승용차+컴퓨터), 휴대폰(전화기+시계+정보), 노래방(노래+술), 컴퓨터TV(컴퓨터+TV)〕, 나누기(하나 또는 몇 개를 여러 개로 나눔), 빼기(기존에서 뺌 / 튜브 없는 타이어, 무선 전화기, 뚜껑 없는 사인펜, 다색 볼펜, 무가당설탕, 연통 없는 난로, 추 없는 시계),

곱하기(의미를 곱함 / 뱅뱅, 봉봉)

## ▶아이디어창출법 사례

* 우산 : 편리성(2, 3단 접는 우산), 1회용(1회용 우산), 크게(큰 우
산), 옷(비닐옷), 지팡이(노인을 위한 지팡이 우산), 패션(패션 우
산), 입으면(우비), 햇빛 차단(양산)

* 시계 : 손목, 괘종, 전자, 타임, 알람, 장식, 장난감

* 네모 수박 : 네모라서 신기하고 냉장고에 넣기 좋음

* 병배 : 병 안에 배가 있는 것이 신기함

이때 고목보호, 근시안, 연구 부족, 위험 회피, 리더십 부족, 단
순모방, 고객 조작, 단순전술, 불협화음, 지식, 의사 결정 부재 등
이 아이디어 창출을 가로막는 저해 요인이 되므로 자신을 점검해
보는 시간이 필요하다.

## 3) 아이디어 하나로 대박을 터뜨린 사례들

짧은 시간 안에 대박을 터뜨린 것이 히트(hit) 상품이다. 이것은
여러 요인들이 당시 소비자들의 욕구 등 상황과 부합되어 만들어
진 결정체였던 것이다.

〈누구나〉는 누구나 페인트를 롤에 묻혀서 쉽게 칠할 수 있다는
편리성과 경제성으로 고객들에게 친밀하게 다가갔고, 〈비트〉는
'깨끗하고 아름다운 생활을 위하여' 라는 슬로건의 강렬함, 〈요만

큼〉은 당시 수질오염의 심각성과 친근한 모델로 인해 그야말로 대박을 터뜨렸다.

30년간의 설움을 딛고 갑자기 일어선 〈하이트맥주〉의 '지하 150m 암반수에서 끌어올린'이라는 슬로건과 집중적이고 친근감이 있는 광고전략 및 이벤트 등은 당시 환경문제의 대두로 인해 크게 호응을 얻기에 충분했다.

OB맥주의 비어작전과 상호비방 속에서 법정투쟁으로 이어지는 등 당시 상황은 골리앗과 다윗의 싸움이라고 비유되던 상황이었지만 거대 공룡 OB맥주를 단숨에 쓰러뜨리는 능력을 발휘해 기업과 소비자들도 놀라게 했으며, 아예 회사명을 바꾸었다.

〈비락식혜〉는 친근한 전통 음료, 〈쏘나타〉는 브랜드의 우수성과 디자인 및 성능, 〈김삿갓〉은 브랜드명과 디자인의 특이성, 〈죽염치약〉은 신소재, 〈애니콜〉은 무선전화기의 폭발적인 분위기 조성과 함께 브랜드명의 우수성을 들 수 있다.

특히 〈김치냉장고〉는 도시 신세대 여성들의 마음을 사로잡기에 충분하여 일약 히트 상품이 되면서 포화상태로 침체된 냉장고시장에 활력을 불어넣었다.

반면에 장수상품으로 〈칠성사이다〉는 독특한 맛과 품질관리는 물론 브랜드의 우수성, 〈미원〉은 오랜 광고로 브랜드 인식의 구축, 〈모나미〉는 편리성과 저가격의 친근한 브랜드명으로 오랫동안 고객들의 사랑을 독차지하고 있다.

〈박카스〉는 '활력을 마시자'라는 슬로건과 저가격은 물론 지속적으로 친근하게 파고드는 광고효과, 〈새우깡〉은 맥주와 심심풀

이에 어울리는 담백한 맛과 저가격 그리고 브랜드의 우수성 때문에 장수상품으로 이어지고 있는 것이다.

요즈음 한참 뜨거운 어학열기를 이용하여 어학원들은 수도권지역에 미국, 호주, 영국, 일본, 중국과 비슷하게 실내외 분위기를 조성하고 유능한 교수를 초빙해 내실 있는 프로그램으로 저렴하게 운영하면 폭발적인 인기를 얻을 수 있다.

한편 필리핀에서 대학을 졸업한 여성을 영어교사 겸 가정부로 채용하면 유학 갈 필요 없이 적은 비용으로 모든 것을 해결할 수 있게 되니 적은 비용으로 좁은 공간을 넓고 새것처럼 깨끗하게 사용할 수 있는 리모델링처럼 폭발적으로 증가할 것이다.

운전대 없이 센스가 부착되어 태양열을 이용해 스스로 가는 센스자동차, 시청각의 한계를 극복한 냄새나는 고가격의 다기능 멀티미디어, 스트레스를 말끔하게 해소시켜 주는 신소재의 센스패션, 기능성 브랜드 농수축산물 등 상상을 초월한 상품들이 출현할 것으로 예상된다.

그러나 아무리 신선한 아이디어를 창출했다고 하여도 합리적이고 경제적인 추진력과 마케팅력 등 사업력이 뒷받침되지 않으면 공상에 지나지 않으므로 이를 구체화시키기 위한 방안을 강구해야 한다.

## 4. 고비용, 저효율을 타파하자.

### 1) 고비용, 저효율 구조란?

적은 노력으로 최대의 효과를 얻으려는 경제원칙은 인간의 기본적인 본능이자 희망이다. 그러나 1980년대에 들어서면서 우리의 전반적인 사회구조는 인건비와 자재값의 상승 등으로 인해 비용은 많이 들어가면서도 효율성이 아주 낮은 고비용현상이 점점 증대되고 있어 점점 경쟁력은 떨어지는 등 그 문제점이 심각하다.

그 원인으로 시장환경에 대한 정보부족과 인식의 무지, 전문성의 부재, 쇄국주의적인 고금리현상, 투자후순위의 고물류비, 공급규제 개발정책의 고지가 등을 들 수 있다. 뿐만 아니라 선진국이나 경쟁국에 비하면 행정편의주의에 입각한 고규제가 여전하고 근로자들의 자기 목소리가 높은 고임금 상태에서 노동생산성이 매우 낮은 것은 신경영마인드가 부족하기 때문이다.

더구나 천민 물질만능주의 사상이 팽배한 불필요한 과소비는 결국 외제 고급브랜드의 맹목적인 선호로 이어져 더욱 외화 낭비를 초래하고 어려운 살림을 더욱 어렵게 만든다.

또한 잘못된 자식 사랑이 결국 돈과 연계되어 부자 부모덕에 놀고 먹는 청년실업자가 많아지고 한 가정에 1, 2명만 일하고 나머지 가족은 소비하는 고비용, 저효율현상의 사회 구조적인 문제를 시급히 해소시켜야 한다.

정부의 무능, 학자들의 방향제시 부족, 기업가 정신의 부재, 핵심 참모들의 연구 부족, 근로자들의 프로근성 부재 등 총체적인 모순이 함축되어 있는 것으로 네 탓보다는 우리 탓, 내 탓으로 여기는 풍토가 조성되어야 한다.

특히 지나칠 정도로 학연, 지연, 혈연에 얽매인 사회구조는 결국 전문성·차별성·고객만족성 등의 경쟁력이 부족하여 놀고 먹는 사람을 양산하고 시대의 환경변화를 읽지 못하고 그저 과거를 답습하는 한계성을 드러내고 있다.

이로써 주로 선진국에서 일어나는 선진국병은 경제성장의 기본이 되는 요소들을 잠식하여 더 이상 성장하지 못하고 결국 쇠퇴하는 제로섬사회(The Zoro Sum Society)가 된다.

즉 고스톱에서 딴 사람의 돈을 플러스(+)로, 잃은 사람의 돈을 마이너스(-)로 한다면 그 합은 언제나 0이 된다는 것으로 그 게임을 제로섬 게임이라 한다.

이런 점에서 관공서, 기업, 가정 등 다방면에서 고비용에 의한 저효율이라는 아마추어적인 사고와 행동 등 제로섬 사회에서 탈피하려면 프로근성에 의한 자기경영마인드를 효과적으로 관리하고 혁신하기 위한 노력을 해야 한다.


2) 생산성을 향상시키는 길은 없는가?

'어떻게 하면 적게 일하고 월급은 많이 가져갈까?'를 중시했다.

그러나 경기가 나빠지면서 생존과 성장이 어렵게 되자 '어떻게 하면 생산성을 향상하여 함께 생존하고 번영할 것인가?'를 고민하고 있는 기업과 사람들이 늘어나고 있으니 이는 바람직한 현상이다.

외국과의 비교우위를 살펴보면 1990년대 말 한국의 노동생산성을 100으로 할 때 일본은 171, 독일은 280, 미국은 311 정도이니 우리가 얼마나 고비용, 저효율에 머물고 있는지 단적으로 알 수 있다.

이제는 그 격차가 줄었다고 하지만 여전히 생산성의 격차가 심한 것를 보면 전문기술에 의한 효율성 등 총체적으로 프로근성이 낮음을 단적으로 알 수 있고, 업무의 효율성은 매우 낮은데 이에 비해 보수는 매우 높다는 증거이다.

그 원인은 고속 성장에 낮추어 임금도 함께 따라 올리기다보니 그 한계에 부닥친 오늘날에는 종업원들은 이미 권한만 주장하고 의무와 책임은 회피하고 있으며 경영자의 전문성 결여와 시설투자의 부족으로 인한 방만한 운영은 결국 상호불신과 비효율성만 낳았다. 이런 점에서 자본을 투자한 투자자, 전문경영을 투자한 경영진, 기술을 투자한 종업원, 공동운명체인 협력업체와 모든 이해집단들은 공동운명체적인 주인의식을 갖고 고비용, 저효율에서 과감히 탈피해서 저비용, 고효율으로 바꾸려는 노력이 생산성향상운동이다.

조사, 분석, 기획, 전략, 평가 등 전반적인 싱크탱크팀을 구성하여 기획, 전략 등으로 책임을 다하고 그 하부구조로 연봉 계약과 장기적으로는 기획관리만 제외하고는 완전 사업부제나 협력관계로 전환하는 것이 시대적인 흐름이다.

특히 그동안의 저임금 단순노동의 외국인의 산업연수는 그 한계점이 드러나고 있어 기획, 정보, 조사 분석, 전략 등 소프트웨어부분의 강화를 위해 외국의 고급 두뇌들의 스카우트는 불가피하다.

우선 개개인의 업그레이드에 의한 지능화로 생산성을 향상하려는 노력이 필요하겠으나 기업과 조직 전체 차원에서 분위기를 충분히 조성해주고 팀별로 효율적인 목표와 신바람을 펼치려는 노력이 우선되어야 한다.

이를 위해서는 한마음운동 속에 시간과 양보다는 창조와 질을 향상시키기 위한 고민 해결을 위해 주기적인 조사, 분석, 연구발표로 개선하려는 의지가 따라야 한다. 결국 생산성향상은 의무이고 책임이며 신선한 노동의 대가로 자존심인 동시에 비전이다.


## 3) 생산성향상으로 효과를 얻은 사례 분석

생산성향상을 위한 노력으로 기대 이상의 효과를 거두고 있는 K사. 서울에 있는 의류업체의 전반적인 분위기가 악화되자 회사의 경영도 점점 악화되었다. 이를 보다 못한 최고경영자는 최후의 묘책으로 사업부별, 개인별 경쟁심리를 유도해 성과급제도와 책임실명제를 적극 도입하려고 오랫동안 준비하였다.

그러나 노조가 노동탄압이라며 극렬하게 반대하였다. 그러자 최고경영자가 나를 찾아와 묘책을 요청했다. 나는 구체적인 내용을 들어본 후 민주적이고 합리적이며 공감대를 형성할 수 있는 경영방법을 제시하라고 권하자 최고경영자는 이 권고를 받아들일 수 없다고 했고 나도 그 이상의 방법은 없다고 버텼다.

이쯤 되자 초조해진 그는 결국 내 조언대로 고객을 우선하는 고객중심경영, 모든 것을 공개하는 열린 경영, 편법이 아닌 정도투명경영, 신선한 이이디어로 업무를 향상시키는 아이디어경영, 노사가 함께 운영하고 분배하는 공동분배경영을 5대 경영지침으로 삼았다. 특히 패션업계는 디자인과 브랜드 및 마케팅력이 생명이므로 생산은 사업부제로 돌리고 조사 분석 등 기획력을 강화하는 한편 신소재 개발에 주력하여 옷을 만드는 공장에서 패션회사로 변신하라고 권고하였다.

구체적으로는 부서별로 현재의 문제점을 찾고 목표를 설정하여 보완점이 무엇이며 자신과 님상, 회사와의 긴밀한 상호협력관계를 모색하기에 이르자 모두가 이를 적극 수용하고 지원키로 약속하였다.

항시 가족적인 분위기로 상호간 신뢰 속에 친절하며 조사 분석을 통해 연구하여 최고의 품질과 서비스를 고객들에게 제공함으로써 브랜드이미지를 향상시켜 시장을 확대하는 한편 내적으로는 직원들의 후생복지 향상과 인재육성 및 재무구조의 향상을 통해 부가가치를 높이기 위한 세부지침이 작성되었다.

그리고 매주 토요일, 스터디그룹을 통해 연구하여 개선하는 방법을 찾고 서클활동에 들어가자 회사분위기는 완전히 달라져 사기양양으로 이어져 생산성이 급격하게 향상되었다.

이로써 분기별로 성과급을 지급한 것을 계기로 자기가 자신의 목표를 세우고 실천하는 자기경영 관리체제는 모두가 경영자이고 팀장이며 실무자인 셈이 되어 책임실명제를 도입케 된 것이다.

그 다음의 목표는 전 사원들의 학력 콤플렉스를 해결하기 위해 2년제 대학, 4년제 대학에 진학시키는 것이며 앞으로는 전 사원이 경영대학원에 입학하거나 해외연수를 가는 것이다.

이처럼 생산성향상은 사소한 것에서 시작해서 업무성과는 물론 엄청난 변화를 이루는 원천이기도 하다.


## 5. 탁월한 연구기획력은 파워이다.

1) 전문성, 실용성을 갖춘 기획력을 강화하라.

과거에는 모든 길이 자본으로 통했다.

그러나 정보화 지식경쟁시대에 접어든 오늘날에는 모든 업무와 사업의 성패는 결국 연구력과 기획력, 즉 신지식으로 변화하고 있는 것이다.

이런 점에서 연구와 기획은 불확실성을 가능케 하고 돈을 벌게 하며 목표를 달성케 하는 지침서이자 항해의 나침반이며, 국가의 헌법과 같으며 붕어빵의 팥, 찐빵의 팥소와 같은 핵심적인 역할을 한다. 그러므로 이를 강화하기 위해서는 온갖 노력을 다하는 것이 당연한 일이다.

기획(企劃, plan)이란 일을 계획한다는 뜻이며, 구체적인 계획 (計劃, 計畫)은 계교(計較 : 요리조리 생각하여 낸 꾀)하여 일의 얽힘을 바로잡거나 세운 꾀를 의미하므로 구상이 아닌 실현을 위한 지

침으로써 상황적이고 진취적이고 효과적인 동시에 과학적이어야
한다. 계획에는 3~4개월 이내의 초단기계획, 1년 이내의 단기계
획, 2~4년의 중기계획, 10년 이상의 장기계획, 20년 이상의 초장
기 계획이 있는데 기간이 길면 길수록 흐름을 잡는 것이 추상적일
수밖에 없다.

특히 경영과 관련해서 가장 중요한 경영계획은 전략계획(비전,
포트폴리오, 사업분야 전략계획)과 행동계획(행동계획, 프로그래밍)
을 세우는 습관이 필요하다.

보다 포괄적이면서도 세부적이고 과학적이어야 하며 또한 합리
적이어야 어떤 변동사상시에도 크게 당황하지 않고 추진할 수 있
어 시간과 경비 및 정력 낭비를 크게 줄일 수 있다.

계획의 고려사항

**목표** : 추구하려는 목표(이윤추구, 시장점유율 확대, 인지도와 지명도 향상)

**일정** : 구체적인 일정

**예산** : 기획비, 자료수집 분석비, 업무추진비, 지원비, 인건비, 관리비, 잡
비, 판공비

**조직** : 수평 · 수직 조직[책임자(본부장), 자문위원, 팀장, 팀원]

**상황** : 시장상황분석, 경쟁자분석(서로간의 약점, 전략 · 전술 등), 고객욕구
분석, 사업타당성 분석

**전략 · 전술** : 전략 · 전술, 시나리오 전개, 성장발전전략 방안

**지원** : 예산, 인력, 첨단시설 및 장비

**한계점** : 어려운 점, 극복방안

**기타** : 수익성 분석, 손익분기점

c. chae soo myung 5

이런 점에서 단순한 이론보고서는 불필요한 낭비이므로 최소한 실사보고서와 기획서 정도는 쓸 줄 알아야 하는 것은 당연한 일로서 이 정도도 못 한다면 과연 자신이 전문가라고 할 수 있는지를 한 번쯤 생각해 볼 일이다.


## 2) 연구력을 강화하는 방법은 없는가?

기획을 구체화한 연구(研究).

그 목적은 어디까지나 현재의 경쟁상황과 문제점을 철저히 조사, 분석을 통해 개선하기 위해 과학적인 방법을 총동원하는 일련의 활동이다. 그러므로 사실에 입각하여 복잡한 현상을 이해하기 위해 가설을 설정하고 그것을 바탕으로 주관적인 편견을 버리고 객관적인 입장에서 과학적인 분석력으로 자료를 수량화해야 한다.

우리는 기초조사 없이 매너리즘에 빠져 짧은 설계와 기초공사를 중시하지 않은 채 빨리빨리 공사를 마무리하고 단기간에 완성했노라고 으시대다가 성수대교와 삼풍백화점 붕괴라는 사고를 당했고 인명 및 재산 피해와 함께 국가신뢰도를 실추시켰다.

반면에 스페인의 한 성당을 보면 몇 십 년에 걸쳐 조사, 분석하고 다시 몇 십 년에 걸친 설계를 통해 몇 백년 동안 불후의 명작을 세우고 있는 것을 보면 그네들이 빨리 완성할 줄 몰라서 그렇게 했다고 보기엔 너무나도 거리가 멀다.

따라서 건물을 짓듯이 기초공사를 견고히 하기 위해서는 기초이론을 학습하여 이를 현장과 연결한 후에 부가가치가 높은 아이템을 발견하거나 예측하여 대비하는 한편 무를 유로 만드는 프로근성이 필요하다.

## 연구계획서 작성법

1. **서론** : 연구배경과 목적, 연구기간 및 연구팀, 연구의 한계점
2. **이론적 배경** : 연구내용에 대한 문헌고찰, 선행연구고찰
3. **연구의 실제** : 연구대상, 연구방법, 연구기간, 조사연구내용(시장, 자사, 경쟁사), 통계처리
4. **문제점 및 발전방안** : 문제점 도출, 구체적인 발전방안 모색
5. **결론** : 요약, 결론, 제언
* **참고문헌, 부록(설문지)**

c. chae soo myung 6

이때 다른 사람이 작성한 조사보고서나 연구논문을 옮길 때에는 그 예우로 인용의 근거인 주(註)를 달아야 한다. 그렇지 않으면 남의 지식을 훔쳤기 때문에 저작권법에 의해 형사처벌을 받게 되는 것은 당연한 일이며, 지적소유권은 저자의 사후 50년까지로 되어 있으므로 주의해야 한다.

이에는 입증과 참고가 목적인 참고주와 본문 내용의 설명을 보충하기 위한 내용주가 있으며, 참고문헌 등의 인용을 밝힐 때에는 저자명·저서명·출판사명·출판연도·페이지 순서로 한다.

하루에 습관적으로 세 끼를 먹듯이 연구가 몸에 배이면 모든 것을 연구로 보는 경향이 있어 성격이 치밀해져서 실수를 줄이고 성공률이 매우 높은 경지로까지 승화될 수 있다.

3) 야유회를 가거나 결혼하는데도 계획서가 필요한가요?

▶ **사 례 1.**

내가 기획력과 마케팅관리력을 인정받아 어느 중견광고회사의 대표이사 권한대행이라는 중책을 맡게 되었을 때의 일이다.

이사장이 요청해서 결제 받은 3박 4일간의 연수를 모든 직원이 함께 가기 위해 신선한 기획서를 기대하고 응모했었다. 하지만 장소와 예산 및 간단한 일정에 관해 나열했을 뿐 여행계획서라고 보기엔 창피할 정도여서 다시 응모토록 했으나 별 성과가 없었다.

그래서 결국 내가 여러 사항을 고려해 목적과 기대효과, 장소, 구체적이고 다양한 일정, 예산, 역할분담, 조별 경연대회, 자유활동시간, 비상대책, 기타 사항 등을 자세하게 무려 10여 페이지로 작성하여 보여주고는 수정, 보완토록 하였다.

그 계획서 속에는 귀신놀이, 야자타임 등의 놀이는 물론 농어촌의 현실을 생각해서 봉사활동과 노인정을 위해 특별히 준비된 비용까지 포함시켰다.

또한 기념품까지 준비해주는 세심함까지 배려했다. 그러자 "역시!"라는 목소리가 나왔다.

결과는 계획대로 완벽하게 진행되지는 못했지만 연수를 다녀온 후 품평회를 가진 후에야 기획서의 중요성을 한층 더 느끼게 되었다는 것이 그 당시 직원들의 한결같은 목소리였다.

▶**사 례 2.**

한 번은 아는 노총각 후배로부터 거래처 여성을 사모하고 있다는 말을 들었다.

그러나 그녀의 미모와 교양미 등을 따져볼 때 도저히 용기가 나지 않으나 그녀와 꼭 결혼하고 싶다면서 만약 뜻을 이루지 못하면 장가를 안 가겠다는 엉뚱한 말까지 늘어놓았다. 그래서 나는 그 후배에게 독특한 방법으로 도도한 노처녀를 자신의 아내로 삼으려면 결혼기획서를 짜라고 권고하였다.

결국 나는 그의 간곡한 요청으로 그녀를 사로잡기 위해서 그녀에 대한 조사, 분석은 물론 장래의 비전 등을 석사논문 쓰듯이 기획서를 작성하도록 결혼논문 지도교수로서 그를 철저히 지도해주었다.

서론을 거쳐 일정, 예산과 구체적인 조사, 연구로써 그녀와 친한 사람 중에서 팀장과 부하 등과 친분을 쌓아 그녀의 성격과 좋아하고 싫어하는 것, 결혼관, 가족사항 등을 철저히 조사, 분석하였다.

그리고는 데이트 장소와 데이트 방법을 위한 다양한 장단기 플랜에 의한 실행방법 및 거부반응시의 대비책, 결혼 후의 자녀교육, 재테크, 시댁과 처가와의 관계, 역할분담, 노후복지문제 등에 대해서 체계화시킨 후에 최종 접근방법을 모색하는 과정에서 이 같은 사실을 그녀 쪽으로 흘려보냈다.

그러자 그녀는 무관심한 척하면서도 신기해하고 그 열정에 놀라 호감을 갖게 되어 그 같은 내용 전체를 보고 싶어했다. 결국 만날 때마다 약간씩만 보여주어 궁금증을 자아내게 해서 그녀가 좋아하는 장소에서 자주 만나게 되었다.

이렇게 6개월을 보여주는 동안 자연스럽게 호감과 신뢰를 얻게 되어 사랑이 싹터 동시에 결혼하는 꿈을 꾼 이야기를 나누면서 사랑의 고백을 주고 받게 되었다.

그 후배로부터 받아 본 청첩장에는 논문을 통과 하였다는 편지가 함께 들어 있었고 예식장을 찾았을 때 몰려든 하객들을 보고 결혼논문의 위력을 새삼 느꼈다.

어렵고도 쉬운 방법으로 결혼해 계획대로 행복하게 살기 위해 결혼논문을 지침서로 삼았으며, 떡두꺼비 같은 첫아들을 기다린다고 하는 그 후배가 대견스럽기만 하다.

# 핵심역량 - 정보경영

## 1. 모든 정보를 집중 사냥하라.

### 1) 최신 정보의 힘은 무한하다.

우리는 이미 정보화시대, 정보경쟁시대를 살아가고 있다.

전쟁에 비유한다면 승리하려면 적의 중요한 정보를 얻어내 대비해야 하며, 기업경쟁에서 우위를 확보하려면 이에 상응한 중요한 결정력이 있는 정보를 사전에 입수하여 이에 대한 대비책이 있어야 한다.

또한 형사가 범죄자를 잡으려면 이에 상응한 정보가 필요하고, 주식투자에서 손해를 줄이고 대박을 터뜨리려면 이에 대한 다양한 정보를 입수해야 하며, 짝사랑하는 사람과 고객의 마음을 사로잡으려면 그가 좋아하고 싫어하는 정보를 입수해야 한다.

운동경기 때에는 상대방과 주변에 대한 모든 정보를 수집해서 대응해야 하고, 시험을 볼 때에도 출제될 만한 중요한 정보를 입수하면 효과적이고, 야유회를 갈 때도 사전에 일기상황을 입수하는 것은 당연한 일이다.

이렇듯 정보(Information)는 사소한 의사결정에서부터 국운을 좌우하는 전쟁에 이르기까지 중요한 역할을 하고 있어 모든 것이 정보의 바다로 어떻게 활용하여 효과를 얻느냐가 중요하다.

알렉산더(Ralph S. Alexander)는 "정보란 전개하려는 의사결정에 대해서 유용한 사실을 의도적, 조직적으로 광범위하게 탐구하는 것이다."라고 했다. 이렇듯 정보는 수용자에게 의미 있는 형태로 처리되어 현재, 미래에 있을 의사결정이나 행동에 실제적, 잠재적인 가치를 주는 자료이다.

정보는 그 필요성과 목적에서 출발해 입수, 수집, 기재, 분류, 처리, 해석, 전달, 제출, 이용, 보존, 보고 등의 모든 처리가 포함되어야 한다는 점에서 그 속성은 진위, 최신, 증분, 시정, 확인성을 가지며 정보의 효용성, 사용자 만족상황과의 일치성과 관련된다. 따라서 정보는 누구나 갖고 있는 상식이 아니라 경쟁자가 알지 못하는 긴밀한 내용을 사전에 알아내 적극 활용하는 능력이 필요하며, 지극히 일반적인 상식과 이미 지난 과거의 정보나 가치가 없는 것은 엄밀한 의미에서 정보가 아니다.

그렇다면 우리는 어디에서 정보를 얻을 수 있을까?

이는 각종 인쇄물과 전파매체는 물론 대인관계, 기타에서 찾아볼 수 있는데 일반인들은 정보를 보고도 정보가 없다고 늘 말하지만 전문가들은 아주 사소한 것을 정보로 여기는 등 모든 것을 정보로 활용하고 있다.

그러나 치열한 경쟁상황하에서는 일부러 잘못된 정보를 긴밀한 정보인 것처럼 흘려보내는 경우가 많아 정보의 진위 여부를 밝히는 능력과 정보수집보다는 그에 상응한 대비책에 의한 효과가 더욱 중요하다.

## 2) 과학적인 시장조사법을 익혀라.

모든 일에 대한 의사결정 및 해결방법의 핵심은 시장조사이다.

시장조사란 생산자와 고객에게 재화와 용역을 이전하고 판매하는데 관련된 모든 문제를 수집하고 기록하며 분석하는 것으로 불투명한 의사결정과 불확실한 상황하에서의 대비책을 위한 중요한 요인이 되므로 절대적으로 필요하다.

시장환경 변화, 자기 장점과 취약점, 경쟁자 장점과 취약점, 고객의 욕구와 행동변화분석 등을 종합적이고 체계적이며 합리적으로 조사해야 하는데 조사팀장의 의지와 능력 등에 따라 결과가 판이하게 달라진다.

시장조사법의 절차는 조사목적 → 상황분석 → 비공식조사 → 공식조사계획 → 자료수집 → 자료분석 → 보고서작성 → 자료의 활용으로 의도하는 목표를 효과적으로 달성하기 위해서 필요한 것이다.

질문법은 직접 질문지의 작성과 면접 및 방문을 통해서 질문을 하거나 때로는 회합에서 의견을 청취하거나 전화, 우편을 많이 활용한다.

이 중 사실질문법은 조사대상자들의 상품수용에 대한 사실을 미리 질문하여 데이터 근거로 활용하며, 의견질문법은 회답자 자신의 의견을 밝히거나 평가를 할 수 있도록 질문하여 그 가치판단을 조사하는 방법이다.

해석질문법은 원인을 묻는 것으로 의도적으로 느낀 것과 동기, 심리적 충동 평가를 위한 것이기에 개인적, 내면적인 성질을 띠게 되어 회답이 애매모호한 경우가 많다.

반면에 관찰법은 자연적인 사실을 직접 보고 파악한 것이고, 실험법은 현상과 요인과의 관계를 일정한 조건에서 관찰실험에 의해 문제를 확인하는 것이다. 그러나 조사대상자가 너무 많아 경비와 시간 문제상 표본(sample)조사를 하는 것이다.

이 방법은 일정한 비용과 시간 내에 최대의 신뢰성이 있는 시장정보를 얻는 데 목적이 있고 표본의 선정은 조사대상인 모집단에서 가장 대표할 만한 표준을 얻기 위한 계획에 있다. 이 가운데 임의(확률표본) 추출법은 모집단으로부터 표본을 확률적으로 추출하는 것이고, 단순임의 표본추출법은 모집단에 포함되는 모든 것들이 동등하게 추출되는 기회를 갖는 방법으로 번호를 붙여 카드에 기입한 후에 통에 넣어 섞은 다음 표본수를 꺼내는 것이다.

층화임의 표본추출법은 조사대상인 어떤 집단의 각각에 포함되어 있는 요소는 그 내부에 있어 동질적이나 각 집단은 이질적이어서 거의 비슷한 몇 개의 층으로 나누어 표본을 추출하게 되어 오차가 적다.

취락임의 표본추출법은 임의ㆍ확률에 의한 표본추출로 모집단을 몇 개의 집단으로 나누고 그 중 몇 개를 표본추출하여 이에 대한 전수조사를 하는 것으로 지역표본, 편의적, 판단표본추출법이 있다.

이 밖에 소비자패널은 소비자의 표본을 선정하여 매일 상품구매에 대한 행위를 기록, 보고하는 것으로 우편, 전화, 인터넷, 개인면접 등이 있다.

행동정보의 기록과 응답자의 패널구성을 극비리에 실시하고 실험용 점포는 독립점포를 만들어 다각적인 정보를 얻는 것이므로 일반 점포와 똑같은 운영으로 알 수 없어야 한다.

### 3) 시장조사의 성공과 실패 사례

여론조사에 성공하거나 실패한 대표적인 사례는 수없이 많다.

특히 실패 사례로 지난 제15대 총선 때 여론조사를 들 수 있다.

그때 각 언론매체는 6시 투표시간이 끝나기가 무섭게 기다렸다는 듯이 경쟁적으로 여당의 압승이라는 결과를 집중적으로 발표하였다.

하지만 막상 개표 시작과 함께 개표상황은 점차 조마조마해지다 2시간이 지나면서 상황이 역전되어 야당 압승, 여당 참패로 희비가 엇갈리는 한편 이를 지켜보던 대다수의 국민들은 여론조사 전문가집단들의 허구성에 허탈해 했고 이로 인한 신뢰성문제는 치명적이었다.

결국 방송사들이 빗발치는 여론에 밀려 사과 방송을 하는 선에서 사건은 일단락되었지만 이 사건은 우리를 몹시 슬프게 했다.

어떤 경우에는 몇 백 명의 특정 기업 직원들을 대상으로 조사한 것을 마치 대한민국 전체를 대표하는 양 보도하는 조사기관들과 언론기관들의 무책임성과 전문성 결여는 인정하지 않는다.

오히려 95%, 표본오차 ±3.5라는 그럴 듯한 수치를 늘어놓는 것이 개선되지 않고 지속되고 있는 것을 보노라면 국민들을 속이고 있는 그들의 비전문성과 도덕성의 부재가 한심한 생각이 든다.

필자가 지난 20여 년 동안 신문과 잡지 등을 스크랩하는 습관을 갖고 있다보니 아이들도 따라 하는 습관을 가지고 있다.

신문을 보면서 정보사냥을 떠난 사냥개처럼 통계자료나 신기한 자료를 찾으면 마친 황금덩어리를 찾아낸 듯 희열을 느끼면서 필요한 때마다 적절히 적극적으로 활용하다보니 데이터가 풍부할 뿐만 아니라 이제는 어느 정도 예측하는 습관이 생겨났다.

때로는 중요한 사항을 거의 정확하게 예측하기도 해 친분이 있는 사람들 중에는 족집게 점쟁이나 고액 과외를 하면 돈을 많이 벌 수 있을 것이라며 농담도 걸어오는 경우가 많다.

어떤 때는 귀찮고 힘들 때도 있지만 정보를 찾는 습관을 들이면서 자신도 모르는 사이에 자료를 수집하게 되어 정보맨이 되었다.


## 2. 과학적으로 분석하여 활용하라.

### 1) 체계입체적, 종합과학적으로 분석하라.

우리들은 골 아픈 것을 싫어하는 습관이 있다보니 분석력이 취약하다. 그러나 어떤 일을 효율적으로 진행하기 위해서는 시장정보조사가 꼭 필요한데 그 목적은 과학적인 분석에 의한 활용의 가치화에 있다.

아무리 시장조사를 경제적이고 과학적으로 실시했다고 하여도 분석과 활용을 잘하지 못하면 모든 게 헛수고가 되고 만다.

그럴 바에야 하지 않는 것이 좋으니 이 같은 실수를 줄이기 위해서는 조사에 따라 정확한 분석과 적절한 활용력을 강화하는 습관을 강화하거나 전문가에게 부탁하는 것이 바람직하다.

수학을 잘하는 사람에게 "어떻게 하면 수학을 잘할 수 있느냐?"고 물어보면 그들은 한결같이 우선 수학에 관심과 흥미를 갖고 수학과 함께 친구로 지내면서 즐겁게 놀다보면 자신감이 생겨난다고 말한다.

이렇듯 체계적이고 입체적이며 종합적이면서도 과학적으로 분석하는 사고는 하루아침에 일어나는 것이 아니고 일어날 수도 없는 것이므로 습관화가 필요하다.

분석을 잘하려면 논리적으로 사고하고 접근하려는 자세가 필요한데, 이를 키우는 접근적인 핵심포인트는 "왜?"라는 의문을 계속적으로 던져 그 명쾌한 해답을 찾아내는 등 꼼꼼하게 입체적으로 이리 저리 분석하는 사고를 습관화하다보면 자신도 모르게 분석력이 길러지게 된다.

마치 시장에서 콩나물을 살 때에도 국산콩인가? 저공해, 무공해품인가? 신선한가? 가격이 적정한가? 양은 적당한가? 등등 짧은 시간에 수없이 많은 내용을 종합적으로 분석한 생각이 스쳐가

는 가운데 결정을 내리는 것이 우리 주부들만의 분석, 평가 습관
이 아니던가?

분석적 사고

**시간적** : 과거, 현재, 미래 / 흐름 분석

**공간적** : 협소, 광범위 / 국내, 동북아 / 공간적 입지 분석

**환경적** : 환경친화, 국산, 선진 외제, 저국가 / 정세흐름 분석

**품질적** : 품질, 기술 / 첨단기술 분석

**조형적** : 디자인, 포장, 색채 / 디자인 분석

**마케팅적** : 브랜드, 가격, 유통, 광고, 판촉, 서비스, 경쟁력 / 마케팅 분석

**입체적** : 미협적, 종합적 / 포괄 구체적 분석

c. chae soo myung 7


이때 수평 · 수직적인 입체이며 앞과 뒤의 부합 여부를 철저하
게 비교 분석하고 이해하여 활용함으로써 발전의 원동력이 되는
동시에 실패를 크게 줄이는 기회가 된다.


## 2) 골치 아픈 통계학 뛰어넘기

모든 분석의 기초는 통계이다.

1년에 몇 명이 탄생하고, 몇 명이 무슨 이유로 사망하는지 등
각종 궁금한 사항은 오직 이를 통해서만 알 수 있듯이 통계는 필
수과목이 되어야 한다.

통계학은 수량적 비교를 기초로 하여 많은 사실을 통계적으로

관찰하고 처리하는 방법을 연구하는 학문으로 17세기 중엽 케틀레(Quetelet)와 피어슨(Pearson)에 의해서 만들어졌다.

대량 관찰의 결과로써 얻어지는 수치, 즉 일정한 때와 장소에 있어서의 일정한 집단적인 현상을 그 요소나 부분의 하나 하나에 대하여 대량으로 관찰, 계량하고 그 대세를 숫자로 나타내는 일이 통계학이다.

매거법에 기초하여 수없이 많은 현상이나 사물에 대하여 비교적 정밀한 양적 개괄을 하는 것으로 통계학상 일정한 공통 성질을 가지고 있는 같은 종류의 개체적 집단이어야 한다. 이때 통계숫자의 내용을 여러 사람들이 이해하기 쉽도록 그림으로 나타낸 통계도표는 형태상으로는 기하도표, 회화도표, 지도로 나누며 내용상 도수분포도, 상관도로 구분되므로 이를 활용하면 효과적이다.

여러 값을 하나로 요약하여 대표시킨 값인 대표값, 평균, 변량값이 흩어져 있는 정도를 가리키는 값인 산포도 이외에 표준편차, 이산변수, 확률분포, 이항분포, 연속변이, 정규분포 등이 있다.

이와 함께 통계조사는 전수조사, 표본조사와 함께 모집단, 표본, 표본의 크기, 유·무한모집단, 임의추출 등을 활용하려는 노력이 요구된다.


## 3) 과학적인 조사분석은 만병통치약

2002년 한·일 월드컵에서 가장 톱뉴스는 단연 한국의 4강 신화를 들 수 있다.

이처럼 우리도, 세계도 놀란 신화를 낳은 원인은 무엇인가?

잘 알다시피 체계적인 정보분석을 기초로 한 히딩크의 탁월한 용병술이 적중했고, 선수들의 사기가 충만하는 등 여러 요인이 함께 응집되었기 때문이다.

상대방 감독의 전략 스타일과 선수들의 장점과 단점을 분석하였던 전문가 및 그 날의 컨디션을 고려해 대비하고 경기중 상황에도 적절히 조치하는 히딩크의 탁월한 리더십이 불가능을 가능으로 만들었다.

이처럼 조사, 분석을 철저히 하게 되면 대응을 위한 준비력도 함께 중요시하여 대비하게 된다.

필자도 프로젝트와 강의 등 모든 일들은 조사, 분석을 바탕으로 한다. 어떤 일이든지 일에 대한 목적과 기대효과를 사전에 충분히 고려하고 방법론을 찾기 위해 이론적인 접근 아래 정보와 시장조사를 실시해야 직성이 풀리는 것이다.

진단지도나 강의차 기업을 방문할 때에도 사전에 인터넷으로 자사와 경쟁사 등 업계 동향을 살펴보는 일은 기본이고, 사장실과 연수원장실에 들르지 않고 곧바로 회사 전체를 한 바퀴 둘러보는 일로서 회사의 분위기를 대강 알 수 있다. 이처럼 사전에 취지와 시장에서의 강약점을 알고 대책을 강구하는 진단지도와 강의가 습성화되다보니 강의는 언제나 생동감이 넘친다는 칭찬을 받을 때가 많다. 이때 경영자, 팀장, 실무자, 고객, 경쟁자, 바이어 등 다양한 입장에서 분석하고 접근하여 문제점을 지적하고 새로운 이론과 혁신방법을 제시해주다보니 변명의 여지가 없다.

대학에서의 강의도 이론을 지나치게 강조하기보다는 이론은 어디까지나 활용을 위한 기본 원리이자 지침이기에 새로운 이론을 정립해 제시해주고 4, 5명씩 팀을 이루어 시장조사, 분석에 의한 발표가 끝난 후 토론을 보완하여 보고서를 제출케 한다.

이 가운데 우수한 내용은 신문, 잡지에 적극 추천해주거나 취업과 연계시키려는 노력을 지금도 지속적으로 하고 있다.

대학생들이 취업이 안 되는 이유는 국가적으로 경제가 침체된 데도 원인이 있겠으나 형식에 얽매인 이력서와 면접 태도 때문이다. 수없이 많은 대졸자 중에서 취업을 하려면 졸업장을 중시한 이력서와 틀에 박힌 면접에서 탈피하여 회사에서 필요로 하는 보고서를 함께 제출하면 된다.

이 정도로 준비한 학생은 오히려 경력자인 재직자에게 경종을 울리고도 남으니 서로가 데려 가려고 하면서도 두려운 존재로 볼 수밖에 없다. 이런 점 때문에 타과 학생이나 기업체 사람들이 필자의 강의를 도강하는 경우도 자주 있는데, 이것은 항시 고객의 입장에 서서 그들의 욕구와 시장상황을 철저히 조사, 분석하여 나온 자료를 적극 활용했기 때문이다.


## 3. 실패에서 교훈을 크게 얻어라.

### 1) 성공이라는 말의 의미
그렇게도 갈구하며 듣고 싶은 성공(success).

그 의미는 목적을 이룬다는 뜻으로 외형의 비교경쟁에 의한 명예, 돈, 권력 등 사회적인 지위를 얻는 것이 보편적인 통례이다.

한평생 몸을 바쳐 권력을 쟁취하고 돈을 벌었다면 과연 성공한 것이며 행복한 것인가에 대한 의문은 성공을 갈구하면 갈구할수록 성공할 수 있지만 그와 비례하여 잃는 것도 많을 수밖에 없다.

성공은 권력(정치가, 경찰), 재력(재벌), 지력(학식) 등 남보다 탁월한 업적을 쌓았을 때를 말하는 것은 너무도 단편적이고 외형적이지만 이를 성취한 사람들의 내면에는 그 나름대로의 골이 깊은 그 무엇인가가 있을 수 있다.

또한 이것만으로는 충족되지 않으므로 더 높은 차원의 자기 만족을 달성하기 위해 고민하고 있는 추세인 것을 보면 추상적이고 주관적인 성공의 기준이 매우 애매모호하며 잣대로도 정확하게 측정할 수 없으므로 비교할 필요는 없다.

그렇다면 일반적으로 어떤 사람을 일컬어 성공한 사람이라고 하는가?

이런 질문에 서양인들은 주저 없이 "무엇인가에 도전하여 성공한 사람이고, 다음은 무엇인가에 도전하여 실패한 사람이며, 다음은 도전하지도 않고 성공한 사람이고, 맨 나중은 도전하지도 않고 실패한 사람이다."라고 말한다.

그만큼 성공을 위해서는 자신과 싸우고 도전은 필수적인 요소인데, 어떻게 도전 없이도 성공할 수 있는지 의문이다.

도전하여 실패한 사람은 현재의 실패자이지 미래의 실패자가 아니며 이를 통해 성공을 배우는 미래의 성공자이므로 두 번째 성

공자로 여기고 있으며, 도전하지도 않고 성공한 사람은 기회주의
자이고 도전하지도 않으면서 실패한 사람이야말로 실패한 사람이
라는 풍토가 그들 모두를 도전자로 만들었다.

그러나 우리의 전반적인 사회분위기는 어떠한가?

두말할 것도 없이 도전하지도 않고 성공한 사람이 가장 우대 받
고, 도전하여 실패한 사람이 가장 천대를 받는 동시에 문책을 받
는 풍토이다보니 누가 성공이 불확실한 도전을 통해 성공하려고
하겠는가? 어쩌면 당연한 일인지도 모른다.

때문에 이리 저리 눈치를 보다가 누가 도전하여 성공하면 마치
자기기 적극 도와줘서 성공한 것처럼 주장하는 일을 수없이 보노
라면 인간적인 비애를 느끼게 된다.

개인과 조직 및 사회가 발전하려면 창조성이 필요하며 이를 실
천하는 것은 경쟁적인 도전정신이므로 이 같은 풍토 조성을 이루
어야 실현 가능성이 있다.

실패를 인정하지 않는 우리 사회의 분위기는 실패를 두려워할
뿐만 아니라 도전하더라도 실패 후의 일부터 먼저 걱정하고 있으
니 일이 성공할 리가 없다.

군대 용어로 "중간만 가면 된다."라는 습성이 만연되어 있어 창
의성에 의한 발전성이 매우 취약할 수밖에 없는 것이다.

성공을 위해서는 외면적인 경쟁우위보다는 내적인 성공을 중시
하는 분위기 조성이 시급하다.

2) 실패는 성공의 어머니, 성공은 실패의 아버지

흔히 "실패는 성공의 어머니."라고 한다. 그렇다면 성공은 실패의 아버지라는 말도 성립될 수 있지 않을까?

이처럼 성공과 실패는 떨어질 수 없는 함수관계로 실패가 크면 클수록 성공이 크고, 실패가 작으면 작을수록 성공이 작으므로 실패가 없으면 성공이 없고 성공이 없으면 실패가 없다는 말이 성립된다. 때문에 실패와 성공은 불가분의 관계이다.

발명의 천재라고 하면 누구보다도 에디슨을 말하지 않을 수 없다. 그는 집이 너무 가난하여 정식교육은 3개월밖에 받지 못했고, 12살 때 철도의 신문팔이를 시작으로 오직 독학하는 악전고투 끝에 전신기, 축음기, 전기, 영사기를 발명하였다. 그의 특허는 무려 1300개나 되며 발명을 위해 남겨 놓은 노트는 무려 3400권이 넘는다. 에디슨은 미국의 자랑이자 인류의 은인이었기에 그가 태어난 집은 사적으로 지정되었고, 1931년 1월 18일 85세의 일기로 세상을 떠났을 때 그의 공로를 찬양하고 죽음을 애도하기 위해 장례식날 미국 전역에서 1분 동안 전깃불을 껐다고 한다.

그는 누가 뭐라고 해도 세계적인 발명왕으로 1999번 실패한 것이 아니라 단 한 번의 성공을 위해서 무려 2000번이나 실험했다는 사실로 미루어 볼 때 그는 대단한 인물임에 틀림없고 발명왕, 발명의 신이라고 해도 과언이 아님에 틀림없다.

아마도 2, 3번 실패하면 하지 못하게 말리고 5번 정도 실패하면 갖다가 버릴 것이며 7번쯤 실패하면 문제아로 낙인 찍혀 따돌림을 당할 것이니 2000번은 상상도 못 할 일이 우리의 사고라면

1999번이나 실패한 문제아로 여길 것은 뻔하다.

　그에게서 놀랄 만한 사건은 성공했다는 결과론적인 부러움보다도 이를 생각한 초기부터 시작해서 수천 번 실패했음에도 불구하고 포기하지 않고 실험한 지칠 줄 모르는 도전정신 등 과정에 감탄하지 않을 수 없다.

　수많은 과학자나 성공한 사람들이 직간접적인 실패를 성공으로 이끄는 끈기를 통해 "낙숫물이 바위를 뚫는다."라는 교훈을 잊지 말아야 한다.

　이때 교훈(敎訓)이란 교도하고 훈육함으로써 가르치고 이끌어주는 것을 뜻하며 가르치고 이끌어준다는 것은 보다 건전하고 보다 발전적이며 가치지향적인 사고와 행동이다.

　이처럼 자신의 쓰라린 실패에서 직접적인 교훈을 얻을 수도 있지만 다른 사람이나 역사책 등을 통해서 남의 실패라는 간접적인 교훈을 얻을 수가 있다. 그러나 아주 쓰라린 경험을 직접 했어도 이를 교훈 삼지 못하고 어떤 목적도 없이 계속하는 것은 무지의 소치이자 습관에 불과하므로 교훈이라 할 수가 없다.

　반면에 아주 작은 실패를 너무 민감하게 받아들이다 보면 오히려 이로 인해 병이 생기기 마련이어서 더 큰 문제를 낳게 된다는 점에서 지나치게 민감할 필요는 없다. 다만, 지나치게 민감한 것은 개인적인 성격으로 보는 것이 타당하므로 점차 유연하게 대처하기 위한 노력은 정신 건강과 일을 진행하는 차원에서 바람직하나 그렇다고 해서 지나치게 느긋한 마음을 가지라는 뜻은 아니다.

　이 세상에는 실패 없이 성공만 하는 경우는 있을 수 없고, 성공

없이 실패만 하는 경우도 있을 수 없으니 성공하면 그만큼 실패가 다가오고 실패가 있으면 성공이 다가오기 마련이다.

### 3) 크게 실패하여 크게 성공을 비는 사람들

아주 별난, 실패한 사람들의 모임이 있어 소개한다.

이 세상에는 자칭 성공했다며 모임을 만드는 사람들은 수없이 많아도 실패했다고 모임을 만드는 경우는 드물다.

실패를 부끄럽게 생각하는 우리의 풍토에서 과감하게 자신들을 알리고 있으니 참으로 용감하다.

실패의 원인을 철저히 분석해서 실패를 줄이고 성공할 수 있는 방안을 찾기 위해 결성되어 서로 의견을 제시하고 정보를 제공하면서 친목도 도모하면서 다른 사람들에게 실패의 원인을 알려주는 데 그 목적이 있는 것이다.

때문에 실패하지 않은 사람은 회원이 될 자격이 없으며, 그렇다고 해서 회원이 되려면 실패하고 오라고 권하는 것은 아니며, 나중에 성공하면 당연히 회원 자격을 상실하게 된다.

이런 관계로 가장 크게 실패한 사람인 Y씨가 당연히 회장직을 맡게 되었고 그 다음으로 크게 실패한 사람인 K씨가 부회장이 되었으며, 여러 명의 상임이사순으로 모임이 구성되어 있다.

보통의 실패를 한 사람들은 일반 평회원으로 가장 작게 실패한 사람인 K씨가 감사를 맡고 있는 것은 당연하다.

사업을 하다가 어음을 잘못 받는 바람에 사업이 망한 사람, 마음만 앞섰을 뿐 특별한 기술 없이 배짱으로 크게 일을 벌였다가 망한 사람, 건축으로 돈을 많이 벌었으나 부실시공으로 인한 건물 붕괴로 인부들이 매몰되어 죽는 바람에 그 많은 돈을 보상금으로 다 날리고 구속되었다가 몇 년 만에 출옥한 사람도 있었다.

서울 부근에 공장을 차려 놓고 모조품 가방을 만들어 여러 곳에 납품하면서 이태원에서 옷가게도 했다는 K씨는 한때 돈을 많이 벌어 해외 관광을 다니고 고급 요정을 드나드는 등 흥청망청 쓰다가 그만 가짜 브랜드 소탕작전에 걸려 망했다고 한다.

100평짜리 식당을 알차게 운영했지만 졸부라는 말이 듣기 싫고 대표이사라는 말을 듣고 싶어 전국 체인망 사업을 추진하다가 망한 Y씨는 재기를 노리고 있다.

한편 어릴 때에는 형제간에 우애가 좋았으나 결혼 후 자신의 처자식만 생각하고 동생들은 생각하지 않다가 결국 재산 싸움으로 인해 부모님이 자살한 사람도 있다.

부부간의 사소한 갈등으로 인해 이혼한 경우도 있고, 취직하기 위해 100여 차례나 원서를 냈지만 번번이 연락조차 받지 못한 30대 중반의 실업자 아빠가 있는가 하면 실업가의 꿈을 꾸고 있는 노신사도 있다.

이 밖에도 그렇게도 믿었던 애인이 군에 간 사이 고무신을 거꾸로 신고 결혼했다며 울분을 터뜨려 많은 사람들을 웃음바다로 만든 20대 청년도 있다.

반면에 실패 모임의 창립 멤버였던 J씨는 아주 목 좋은 곳에 포장마차를 차려 재기에 성공해 기념 회식과 함께 자동 탈퇴하는 아쉬움을 남겼다.

# 4. 탁월한 추진력을 발휘하라.

## 1) 나는 어떤 추진력의 소유자인가?

추진력은 의도하고 있는 어떤 일의 진행을 위한 원동력이다. 이 것이 없으면 항시 탁상공론과 망상 및 공상에 흐르게 된다는 점에 서 추진력은 행위를 위한 기법이다.

좁은 의미로는 계획된 일의 진행을 의미하나 넓은 의미로는 계 획, 실천, 평가에 이르기까지 모두를 포함한다. 일반적으로 추진 력을 일컬을 때에는 이 모두를 포괄한 어떤 목표를 세운 후 철저 한 기획력과 구체적인 실천력에 이르는 직접적인 행동이라고 표 현한다. 이런 점에서 추진은 생각이 아닌 실천이므로 일에 대한 순조로운 진행을 위해서는 계획 자체가 과학적이어야 한다.

추진(推進)은 밀어 나아가게 하는 것이지 정지나 후퇴가 아니므 로 전진이고, 추진(趨進)은 빨리 나아감으로써 속도가 붙는다는 뜻이다. 다시 말해서 전자가 자동차의 1단 기어라면, 후자는 4단 기어이다.

1단 기어는 속도는 없으나 힘이 있는 관계로 언덕을 오르고 울 퉁불퉁한 길을 천천히 갈 때 활용하며, 4단 기어는 속도는 있으나 힘이 없는 관계로 아스팔트의 평지를 달릴 때 속도를 내기 위해 활용된다.

만약에 언덕을 오를 때 4단으로 한다면 기본적인 힘이 없는 상 태에서 빨리 가려는 욕심이 생겨 당연히 바퀴가 헛돌아 언덕을 오 를 수 없고 평지에서 1단으로 달린다면 지나치게 힘만 낭비하고 속도가 나지 않아 비효율적일 것이다.

이런 점에서 전자와 후자를 적절한 시기에 활용하는 것이 바람직해 자동차에 변속기가 있는 것이다.

만약에 변속기가 없다면 그 기능을 제대로 할 수 없어 자동차라고 할 수 없는 것이 뻔한 이치가 아닌가?

이 같은 추진의 유형을 적절히 사용하는 지혜는 곧 에너지를 극대화시킬 수도 있지만 반면에 줄일 수도 있어 에너지 조절력은 모두에게 유익하다.

한편으로 밀어붙이는 힘의 대명사는 불도저이고 빠른 속도의 대명사는 로켓인데, 전자는 육중한 몸으로 많은 돌과 흙을 한 번에 이동시킬 수 있는 무한한 힘을 가지고 있는 반면에 후자는 그야말로 눈 깜짝할 사이에 우주를 돈다.

전자는 속도면에서 많은 양의 일을 하는 개미와 같으나 후자는 속도는 번개와 같지만 최첨단장치로 상상할 수 없을 정도로 수많은 일을 순식간에 처리하는 등 양보다는 질적인 일을 하고 있다는 특성을 지니고 있다.

이 모두 놀랄 일이지만 인간이 생각해서 만든 도구이자 과학문명의 소산이다.

과거에는 많은 양의 일을 하는 불도저를 중시했으나 21세기에는 질을 중시하기 때문에 로켓을 원하고 있다. 그러나 불도저처럼 일하는 노동자는 많아도 로켓처럼 일하는 프로 중의 프로는 아주 극소수라는 점에서 희소가치가 높아 대우를 받게 된다.

과연 나는 어떤 추진력의 소유자인가를 생각해 볼 일이다.

## 2) 추진력이라는 가속페달

　상황을 고려한 강한 추진력은 자기 페이스를 고려해야 한다.

　무리하게 달리면 십리도 못 가서 발병이 나기 마련이므로 목적지를 보아야지 순간적인 눈앞만 본다면 오히려 모든 것을 잃어버릴 수 있어 과욕은 금물이다.

　42.195km를 달리는 마라톤은 평상시의 자기 실력만 발휘하여도 대성공하게 되나 대부분 사람들이 부담감을 느낀 심리적인 압박감과 육체 등 컨디션 조절에 실패하여 평상시의 자기 실력을 발휘하지 못하는 경우가 많다. 간혹 의외로 컨디션이 좋아 자기 기록을 앞당기는 경우도 있기는 하다.

　자기가 좋아하여 선택하고 감독의 지도 아래 도로상황과 경쟁선수에 대한 철저한 정보조사와 답사 후 선두그룹을 형성해 함께 달리다가 우승후보자가 힘겨워하거나 방심한 결정적인 순간에 쏜살같이 치고 나가는 추진력은 결국 승리의 월계관을 쓰게 만든다.

　이처럼 수많은 자신과의 싸움을 통해 인간의 한계에 도전하는 마라톤은 희로애락이 담긴 인간의 축소판이기에 더욱 인기를 끌고 있는 것이다.

　이로써 추진력은 기본적인 육체적인 조건과 끝까지 이를 악물고 목표를 달성하려는 정신적으로 무장된 근성 이외에 훌륭한 조련사의 지도와 전략상황이라는 여신의 손짓이 나에게로 향할 때만이 영광을 얻게 된다.

　과거에는 시간을 중시하지 않았기 때문에 며칠을 걸려 목적지에 가도 됐으나 시간이 경쟁력이 된 오늘날에는 토끼가 아닌 초고속 열차 나아가 비행기를 타고 목적지에 도착해도 부족하다.

교통이 막히는 명절 때에는 오히려 비행기가 경비와 시간을 절약할 뿐만 아니라 정신적 · 육체적 피로를 줄일 수 있는 것을 보면 추진력에도 철저한 합리성이 필요한 것이다.

따라서 추진을 위한 작업절차를 수학용어로 알고리즘(algorithm)이라고 하고 이를 알기 쉽게 그림으로 나타낸 것이 순서도(flow chart)이다.

이 같은 도표는 아무렇게나 그릴 경우 그 내용을 알 수 없어 오히려 혼란만 가중되므로 자신은 물론 이와 관련된 다른 사람들도 쉽게 알아볼 수 있도록 함으로써 일의 순조로운 진행을 알 수 있게 만든다.


## 2) 추진력의 페달을 단 사람들

추진력의 대명사는 뭐니뭐니 해도 고 정주영 현대그룹 명예회장이다.

하지만 군대식에 의한 명령 복종으로 땀을 흘리며 몸으로 밀어붙이는 불도저방식의 추진력을 강조하던 20세기가 지나갔다.

21세기는 철저히 정보조사를 통해 창의적이고 민주적이며 효율성을 추구하기 위해 첨단장비를 동원한 모든 구성원들이 콧노래를 부르면서 프로젝트를 초고속으로 수행하는 시대이다.

이로써 항시 탁월한 창의성에 의한 기획력과 추진력을 보유하고 언제, 어디서든지 무슨 일이든 소화해낼 수 있는 능력을 갖추어야 하는 것은 당연하다.

몇 년 전 필자는 평상시 알고 지내던 어떤 분으로부터 긴급한 연락을 받았다.

내용인 즉 제대로 된 포럼을 만들어 세미나, 조사 연구를 통한 진단평가와 정책제안, 우수인재육성 등을 통해 아주 순수하게 국가 발전에 기여하고 정치적인 색채는 배제하자는 취지였다.

이미 어느 정도로 구상이 되었던 탓에 자신감을 얻었다면서 총괄기획을 맡아 달라는 간곡한 제안을 받고 처음에는 거절 반, 망설임 반으로 확답을 미루었으나 그분의 집요한 설득과 그 취지가 건전해서 자문을 해주다가 그만 그분의 의도대로 그 역할을 맡게 되었다.

민주적이고 합리적인 의견 수렴을 위해 여러 차례에 걸쳐 회의를 하였지만 준비도 없이 나와 불쑥 내뱉는 주먹구구식의 방식 때문에 결국 나에게 일이 넘겨졌다.

지금까지의 포럼과는 달리 진수를 보여줄 수 있도록 하기 위해 학계, 법조계, 정계, 재계, 언론계, 예술문화계, 종교계, 여성계, 노동계, 시민단체계, 농어민계, 청년계 등 다양한 계층에서 뜻을 같이할 사람들이 잘 모이도록 하기 위해서 1주일간 생각하고 추진기획서는 70페이지 분량의 보고서가 되었다.

뜻을 같이 한 추진준비위원회에서 취지와 내용, 추진준비위원의 역할 분담과 화합방안 및 일정, 장기적이고 보다 구체적인 세부추진계획과 그에 따른 방법, 건전한 자금확보방안, 기대효과, 어려운 점 등 그야말로 총체적인 실천방안에 대해 브리핑하자 아주 놀라워했다.

이 같은 추진기획서를 직접 행동으로 옮겨야 할 추진팀들은 내가 일정을 제시하기는 했지만 설마 그렇게 빨리 기획서가 완성되어 자기들한테 업무가 넘어올 줄은 몰랐던 것 같았으며 내색은 하지 않았지만 몹시 당황해 하는 것 같았다. 그리고 만나면 개인적으로 시간이 없다는 등의 탁상공론이 계속되며 시간만 흘렀다.

이로 인하여 일이 지연되는 것을 참지 못했던 원로들이 나에게 추진총괄의 역할을 요청했지만 나는 정중히 거절했고 추진팀에서는 자기들이 알아서 추진하겠노라고 하였지만 한 분씩 중요 회의에 참석치 않아 일의 추진이 그만 흐지부지 끝나고 말았다.

이후에도 여러 차례 연락이 왔으나 나의 바쁜 일정 때문에 연결되지 못해 일이 얼마나 어떻게 진행되고 있는지 알 수가 없었다. 다만, 그분들이 추진력을 발휘하여 그 취지대로 잘 진행하기를 빌 따름이다.


## 5. 전략전술을 선점하여 승리하라.


### 1) 전략·전술적인 사고를 위하여…

원래 전략이란 말은 군사용어이다.

그 어원은 B.C. 400년 전의 희랍어 Strategos, 즉 장군의 기술이니 지금으로부터 2400년 전에 나왔다.

원래는 적을 무찌르기 위해 병력을 지휘하는 기술과 이론을 의미했으나 나폴레옹 시대에 이르러 군사적인 승리를 위해 군사, 정치, 경제적인 면까지도 포함되면서 의미가 넓어졌다.

전술을 위한 수행상의 계략을 의미하므로 그 본질은 인간의 지혜에서 유래되었기에 결코 승리를 힘으로 획득하는 것이 아니다. 『손자병법』에 "이 세상에서 가장 현명한 승리는 싸우지 않고 승리하는 것이다."라는 말처럼 지혜로 승리를 얻어 목적을 달성하는 것이다.

따라서 목적을 극대화시키는 행동은 자사의 행동만으로 결정되는 것이 아니라 경쟁자가 취하고 있는 행동 여하에 따라서도 달라지므로 상대방의 전략에 민첩하게 대응하는 전략이 필요하다.

이에 반하여 그 하부구조인 전술은 전선의 지휘관의 명령이자 전후에서 행해지는 국지적이며 단기적인 전투방법이므로 전략은 전쟁목적적이나 전술은 전쟁수단적이다.

이에 치열한 시장패권 싸움으로 선점하기 위해 경영학에서 이를 응용한 것이 지금으로부터 75년 전에 창안된 게임이론(game theory)이다. 그 핵심은 경쟁상태에 있는 어떤 기업이 이익 확대나 시장점유율이 최대가 되도록 행동하게 되면 반드시 상대적으로 경쟁기업의 이익과 시장점유율은 최소가 된다는 것이다.

이런 점으로 보아 경영전략이란 기업의 목적을 달성하기 위해서 경쟁 상황에서 요청되는 지시적 행동결정을 의미한다.

즉 기본적인 업무수행과 집행을 위한 구체적인 지침 내지 명령이 되는 것으로 전사적인 관점에서 국부적이고 장기적이며 단일한 행동결정이 아니라 전체적이고 통합된 다수의 행동결정으로 그 특성은 목표달성의 수단으로 경쟁적 상황하에서 요구되는 지시적인 행동결정이다.

이의 유형에는 주요성(주전략, 순수전략, 혼합전략), 조직계층별(전사적 전략, 부분적 전략), 속성중심(현상유지전략, 적정수익달성전략), 유효성 인정범위(외부전략, 내부전략), 물적(물적 전략, 비물적 전략)이 있으므로 이를 적절히 활용하면 좋다.

또한 주체상(개인적 전략, 기업적 전략), 기능상(전사적 전략, 성장전략, 시장침투전략, 시장확대전략, 지리적 전략, 유통전략, 가격전략, 홍보전략, 광고전략, 판매촉진전략, 기업이미지전략, 국제마케팅전략) 등이 있다.

이처럼 전략적인 사고를 얻으려면 수많은 전략에 관한 사례를 분석하여 응용하는 능력을 길러야 한다.


2) 전략 · 전술은 적시, 적소, 적량으로 펼쳐라.

전략의 대명사는 누가 뭐라 해도 『손자병법(孫子兵法)』이다.

혼란했던 당시 중국의 상황에서 박진감 넘치는 묘술을 충분히 알 수 있는 관계로 다양한 계층의 사람들이 읽고 또 읽는 등 영원한 베스트셀러임에 틀림없다.

이 책은 손나라 무제가 쓴 주석분을 제나라 손무가 정수만 골라 13편(시계, 작전, 모공, 군형, 병세, 허실, 군쟁, 구변, 행군, 지형, 구지, 화공, 용간) 2책으로 8000자로 쓴 훌륭한 병법서이다.

전쟁에서 승리하기 위한 치군이론과 작전이론 및 장수에 대한 인간관계 나아가 조직관리, 지휘기법, 장수의 수양, 정치문제까지 아주 광범위하게 다룬 전략실무서로 지금도 군, 정치, 기업, 스포츠분야에서 널리 활용하고 있다.

그 중에서도 "지피지기(知彼知己)면 백전백승(百戰百勝)이다."라는 명언은 자신의 약점 노출을 최소화하고 강점을 최대화시켜 경쟁자의 강점을 피하고 약점을 집중공략하여 승리하려는 구체적인 해답이 담겨 있다.

아마도 용맹이 넘치는 장비(발), 지·인·용을 겸비한 관우(팔), 기상천외한 두뇌의 소유자 제갈공명(두뇌)이 없었더라면 덕장 유비(금관)는 빛나지 않았을 것이다.

이 외에도 영국 항공기공학의 대가였던 란체스타가 창안한 란체스타전략은 수학공식처럼 정확성과 과학성을 강조하여 한때 선풍을 일으켰다.

제1법칙은 약자법칙으로 강자의 장점을 모방하지 말고 독창적으로 시장을 확보하는 일점집중주의를, 제2법칙은 약자의 근접전을 피하고 원격적인 전국전의 힘으로 상호간 손해량비는 초기병력수와 잔존병력의 제곱에 비례한다는 단체전의 강자법칙을 강조하였다.

3대 원리는 지상제일주의(상품, 거래처, 고객), 일점집중주의, 약육강식주의를 말하며 3대 과제는 차별화, 중점화, 표준화를 통한 경제원칙이 강조된다.

또한 13세기 초 몽고제국의 지도자 칭기즈칸이 대군을 이끌고 중앙아시아로 진출하여 이란을 지배하던 코라즘왕조와 남러시아 및 서북인도를 정복하여 후대 폴란드와 독일, 헝가리까지 공격하여 유럽인들에게 최초로 동양인의 위력을 과시한 전략과 전술은 대단하였다.

19세기 초 프랑스의 황제가 된 나폴레옹은 "나의 사전에는 불가능이란 없다."라는 확고한 신념 아래 내외적인 군사적 승리를 통해 애국심 고취와 혁명이념을 전파한다며 유럽제패를 위한 혁혁한 공을 세운 카리스마적인 전략·전술의 대가였다.

1991년 첨단과학기술이 동원된 미국을 중심으로 한 다국적 국가들의 속전속결로 끝난 걸프전과 2001년 9·11 미국 테러사건으로 인한 아프가니스탄의 집중공격과 장기적인 압박작전을 구사하고 있어 더욱 피를 말리게 한다.

반면에 집중, 연속, 선제를 바탕으로 한 마케팅전략 중에서 선도전략은 현재 시장에서 선도적인 위치에 있으므로 자부심이 강하나 항시 도전, 시기의 대상이기에 자만하지 말고 기존 강점의 확대와 신용도 개발강화로 시장을 강화, 확대하는 끊임없는 연구로 확실한 우위확보가 필요하다.

도전전략은 욕구충족과 지명도의 취약함을 보완하고 선도전략의 취약점을 집중공격하기 위해 이를 강화한 후 정면공격, 측면공격, 후면공격, 선회공격, 게릴라공격이 적시, 적소, 적량으로 펼쳐져야 한다.

반면에 추종전략은 선도전략을 완전 추종하기보다는 자신의 장점을 살리면서 추종하는 부분적인 선택추종전략을 구사해야 효과적이며 전문전략은 고가치가 있는 틈새시장을 찾아내 이를 선점하려는 고도의 노하우이다.

그 하부구조인 전술의 유형은 기법(상품, 브랜드, 포장, 정보, 유통, 가격, 광고, 매장, 영업, 날씨, 시간, 체험, 재테크, 컬러, 감성, 이벤트, 서비스, 향기, 틈새, 예술), 연령〔은빛, 미들, X(신세대), W(월드컵)〕등 다양하기에 적절한 조치가 필요하다.


## 3) 전략·전술의 성패사례 분석

### ▶사 례 1.

전략과 전술을 어떻게 하느냐에 따라 그 결과는 다르다.

국내 중견 업체의 영업팀에서 근무하다가 경영전략팀으로 발령받아 근무하고 있는 S과장은 부서를 옮기면서 매사에 전략적으로 사고하고 행동한다.

때문에 그의 빈틈없는 능력을 인정받아 동기들보다 일찍 진급했지만 술자리 등 진솔함을 발휘해야 할 장소에서까지 너무나도 전략·전술적으로 사고하고 말하며 행동해 대화가 거북스러워 사람들이 그를 기피하는 경향이 짙어졌다.

결국에는 절친했던 입사 동기들마저도 냉랭해지고 그 혼자가 되었다.

마침내 그가 그의 지나치게 인위적인 행동을 고치라는 뼈아픈 충고를 받아들여 태도를 고치자 그의 곁을 떠났던 동기와 후배들, 선배들이 다시 모여들어 과거처럼 격이 없고 친근하며 즐거울 때 함께 웃고 괴로울 때 함께 슬퍼하는 상담자로서 인기를 독차지하고 있다.

▶**사 례 2.**

자본주의의 꽃인 광고는 '이 광고 참 좋구나!'가 아니라 '이 상품을 어디 가면 빨리 살 수 있지? 꼭 사고 말거야!'라는 강한 구매욕구를 느껴 소비자로 하여금 행동으로 옮기게끔 하는 역할을 해야 한다.

따라서 머리(Head)로 계산하고 손(Hand)으로 쓰며 마음(Heart)으로 호소해야 하는데 짧은 문장으로 강력하게 호소하여 마음을 불러일으킬 수 있는 사회심리학적인 분위기 조성이 필요하다.

〈경동보일러〉의 TV광고는 "여보, 아버님댁에 보일러 놓아드려야겠어요."라고 하여 고향을 떠난 자식들이라면 부모님께 문안전화라도 올려야겠다라는 생각이 들게 하는 감동적인 수작 중의 수작이다.

한편 동양제과의 〈초코파이〉 광고는 전략적으로 정을 주제로 하여 친근감이 드는 생활 속의 정에 담긴 우리들의 이야기를 담아 시리즈로 전파시킴으로써 한국적인 정서와 함께 이미지광고로서 정(情)광고의 대명사가 되었다.

이 밖에도 감동을 준 광고카피로는 "침대는 가구가 아닙니다. 침대는 과학입니다."(에이스침대 / 인체공학적 접근), "너희들은 바로 걸어라."(쌍용 / 부모와 스승의 마음) 등이 있어 진한 감동을 주어 오랫동안 소비자들의 머리에 남게 만들었다.

"산소 같은 여자."(태평양 마몽드 / 청결함), "고향의 맛 다시다."(제일제당 / 어머님의 음식솜씨), "우리 강산 푸르게 푸르게."(유한킴벌리 / 환경캠페인), "사나이 마음 울리는 신라면."(농심 / 민족)

등은 고객의 마음을 사로잡았다.

### ▶사 례 3.

가격전략으로 벤츠사는 4년 이용한 차를 신형 차값의 50%를 깎아주는 판매기법으로 시장점유율을 탄탄히 지켜 왔고 농수축산물도 공공브랜드정책을 통해 공동생산, 공동출하함으로써 지명도를 높이고 신뢰도 향상으로 연결시켜 높은 가격을 받고 있다.

### ▶사 례 4.

일본의 닌텐도사는 미국 시장에서 코로도르사 등이 게임소프트웨어를 400달러에 판매할 때 100달러 이하에 판매하는 초바겐세일정책을 펴 크게 손해를 보았으나 반면에 게임팩을 비싸게 판매하며 손실을 보충했다.

# 저효율 타파 – 고품질경영

## 1. 아마추어와 프로는 근본적으로 다르다.

### 1) 아마추어는 사라지고 프로시대가 열린다.

아마추어와 프로의 세계는 근본적으로 다르다.

생각이 전혀 다르니 목표가 다르며, 전개를 위한 방법론이 다른 관계로 행동이 다르니 운명이 다를 수밖에 없다.

즉 아마추어(amateur)는 학력을 중시한 20세기의 후기산업시대에 존재했던 단순노동을 하는 사람이다.

대졸 출신의 화이트칼라(white collar)로 소위 배웠다는 것 하나만 믿고 사무실에 앉아 펜대나 굴리거나 탁상공론을 일삼는 등 페이퍼관리행정은 누구나 가능하다.

그러나 21세기 신지식 정보화시대의 프로페셔널(professional)은 특정 분야에서 창의성과 자율성을 갖고 고도의 전문화와 차별화는 물론 고객만족을 통한 고가치화를 추구해 탁월한 능력을 발휘하는 골든칼라(golden collar)를 뜻한다.

### 아마추어와 프로의 비교

| 구 분 | 아마추어(amateur) | 프로페셔널(professional) |
|---|---|---|
| 의 미 | 아르바이트, 부업, 취미, 애호가 | 전문, 본업, 직업, 선수 |
| 사 고 | 감정, 경험, 추상, 탁상공론적 | 이성, 경험참고, 연구노력, 실천적 |
|  | 학벌, 관료, 자만, 방종 | 자유, 창의, 책임, 효율성, 자기관리 |
|  | 자기중심적, 남의 탓 | 고객중심적, 나의 탓 |
| 행 동 | 단순업무처리 | 탁월한 기획, 문제해결 |
| 팀워크 | 형식적(운명공동체) | 실제적, 팀과 나는 하나 |
| 인간관계 | 단기적 이용(필요조건) | 장기적 상부상조(필요, 충분조건) |
| 정 보 | 보편적, 소극적, 보관 | 적극적, 공유, 활용 |
| 매 너 | 무관심, 무뚝뚝, 불친절 | 관심, 친절 서비스 |
| 도전의식 | 전혀 없음, 형식적, 꿈 | 연구 노력, 비전 수립, 실천 |
| 삼면등가 | 권한, 의무 | 권한, 의무, 책임 |
| 특 성 | 획일화, 표준화, 중품질·중가격 | 능력, 차별화, 고품질·고가격 |
| 보 수 | 월급, 보너스, 인센티브 | 고액 연봉, 인센티브 |
| 결 과 | 근무의욕상실, 낭비, 침체적 | 신사고·신바람, 발전적 |

자료) 채수명 : 『프로영업맨 노하우』, 일송미디어, 2001, pp.16~17.

　이렇게 되면 단순업무를 처리했던 아마추어는 사라지고 아무나 할 수 없는 일을 기획하고 해결하는 프로만이 가치를 인정받게 되어 인력 스카우트전쟁은 불가피하며 이로 인해 허탈은 불가피하다.
　창의력, 전문지식력, 기술력, 방법론, 추진력, 의사결정력, 설득력, 마케팅력, 부가가치창출력, 효율성, 자기관리력 등 생각하고 행동하는 것을 간절히 원한다.

따라서 믿음직스런 프로는 아름다운 것이다.


## 2) 21세기가 요구하는 프로인재상

시대상황에 따라 우수인재의 개념도 바뀌고 있다.

즉 과거에는 어설픈 오리와 같은 인재였다가 오늘날에는 말, 독수리, 물개와 같이 특정분야에서 두각을 나타내는 인재로 바뀌고 있어 반오리론이 강하게 자리잡았다.

마치 오리처럼 특정지역에서만 헤엄을 치고 뒤뚱뒤뚱 걸으며 날고 싶어 하지만 마음만 앞설 뿐 날지 못하는 등 동시에 여러 가지를 어설픈 동작으로 좁은 공간을 누비던 시대는 이미 시대상황의 대변화로 인해 도태되어 가고 있다.

첨단과학기술 등에 의한 전문화시대인 오늘날에는 바다에서의 수영선수인 물개, 초원을 쉬지 않고 달리는 말, 하늘의 왕자 독수리처럼 특정 분야에서 최고의 전문가로 변신해야 한다.

이것은 이미 국내 경쟁인 전국체전시대는 가고 지구촌 경쟁시대의 올림픽시대가 열린 것임을 나타내기 때문에 점점 세계 기록에 도전하는 프로 중의 프로를 원하게 된다.

이런 점에서 100m에서 1500m의 육상경기에서는 단연 치타로 활처럼 휘는 등과 뒷발의 힘에다가 공간을 미끄러져 가는 어깨를 이용한 길고 빠른 주법으로 인해 100m를 4초, 1500m를 1분에 달릴 수 있어 적어도 10관왕은 될 것이다.

이쯤 되니 세계에서 가장 빠른 바람의 아들도 100m가 9초 84이고 1500m는 3분 27초 37이니 메달권은 꿈도 꾸지 못하고 지역예선에서 탈락하게 된다.

올림픽의 꽃인 마라톤에서는 캥거루가 긴 다리의 아킬레스건을 최대한 이용하여 몇 시간이나 껑충껑충 뛸 수 있어 1시간에 28마일까지 달릴 수 있으니 말을 제치고 금메달을 향해 처음부터 독주이다.

체조는 남아공의 원숭이가 제일로 다른 영장류보다 작아 동작이 날쌔고 손목과 엄지손가락 모두 관절이 발달해 나무줄기에 매달린 채 몸을 자유자재로 비틀 수 있을 뿐만 아니라 떨어질 확률이 0%여서 당연히 금메달감이다.

수영에서는 베러큐다라는 물고기가 몸통이 날렵하고 온몸에서 점액질을 내보내 마찰을 줄여 시속 45마일로 헤엄치니 금메달은 따논 당상이다.

사람은 어설프나 헤엄도 치고 뛸 수도 있으며, 날지는 못하나 자전거를 탈 수 있어 5종목만큼은 단연 금메달감이어서 만물의 영장으로서 체면은 유지해 할 수가 있다.

프로의 세계로 가는 길

| 노동자 → | 근로자 → | 아마추어 → | 준프로 → | 프로 → | 프로 중 프로 |
|---|---|---|---|---|---|
| 지시업무 | 단순업무 | 미세한 | 일부 | 전문 | 전문사업업무 |
| | | 고유업무 | 고유업무 | 고유업무 | |

자료) 채수명 : 「아이디어경영」, 일송미디어, 1999, p.28.

이런 점에서 우물 안의 개구리식 사고에서 벗어나 넓은 공간에서 경쟁력을 강화하고 신바람 나는 멋진 그 무엇인가를 간절히 원하여 충족시키면서 폼이 나는 것이라는 점에서 과거와는 양과 질에서 아주 판이하게 다르다.

내가 사회를 이끌어가는 것은 어려우니 내가 사회에 순응하기 위해서는 시대가 요구하는 인재상에 맞추어야 하는 것은 당연한 것이 아닌가?


### 3) 아마추어와 프로의 세계를 비교해 보면서…

▶ **사 례 1.**

기상청에서 나온 일기예보를 각 TV방송에서 알려준다.

이들은 모두 프로 중의 프로라고 자칭하면서도 너무 맞지 않아 시청자들의 신용을 완전히 잃었다.

애매모호하게 비 올 확률이 51%인 경우도 있을 수 있고 먼바다는 파도가 4~5m이고 앞 바다는 파도가 2~3m라고 하니 도대체 어디가 먼바다이고 어디가 앞 바다인지를 알 수가 없다.

몇 년 전에 있었던 일이다. 일기예보가 하도 엉터리였을 때 비난이 일자 기상청에서는 고가의 첨단 장비가 없어서 그랬다고 변명하더니만 그 이후에도 틀리자 이번에는 고급인력이 부족해서 그렇다는 변명을 하고 있으니 참으로 어이가 없다.

이는 단편적인 우리 프로들의 자화상으로, 연구 부족이었기에 죄송하다는 자기반성은 하지 않고 언제까지 변명을 할 것인지 제발 아마추어 사고에서 벗어나 프로근성을 발휘했으면 한다.

이 같은 사항과 함께 돌을 쪼는 사소한 일에도 노동자와 아마추어 및 프로들의 사고와 행동은 크게 다르다.

## ▶사 례 2.

건축현장에서 뚜렷하게 나타난다. 단순노동자인 K씨는 돌을 나르면서 그 날의 일당과 퇴근 후의 술생각만 하고, 근로자인 Y씨는 돌을 쪼는 일을 열심히 하지만 능률이 오르지 않은 상태에서 술과 담배만 생각하며, 아마추어인 L씨는 어설픈 실력으로 돌기둥을 세우려 한다.

준프로인 H씨는 건물을 짓는데 일조한다고 자부심이 강하고, 프로근성이 강한 C교수는 조각가라는 의식을 가지고 아주 멋진 예술작품에 열중해 있다.

반면에 프로 중 프로인 건축기술사이자 공학박사이며 문화재 비상근 전문위원인 S선생은 후세들에게 훌륭한 건축물을 남겨주려고 전체를 기획, 조직, 지휘, 조정, 통제하고 있는 중이다.

이런 점에서 단순노동자와 근로자들은 책임성이 없고 단지 지시 받은 일이나 하나 보니 항시 발전성이 없고 프로는 자기의 창작품으로만 여겨 그 한계성을 가지고 있다.

따라서 프로 중 프로는 역사문화의식이 강해 불후의 명작을 남기려고 건물이 완성될 때까지 밤잠을 설치게 된다.

이로 보아 아마추어와 프로를 동격으로 치부해서는 안 되는 것은 당연하다.

## 2. 상호간 시너지효과를 모색하라.

### 1) 도대체 시너지란 무슨 뜻인가?

우리가 사용하고 있는 외국의 전문용어, 생활용어는 무수히 많다. 그 중에서도 요즈음 시너지라는 용어가 신문, 잡지, 학회발표 등에서 자주 등장하고 있다.

어떤 때에는 이와 아무런 관련이 없는데도 사용하고 있는 것을 보면 얼마나 사용하고 싶었는지를 짐작하고도 남는다.

도대체 시너지란 무슨 뜻이고 그 측정방법에는 어떤 것이 있는지 알아보자.

원래 시너지(Synergy)란 골육이나 신경 등이 결합되어 하나 하나로서 합쳐진 이상의 힘을 발휘하는 활동 내지 공동작용이자 협동작용을 의미한다.

따라서 두 가지 이상의 요소들이 하나로 연결되었을 경우 두 가지로 나타나면 묶음에 불과한 것이므로 두 가지 이상의 상승효과를 말하여 이를 시너지효과라 한다.

이 용어를 창안한 안소프(Ansoff)에 의하면 기업의 전략적 문제에 있어서 신제품 시장분야에 참여하는 경우 그 신제품 시장분야와 기업의 구제품 시장분야 사이의 결합효과의 척도를 시너지효과라고 하였다.

이러한 개념을 경영면에 적용하여 전략적인 의사결정의 기준으로 삼았다. 이것이 바로 시너지전략의 기본적인 원리인 것이다.

여기에는 긍정적이고 발전적이며 상식보다 훨씬 가치를 창출하는 플러스(순)효과와 오히려 기본적인 것보다 못할 뿐만 아니라 부정적인 결과를 초래하는 마이너스(역)효과가 있다.

쉽게 설명하면 2+3=5가 되는 것이 아주 일반적인 수학상식이나 6, 7, 8, 9 그 이상의 결과가 나오는 플러스(+, plus)효과, 2+3=5가 아닌 4, 3, 2, 1 그 이하의 결과가 나오는 마이너스(−, minus)효과를 말한다.

이 같은 플러스 시너지효과를 최대한 이용하여 경영다각화를 이룬 기업은 경쟁사보다 유리하므로 전략적인 결정에 있어 중요한 결정기준이 될 수 있다.

이처럼 시너지의 본질은 경영다각화와 합병 등으로 인해 전략적인 행위를 통해 규모의 경제 및 성장이 이루어질 수 있는 방향으로 구체적인 의사결정을 하는 결정기준이 된다.

뿐만 아니라 개인적인 비즈니스와 생활 속에서도 다양한 방법을 통해 시너지효과를 얻을 수 있으므로 결합을 통해 누이 좋고 매부 좋은 가치를 창출하려는 적극적인 사고가 필요하다.

이에 대한 효과를 측정하는 방법 중 절약측정법은 가령 매출고가 일정하다고 하여도 신제품시장과 구제품시장과의 결합과 관련해 기업이 얻는 투자와 경비에서 절약을 보다 구체적으로 측정하는 방법이다.

반면에 이익측정법은 절약하지 않아도 신제품시장 또는 경영다각화분야와의 결합과 관련한 효과에 의해 매출액이 증가하거나 경비를 분산할 수 있는 등 일정한 투자액에 대한 이익(매출액−비용)의 증가액으로 측정하는 것이다.

이 같은 방법을 연결한 것이 혼합측정법으로 어떤 것에 치우치지 않은 가장 합리적인 방법이므로 이를 사용하는 것이 가장 효과적이다.

이때 주의해야 할 점은 일부만의 이익을 추구하기보다는 모두에게 좋은 것이어야 한다.


### 2) 시너지효과를 구축하는 방법론

시너지효과의 원리는 간단하면서도 고도의 전문기술을 필요로 한다.

오렌지로 유명한 하와이에 가서 탐스런 오렌지에 대한 욕심만으로 그 씨를 갖다가 국내에 심으면 오렌지가 나는 것이 아니라 탱자가 나오며 먹음직스런 감의 씨를 갖다가 심으면 고염나무로 자란다.

이것은 아무런 연구 노력도 하지 않고 아주 쉽게 이익을 얻으려다가 왕복 비행기 값만 날리며 고생한 시너지 마이너스효과로 발상 자체가 문제 있으므로 개선되어야 한다.

때문에 온도, 습도, 토양 등을 고려해 접목시기에 맞춰 좋은 가지를 잘라 수송해 국내의 탱자나무와 고염나무 가지에 접목시키기 위한 고도의 기술과 함께 개량하여 우수한 품종을 위한 노력이 필요하다.

이렇게 되면 좋은 오렌지나무와 감나무로 성장해 탐스럽고 영양분이 높은 오렌지와 감을 생산함으로써 고품질, 고가격으로 판매하려는 것이 바로 플러스시너지 효과이다.

　이처럼 시너지효과의 결과는 엄청난 차이를 보인다는 점에서
시대상황에 맞는 부가가치를 높이려는 탁월한 발상과 기획력, 전
문기술력, 추진력, 관리력이 요구된다.

　판매시너지는 신제품시장과 구제품시장과의 판매촉진 및 마케
팅활동에 있어서 공통성을 갖는 판매유통경로와 판매관리조직,
창고, 광고 등 기존의 명성을 유지하며 추가적인 자본 등을 절약
하는 가운데 많은 매출고를 높일 수 있다.

　반면에 생산시너지는 제조간접부문이나 생산설비 등의 공통이
용에 의한 간접비의 분류, 원재료의 일괄적인 대량구매, 선불현금
지불, 신소재개발 등으로 가격인하를 추진할 수 있다.

　품질시너지는 처음부터 하자가 없도록 완벽하게 품질을 관리함
으로써 생산 후 선별이나 반품을 막아 시간과 경비를 크게 줄이고
이미지의 실추를 사전에 예방할 수 있다.

　투자시너지는 공장이나 시설 등의 공통이용에 대한 추가투자의
절약, 공통의 원자재나 부품의 이용에 의한 재고투자의 절약 및
유사제품연구에 의한 연구개발비의 절약을 실천하는 것이다.

　이 밖에 경영관리시너지는 최고경영층의 경험이나 탁월한 능력
등이 그대로 발휘되어 생기는 효과로서 판매시너지, 생산시너지,
품질시너지, 투자시너지가 기업의 부분적인 효과를 나타내는 반
면에 경영관리시너지는 전체를 나타내므로 중복시너지효과를 발
생하게 된다.

　이질적인 학문과 이업종간의 결합에 의한 시너지효과를 창출하
려는 시도가 필요하다.

가령, 법률서비스마케팅(법+마케팅), 신경영(경영학+공학+예술), 카피파워(광고학+국문학+사회학+심리학+마케팅), 스포츠마케팅경영학(스포츠+마케팅+경영학), 예술마케팅경영(예술+마케팅+경영), 농업마케팅경영(농업+마케팅+경영), 행정서비스마케팅경영(행정+서비스마케팅+경영)이 있다.

이 밖에 히트음악[국문학(작사)+수학(작곡)+사회심리(유행)], 히트상품(과학기술+예술+마케팅+경영+소비자보호법)으로써 새로운 시각으로 접목시킨다면 엄청난 효과를 얻을 수가 있다.

이런 점에서 선풍기와 온풍기의 결합을 이룰 수 있으며 냉장고를 통해 에어컨과 스팀을 가능케 할 수 있고 인체공학적인 신발을 통해 무좀방지와 발의 보호와 의학적인 치료까지도 연계할 수가 있어 부가가치가 높은 연구개발이 시급하다.


## 3) 차원이 다른 시너지효과를 찾아서

며칠 전 30대 초반의 부부가 찾아왔다. 대학을 졸업했지만 취업을 못 하고 있어 걱정이라며 좋은 아이템이 있으면 소개해달라는 것이었다.

잘생긴 외모의 남편은 경영학을 전공한 후 유통분야에서 근무하고 싶었지만 번번이 서류심사에서 탈락했고, 아내는 식품영양학을 전공한 후 기업의 직원식당에서 영양사로 활동하려고 했으나 역시 뜻대로 되지 않는다는 것이었다.

그래서 나는 천혜의 조건을 갖추어 시너지효과를 얻을 수 있는데도 구태여 안 되는 것을 고집하느냐며 반문하였다.

그들이 그게 무슨 뜻이냐고 묻길래 자세하게 설명해주었는데 여기에 그들에게 설명해준 내용을 정리해본다.

"과거에는 대부분 취업이 안 되면 식당을 했으나 앞으로는 두 분처럼 전문가가 활동해야 할 때가 왔습니다. 바로 식당을 차리기보다는 최소한 6개월 정도는 실습을 통해 노하우를 쌓으세요.

그 밖에도 사업 계획 및 마케팅경영전략을 수립해야 하는 등 할 일이 너무 많습니다. 음식점이 아니라 미니기업의 경영방침을 고객에게 알려주고 영양사자격증까지 걸어 놓으면 효과 만점이므로 그에 걸맞는 사고와 분위기 및 경영기법이 필요합니다.

부인은 영양사이고 바깥 분은 유통맨이자 경영자이므로 3년 정도만 품질과 고객서비스를 하세요. 또 음식점에서 매월 1회 정도 영양, 건강, 경영, 교육에 관한 세미나 등을 독특한 방법으로 운영한 후에 전국체인화사업에 나서 보세요.

다만, 주의하실 점은 체인점을 개설할 때 브랜드를 빌려주고 각종 재료만 파는 것이 아니라 처음부터 자질이 갖춰진 사람에게만 허가를 내주고 최소한 월 1회 정도는 사후 관리를 해주세요. 또 문제가 발생했을 때에는 본사의 전문가들이 문제점을 해결 및 개선해주는 등 책임을 다해야 번창할 수 있습니다. 이런 점을 염두에 두어 새로운 각오로 사업구상을 하시면 됩니다.

끝으로 이런 방법을 통해 기대 이상의 효과를 얻는 것이 바로 시너지효과이니 성급해하기보다는 눈높이를 낮추면 돈이 보이고 경영이 보입니다."

그 부부는 이를 위해 현재 실습중에 있으며 나와 자주 만나 준비작업을 하고 있는데 많은 기대를 해본다.


## 3. PPM 품질운동은 나의 품질이다.


1) 100PPM 완전무결운동을 펼치자.

나의 품질은 나의 인격이자 이미지이며 메이킹인 동시에 홍보이고 비전이다.

이런 점에서 그 핵심이 되는 품질(quality)은 나의 업무와 상품 이미지이고 신용(信用)이기에 매우 중요하다.

이처럼 완전무결한 품질에는 가치관과 인격 및 도덕성과 관련된 정신적인 품질과 나의 행동, 업무에 대한 완벽성을 추구하기 위한 행동업무품질 외에 육체적 건강 등의 육체적 품질 등이 있다.

때문에 나의 이미지이자 기업의 이미지로서의 운명과도 같다는 점에서 이제는 사활을 걸고 품질향상을 위해 노력하여 사전 품질점검팀을 강화하고 있으며 사후 품질팀까지 경쟁적으로 가동중에 있다.

이처럼 품질은 시대적 상황에 따라 QC(Quality Control : 1970년대) → TQC(Total Quality Control, 종합적 : 1980년대) → SQC(Statistical Quality Control, 통계적 : 1990년대) → QM(Quality Management, 경영

: 2000년대) 개념으로 변화하고 있다.

이런 점에서 점차 QM은 곧 개인적인 업무는 개인이 경영하고 책임지는 실명제로 가고 있다는 점이 더욱 입증하고 있다.

이 같은 추세에 따라 과거의 %개념에서는 100개 중에서 몇 개 단위로 로스를 줄여야 한다는 인식이 결국 10,000개인 경우에는 100개의 문제가 발생하게 된다.

100만 개일 경우에는 10,000개나 되는 문제가 발생하는 매우 큰 수치여서 이제는 %개념이 사라졌고 PPM, 즉 10,000개 중에서 몇 개 나아가 100만 개 중에서 몇 개인 100PPM으로 변신하였다.

꿈같은 이야기를 실현하겠다고 외쳐대지만 여전히 로스가 많이 발생하고 있는 것을 보면 아직까지 구호에 지나지 않아 일부 전문가들은 희망사항이라도 갖고 있는 것이 좋지 않느냐고 반문하기도 한다.

이것은 무결점(No error) 운동이자 결점예방계획으로서 ZD 운동 (Zero defect program or monvement : 완전무결운동)이라고도 한다.

인간은 과오를 범하는 동물이라는 전제를 버리고 과오를 범하지 않을 수도 있다는 전제에서 출발하여 10,000분의 1의 과오도 없애려는 운동이다.

이 같은 운동은 인간성을 대상으로 하는 심리적 측면에 따른 행동과학을 가미한 관리기법으로 무사고, 무결점을 지향하고 10,000분의 1의 문제점도 없애려는 인간의 속성을 제거하자는 것이다.

ZD 운동의 실시순서는 목표와 기대효과 → 조직화 → 계획수립

→ 과오원인제거의 제안 → 집단목표의 설정 → 성적 산출 → 표창 → 사후관리 등이다.

따라서 완전하지 못한 인간이라는 자기중심적인 합리화에서 탈피해 완벽성을 추구하기 위해 노력하려는 완전무결품질운동을 펼치는 것은 자기 자신과 대 고객서비스를 위한 것이다.


2) 소비자보호주의와 PL법 상식

소비자보호는 기업의 의무이자 책임이다.

소비자들은 단순히 상품을 구매하는 구매자가 아니라 화폐와 상품을 교환했기 때문에 생산자와 판매자는 그에 상응한 책임을 지는 것은 당연한 것이다.

소비자들의 목소리가 점점 커짐에 따라 소비자들의 자기 주장은 거세질 수밖에 없다. 따라서 이에 대한 준비를 철저히 해야 하는 것이다.

소비자주의란 판매자와 거래관계에서 일반소비자의 권리와 영향력을 강화시키기 위한 시민과 정부의 조직화된 운동이다.

이는 판매하려고 제공된 제품을 사지 않을 수 있고 이것의 안전성을 요구하고 기대된 바와 같이 성능을 발휘하기를 요구할 수 있으며 적절한 정보제공 및 의문시 제품과 마케팅활동에 대항하여 보호받을 수 있는 동시에 생활의 질을 향상시키는 방향으로 의사결정에 영향을 미칠 수 있는 권리가 있다.

반면에 소비자들은 권리주장에 앞서 자기 자신을 지키는 책임과 함께 부당한 처우를 받았다고 느낄 경우 기업의 경영자나 소비자담당자 및 소비자단체에 도움 요청은 물론 최악의 경우 법정투쟁과 같은 적극적인 방법으로 문제를 해결할 수도 있는 것이다.

PL법의 목적은 사기행위 및 고압적 판매기법의 방지는 물론 생산자의 이익을 극대화시키고 총소비나 소비자선택 및 생활의 질을 향상시키는 것이다.

소비자의 기본적인 욕구를 충족시키고 다양한 품질의 제품 소유와 물리적, 문화적 환경을 향유하기 위한 노력으로 환경보호와 기업의 사회적 윤리 및 책임 등까지도 포함된다.

이 같은 요청은 강력성이 없기 때문에 2002년 7월 1일부터 강력한 PL법(Product Liability : 제조물책임법)이 발동되었다.

이 법은 시장에서, 유통과정에서 상품의 결함으로 인해 사용자나 제3자가 생명과 신체 및 재산상 손해를 입은 경우 피해가 입증만 되면 그 상품의 제조회사나 판매회사가 의무적으로 손해배상에 대해 책임을 지는 제도로 소비자보호차원에서 결함책임원칙주의가 배여 있다.

그 전까지는 상품 결함으로 피해를 본 경우에는 소송을 통해 제조회사의 고의나 과실을 소비자가 직접 입증해야 손해를 배상 받는 민법이었지만 이제는 소비자에겐 최선의 특별법이 되었다.

문제 발생의 원인은 설계상, 구조상, 제조상의 결함 또는 기술력이나 설명 부족이며 주로 가전제품, 자동차, 완구, 제초기 등 소비재 공산품과 부실공사에 의한 피해까지도 포함될 전망이어서 사전에 완전무결한 품질관리가 요구된다.

수입품의 경우 1차 책임은 수입유통업체에 있지만 외국의 해당

제조회사에 구상권을 개별적으로 행사할 수 있다.

병원의 오진, 식당에서의 식중독, 학원의 부실한 교육 등 수많은 분야에서 소비자를 보호하지 않으면 그만한 책임을 져야 하는 것은 당연한 것이 아닌가?

다시 말해서 상품의 생산판매는 결국 그에 합당한 책임을 완수하면 신뢰도가 높아져 오히려 좋아지므로 아무 문제가 없으나 그렇지 못하면 사업할 자격이 없는 것은 당연하다.

### 3) 품질, 소비자보호운동의 사례들

#### ▶ 사 례 1.

자동차부품을 생산하여 납품하는 T사는 품질경영을 실천하고 있다.

"품질 없이 고객 없다."라는 사훈 아래 "품질은 나의 자존심이며 인격이자 이미지인 동시에 혁신이다."라는 슬로건은 더 설명할 필요가 없다.

으레 품질하면 생산품질만을 생각하는데 관리적인 행정품질 및 개인의 인간품질 등 전사적인 품질을 강조하므로 그렇지 못한 사람은 스스로 버티지 못해 퇴사하는 분위기이다.

하지만 회사분위기는 민주적이고 합리적이며 항시 웃음꽃이 피는 등 누구의 통제보다도 자기 스스로 경영하고 관리하는 자기경영제를 채택하고 있는 관계로 보수도 높고 후생복지도 월등히 뛰어나다.

주말이면 부서별로 분임조 품질토의와 평가를 실시해 원인을

분석하고 개선점을 찾으며 분기별 시상식을 하는 등 품질관리가
아닌 품질혁신에 박차를 가한 결과 오히려 거래처에서는 품질에
만족하나 회사 자체 품질 검사에서 제지를 당해 출하를 못할 정도
로 완벽하다.

품질의식과 실명제에다가 아주 꼼꼼한 품질팀이 다시 검토하고
소비자팀에서 확인하는 등 2중, 3중으로 체크하다보니 로스에 의
한 반품은 상상할 수 없을 정도이다.

고객은 납품업체이지만 종속관계가 아닌 협력관계로 여기고 최
종 고객은 소비자이므로 경쟁사보다 더욱 품질을 우수하게 끌어
올려 이해관계자들과 함께 번영하겠다는 야무진 계획을 실천으로
옮기게 된 것이다.

이처럼 스스로의 혹독한 품질관리가 소문이 나자 주문물량이
폭주하여 공장을 확장하고 인재를 증원하려는 움직임이 있었고,
그 결과 의외의 인재들이 몰려들어 어려운 경기 속에서도 즐거운
비명을 지르고 있다.


▶ 사 례 2.

서울에서 가족끼리 식당을 하고 있는 K씨의 가게는 항시 손님
들로 북적댄다.

때문에 언제나 점심때만 되면 전쟁을 치르듯 눈코 뜰 새가 없을
정도로 바쁘며 저녁 때에도 많은 사람들이 모여들어 주변사람들
은 그를 보고 돈을 긁어모은다고 말한다.

이 식당에 이렇게 손님이 붐비는 이유는 주변에 깔끔하면서도

많은 사람들을 수용할 수 있는 식당이 없는 데에도 있지만 솜씨 좋은 할머니의 정성에다가 직원들이 주인의식을 갖고 항시 미소와 친절로써 자기일처럼 열심히 도와주고 있기 때문이다.

그러나 그만 할머니가 병에 걸려 눕게 되자 결국 형제간에 재산 다툼이 일어났고 월급도 깎는 상태에서 근무시간도 늘어나자 모든 불만이 함께 쏟아졌다.

이런 관계로 식당의 분위기는 썰렁했고 손님들 앞에서도 서로 싸우는 한편 음식맛도 예전 같지 않았다.

그런데 음식이 상한 것도 모르고 손님에게 팔고 종업원들이 먹었다가 식중독을 일으키는 사고가 일어났다. 결국 보상을 바라는 직원들의 집단농성으로 인해 문을 닫게 되면서 계약기간이 만료되는 등 엎친 데 덮친 격으로 권리금도 추락해 그만 식당을 헐값에 넘기는 사태에까지 이르렀다.

이로 인해 어머니의 병세가 더욱 악화되자 그제서야 형제들은 후회했지만 이미 때는 늦었으며 수십 년 동안 이어온 가문의 영광은 이로 인해 끝나고 말았다.

품질관리와 소비자보호의 중요성을 알리기에 충분한 사례들이니 깊이 인식했으면 한다.

## 4. 인간의 기본욕구와 8Q를 잡아라.

### 1) 인간의 무한한 기본 욕구

인간은 누구나 기본적으로 공통된 욕구를 갖고 있다.

이에 심리학자 마슬로우(A. H. Maslow)는 자아실현의 경영이라는 연구에서 인간의 욕구를 5단계로 구분하였다.

가장 기본적인 먹고  잠을 자고  번식을 하는 동물적인 욕구를 생리적 욕구, 의복 및 주택 등과 같은 안전욕구, 가족 · 동문 · 종교 · 직장 · 친목회 등 집단의 일원으로 소속감 및 사랑의 애정을 갖고 싶은 사회적 욕구는 자신을 위안하고 유명인들과 어울려 간접적으로 자신을 위대하게 보이려는 마음의 발로이기에 더욱 활성화되는 애정의 욕구이다.

돈, 권력, 명예를 중시한 자아실현의 욕구는 지극히 외형적이어서 과시를 위한 최고의 경지이기에 정치인과 재벌 및 명예를 중시하는 사람들은 이에 대한 욕구가 강해서 7전 8기를 하는 경우도 있다.

이렇게 욕구를 충족시켰다고 해도 무엇인가 허전해 이제는 자기를 발견하여 자신만의 인생을 살아가려고 자기를 찾는 것이 자아욕구이다.

아무리 돈과 권력 그리고 명예를 얻었어도 왠지 진정한 자기가 아님을 알고 지금까지와는 아주 다른 세계, 즉 예술, 종교, 봉사 등을 발견해 살아가는 고차원의 참인생세계이다.

이 같은 인간의 기본적인 욕구내면에는 음과 양의 세계가 존재하는데 이를 체계화한 맥그리거(D. McGregor)는 인간욕구에는 X이론과 Y이론이 있다고 하였다.

저차원으로서의 X이론은 인간은 본질적으로 일을 하기 싫어하기 때문에 가급적 일을 하지 않으려 한다.

때문에 기업의 작업표준의 설정, 자극 임금제의 채용 등이 필요하고 대다수의 인간은 강제, 명령, 처벌하지 않으면 조직이나 기업의 목적달성을 위해 노력을 하지 않는다.

또한 명령받기를 좋아하고 야심도 없으며 책임을 피하게 되며 자신만의 안전만 희구한다는 것으로 과거나 일부 극소수층들에게는 여전히 부합되나 대체로 이와 부합되지 않는다.

반면에 고차원의 Y이론은 일은 고통의 원천이기도 하나 자기만족의 근원이 되며 외적 강제나 처벌이 없더라도 자기가 속한 조직을 위해 노력하는 등 자기관리, 자기통제를 하려 한다.

승진과 같은 경제적 지위보장과 자존심과 같은 자아욕구충족을 위한 창의력을 발휘하려고 하지만 아직 관료적인 분위기가 남아 있는 관계로 충분히 발휘되지 못하고 있는 실정이다.


## 2) 이 시대의 종합지수 8Q를 잡아라.

긴급명령, 8Q를 잡아라.

IQ는 단편적이어서 신뢰성에 많은 문제가 있으나 8Q는 종합적이어서 사회생활을 하는데 필요한 성공요소이므로 확 잡아야만 한다.

IQ(Intelligence Quotient : 지능지수)는 머리지수로 정신연령과 생활연령을 대비시킨 비율이 지능지수로 인지, 생산, 평가, 수렴, 발산적 사고로 이에는 주로 생득, 경험, 정선, 돌연변이, 상호의 존설이 있는데 우리나라에서는 가장 중요시하고 있으나 선진국에서는 이를 중요시하지 않는다.

연구결과에 의하면 지능이 학업성취도에 영향을 주는 정도는 50%에 지나지 않아 IQ가 높다고 해서 반드시 학업성취도가 높은 것은 아니므로 절대적인 것이 아니라 개인의 지능 정도나 지표가 어느 정도 수준인지를 말해주는 것에 불과하며 항시 유동적이므로 과잉 해석이나 축소는 불필요하다.

천재아는 독서, 언어, 수 추리, 과학, 문학, 예술 등의 영역에서는 높은 성취를 보이나 산수계산, 철자, 역사, 사회생활에 관련된 사실지식에서는 낮은 성취를 보인다.

편차지능지수(DIQ)는 정상분포의 성질과 표준편차에 의한 이론적 근거가 있는 것으로 표준집단에 지능검사를 실시하여 얻은 분포를 표준편차로 나누어서 표준점수로 나타낸 것으로 동일한 연령집단의 평균지능을 100으로 보고 IQ가 이 평균집단보다 우수하면 100 이상, 열등하면 100 이하로 보는 것이다.

대개 140~169이면 천재(1.33%), 120~140이면 최상지(11.3%), 110~119는 평균상(18.1%), 90~109면 평균(46.5%), 80~89는 지둔(14.5%), 70~79는 경제적 결함(5.6%), 50~69는 노둔, 25~49는 치우, 20~24는 백치로 정신적 결함(2.63%)에 해당된다고 한다.

EQ(Emotion Quotient : 감성지수)는 감정, 마음지수로 온갖 정성을 다한 서비스로 감동을 주는 것이고, CQ(Creative Quotient : 창의지수)는 아이디어를 창출해 내는 지수로 개인과 조직 및 사회발전의 원동력이 되는 요인이기에 상당히 중요하다.

MQ(Morality Quotient : 도덕지수)는 도덕성, 윤리, 준법 등을 의미하여 아무리 사회적으로 출세를 했더라도 정당한 방법으로 자기성취를 이루어야 하며, SQ(Society Quotient : 사회지수)는 혼자서는 살 수 없고 상호간의 신뢰를 바탕으로 한 인간관계의 원활함을 위한 신뢰구축이 필요하다.

또한 BQ(Business Quotient : 비즈니스지수)는 모든 에너지를 수익으로 연결시키려는 사업성, DQ(Dcsign Quotient : 디자인지수)는 이왕이면 다홍치마라고 조형적 연출력을 위해 독창성과 심미성을 중시하게 된다.

이 밖에 HQ(Health Quotient : 건강지수)는 아무리 성공했다고 해도 건강을 잃으면 모든 것을 잃게 되므로 정신적인 건강과 육체적인 건강의 지수가 높을 때만이 목표를 달성할 수 있다.

이처럼 8가지 지수 중에서 1가지만 탁월하다고 해도 다른 요인이 부족하면 많은 제약이 뒤따르게 되므로 모든 지수를 고루 높이면서 이 중 탁월한 분야에 지수를 높이는 것이 효과적이다.


## 3) 지수가 아주 탁월한 사람들

### ▶사 례 1.

감성지수가 높은 50대 중반의 주부 보험사원인 T여사는 물건을 팔지 않고 고객의 심리를 철저히 분석해 고객의 편에 서서 고객을 감동시키는 독특한 방법으로 연봉 2억 원을 받는다.

고객리스트를 만들어 고객의 산후조리를 해주거나 김치를 담아주고 온갖 갈등을 들어주고 애로사항을 상담해주는 방법으로 그녀를 만나는 사람마다 활력을 주자 여기저기에서 보험을 들어주거나 그 이상의 선물공세를 한다.

### ▶사 례 2.

창의지수가 탁월한 30대 후반의 J씨는 아이디어가 탁월해 특허 발명만 30여 개를 보유하고 있으며 중소기업의 생산부서에서 근무하면서 업무능률향상과 원가절감을 위해 시작한 아이디어는 부서영역을 넘나드는 관계로 발명박사로 통한다.

### ▶사 례 3.

디자인지수가 높은 O양은 자기 책상은 물론 사무실분위기를 멋있게 연출하고 동대문시장에서 산 옷을 백화점에서 산 옷처럼 맵시 있게 입어 사장님 이하 임원들의 코디는 물론 미혼인 남자사원들이 애인을 만날 때 입을 의상상담을 해주다가 아예 사내강사로 발탁되었다.

### ▶사 례 4.

도덕, 사회지수가 높은 N기업의 L과장은 준법정신이 강하고 대인관계가 원만해 "법 없이도 살 사람."이라고 소문날 정도로 인기가 높다.

하지만 C과장은 자기밖에 모르는 이기주의자이면서도 남을 비
판만 하고 다녀 눈총을 사는 등 왕따를 당하고 있어 대화할 상대
가 없고 점심도 혼자 먹는 등 퇴근 후에도 동료들과 어울리지 못
하고 있다.

### ▶사 례 5.

비즈니스지수가 높은 W기업의 H대리는 한 번 목표를 정하면
기어코 완성하는 끈기가 있어 무서운 존재로 부각되고 있는 반면
에 U대리는 하다가 어려우면 포기하는 습성이 강하여 아부성 하
나로 버티고 있다.

### ▶사 례 6.

건강지수가 있다고 자만하던 K씨는 수년 동안 거의 매일 술과
담배로 살다가 갑자기 쓰러져 장기간 병원신세를 지는 곤욕을 치
르고 있다.

그러나 몸이 약했던 동료 J씨는 술과 담배를 멀리하고 서서히
운동을 하다가 마라톤에 흠뻑 매혹되어 이제는 집에서 회사까지
의 10km를 거의 매일 마라톤으로 출퇴근 하고 있어 건강회복은
물론 건강의 대명사로 불리고 있다.

## 5. 근면과 성실은 삶의 기본이다.

### 1) 인간의 기본에 기본은 근면성

인간의 기본적 자세는 근면인 부지런함인데 부지런함의 대명사는 개미와 소가 아닌가 한다.

어릴 때 들었던 「개미와 베짱이」에 대한 이야기는 아직도 생생하게 기억에 남아 있는 것은 그만큼 진한 감동을 받았기 때문이다.

햇볕이 쨍쨍 내리쬐는 무더운 여름날 오후 베짱이는 시원한 그늘에서 노래를 부르고 있었다. 베짱이는 땀을 뻘뻘 흘리며 일하는 개미들이 참으로 한심하게 보여 "너희들 이렇게 더운 날 왜 그렇게 힘들게 일을 하니? 이리 와서 나하고 놀자."라고 말하였다. 하지만 "안 돼. 우린 겨울에 먹을 양식을 준비해야 하거든." 개미들이 베짱이의 말에 아랑곳하지 않고 열심히 일을 하자 베짱이는 "노는 게 싫다니 바보들…." 하고 비웃었다.

어느덧 무더운 여름이 가고 추운 겨울이 오자 베짱이는 "아유, 춥고 배고파." 하며 따뜻한 불빛이 새어 나오는 개미의 집을 보고 찾아가 "개미님, 먹을 것을 좀 주세요. 배가 고파 죽을 것 같아요."라며 도움을 청했다. 개미는 "쯧쯧… 여름 내내 놀기만 하더니." 하면서도 베짱이가 가엾어서 집으로 들어오게 하고는 "이게 다 한여름에 땀흘려 일해서 모아 놓은 것이라오. 한겨울에도 걱정이 없지요."라고 말하면서 따뜻하게 맞아주었다. 베짱이는 겸연

쩍은 모습으로 "여름 내내 놀기만 한 전 정말 바보예요."라고 대
답하였다.

　이 같은 이야기는 오늘의 행복이 내일도 계속된다는 보장이 없
어 항시 넉넉할 때 더욱 열심히 일하고 노력한다면 갑자기 닥치는
어떤 불행도 막을 수 있다는 교훈을 준다.
　한편 옛말에 "황소처럼 일하라."라는 말이 있듯이 소는 아침부
터 저녁까지 일하는 것이 당연한 것처럼 잔꾀를 부릴 줄도 모르고
불평도 하지 않으면서 비록 느릿느릿 걷지만 모든 일을 실수 없이
하는 등 주인에게 일편단심 충성하는 황소고집 때문에 일소가 되
었다.
　그러나 서양의 젖소는 놀고 먹으면서 젖만 짜다보니 비만해진
그들은 일소와 아주 판이하게 다를 수밖에 없다.
　서양속담에 "아침에 일찍 일어난 새가 벌레를 많이 잡는다."라
는 말은 무엇이든지 남보다 일찍 해야 먹을 것도 풍부하여 골라먹
으면서 할 일도 많다는 뜻으로 근면성을 강조하였다.
　루소는 "철학자처럼 사색하고 농부처럼 일하여라. 이것이 이상
적인 인간상이다."하여 철학자의 지혜와 농부의 근면을 배워야
한다고 하였고, 독일의 비스마르크는 "내가 독일 청년들에게 하
고 싶은 말은 다음 세 마디뿐이다. 독일 청년들이여, 일하여라.
좀더 일하여라. 끝까지 일하여라."고 하여 일의 중요성을 강조하
였다.
　사실 게으른 사람은 남보다 늦게 자 해가 중천에 떠 있을 때까

지 자다가 늦게 일어나며 그보다 더 게으른 사람은 일찍 자면서도 늦게 일어난다.

하지만 부지런한 사람은 일찍 자고 새벽에 닭이 우는 소리와 함께 일어나 새벽의 맑고 상쾌한 공기를 마시니 정신이 집중되어 하루에 할 일을 짧은 시간 안에 다해버리는 자기만의 독특한 집중력과 시간관리를 잘한다.

근면은 게으름을 방지하며 보람을 느끼게 하며 발전의 원동력이 되지만 나태는 쇠망의 요인이 된다.

2) 성실은 거짓이 없는 정성의 파노라마
인간의 기본인 성실은 거짓 없이 정성스러움을 의미한다.

"그 사람 똑똑하다."라는 말보다는 "그 사람 성실하다."라는 말이 훨씬 듣기가 좋은 말이나 언제부터인가 성실성보다는 똑똑함을 선호하고 있는 것은 아주 잘못된 흐름이므로 바꾸어야 한다.

똑똑하다는 것은 머리재주가 좋다는 것으로 이익만을 위해 잔꾀를 부리다보면 거짓이 나오게 되니 순간적인 이득을 취하는 반 사기꾼이 될 수 있는 확률이 높으므로 언젠가는 탄로가 나고 법의 준엄한 심판을 받을 수 있다.

때문에 머리에 담은 지식이 부족하더라도 참되면 당장은 손해를 볼망정 시간이 흐를수록 거짓된 사람들이 신뢰를 잃어감에 따라 급부상하여 진가를 충분히 발휘하게 된다.

이처럼 거짓이 없는 참됨이 신뢰성을 주는 뿌리이고 가지라면 무럭무럭 자라도록 돋우려는 마음의 거름을 주는 정성은 잎이기에 꽃이 피어 당연히 탐스런 열매를 만든다.

옛말에 "정성을 들였다면 마음을 놓지 말라."고 하였고 "정성이 있으면 한식에도 세배 간다." 하였으며 "정성이 지극하면 돌 위에 풀이 난다."라고 하여 정성을 들이면 무엇이든 안 되는 일이 없다고 하였다.

옛날에 부모님이 돌아가시면 뒤늦게 불효를 깨달아 3년 동안 시묘살이를 하였고 뒤뜰에 정화수를 떠놓고 자식들이 잘되라고 아침마다 빌었던 어머님의 정성은 물론 한약을 달이는 마음과 행동은 감탄하고도 남을 일이다.

성성은 가식이 없는 진실된 마음과 청결한 몸가짐에서 나타나는 행동이므로 아무나 할 수 없는 일이어서 진실과 정성은 다이아몬드보다 더욱 빛을 발하게 된다.

이처럼 진실은 누구나 갖는 일반적인 것이나 정성은 윗사람이 아랫사람에게 특히 부모가 자식에게 주는 사랑의 마음이자 행동으로 나타나게 된다.

그러나 너무도 완벽한 진실을 추구하려다보면 정신적인 병이 되고 정성이 지나치면 오히려 상대방에게 부담을 줄 수 있어 역효과를 초래하게 되므로 적절한 것이 좋다.

이처럼 인간의 기본이 되는 근면과 성실은 아무리 시대가 변한다고 해도 변하지 않는 기본뿌리이자 기둥이므로 사회가 급변하고 경쟁력이 강화될수록 가장 기본적인 근면과 성실에 의한 데이터베이스를 구축하는 것이 필요하다.

상황에 따라 진실과 정성이 연달아 바뀌는 패턴이 연속되는 한편의 파노라마(panorama)와 다를 게 없다.

마치 근면이 남편이라면 성실은 아내로서 부부처럼 서로 궁합이 잘 맞아야 한다.


### 3) 근면, 검소했던 우리들의 부모님들

우리들의 부모님들은 모두가 근면하고 성실했다.

가난에서 벗어나려고 새벽에 일어나 저녁까지 쉬지도, 먹지도 못하면서 오직 자식을 가르치려고 발버둥쳤던 우리 부모님들은 모두가 근면하고 성실하였다.


나의 아버님은 언제나 새벽 2시면 일어나셔서 무엇인가 연구에 열중하셨다. 이 같은 습관은 중학교 1학년 때부터의 습관이었으니 어느덧 56년 동안의 모습은 한결같다.

천직으로 여기며 자부심이 대단하셨던 학교에서 돌아오시면 저녁식사가 끝나기가 무섭게 주무시고 새벽 2시면 어김없이 일어나셨다. 동네사람들은 처음에는 불을 켜 놓고 주무시는 줄로만 알았다가 나중에 알고는 놀라지 않을 수 없었다.

교직 생활 4, 5년만하면 모든 일을 다 터득하셨을 터인데도 정년퇴직하실 때까지 학생지도와 학교경영에 대해 연구하셨고 퇴직 이후에는 지역향토연구를 위해 조사하고 연구하는데 열중하다보니 시간가는 줄 모른다고 하신다.

이렇게 연구한 것을 최근에는 『백제부흥운동(임존성)연구』라는 책으로 출간하셨으니 그 연세에 무엇인가를 정리하여 학문적으로 남기고 애국정신을 남기시겠다는 그 열기가 놀랍다.

이 같은 근면, 검소, 노력은 아버님의 아버님으로부터 물려받아 아예 가훈으로 삼으셨다.

나의 할아버지는 9살 때 가장이 되었음에도 불구하고 어떻게 해서든지 동생들을 잘 키워야겠다는 일념으로 억척스럽게 일을 하셨다고 한다.

다른 사람들도 어려웠던 시절 모두 그렇게 살았겠지만 할아버지께서는 새벽녘부터 한밤중까지 일하셨으며 호롱불 아래에서 홀로 한학을 공부하셨다고 한다.

또한 나의 어머니께서는 관사에서 살 때 밭일을 하셨고 가을이면 학교 뒷산의 노랗게 물든 나뭇잎을 긁어모으려고 학생들의 수업이 끝난 밤이나 주말오후, 일요일이면 어김없이 온가족이 일을 하였다.

교사월급이면 끼니 걱정은 없었을 텐데도 방학이면 오전 10시에 수제비로 아침 겸 점심을 먹고, 오후 5시에 점심 겸 저녁을 먹는 등 억척스럽게 모은 돈으로 논을 사 한때는 부자라고 했지만 이제는 논밭의 가치가 바뀌어 별 볼일 없게 되고 말았다.

나 역시 이 정도는 아니지만 근면과 검소함이 몸에 배여 가끔 집안 사람들한테 한마디 들을 때가 있지만 그래도 그것이 나의 참모습이기에 편하고 좋다.

# 신바람 보람의 일터 – 조직경영

## 1. 21세기형 최고지도자로 변신하라.

### 1) 지도자, 경영자, 관리자란?

누구나 지도자를 꿈꾸지만 아무나 지도자가 될 수 없다.

"훌륭한 조련사로부터 명마가 나온다."라는 말이 있듯이 지도자(leader)는 부하를 인도하고 감독하여 질서정연한 경영활동을 하는 사람으로 사람을 볼 줄, 움직일 줄, 쓸 줄 알아야 하며 또한 다른 사람의 말을 들을 줄 알아야 하고 실천할 줄 알아야 한다.

따라서 다양한 프로젝트에 관심을 갖고 폭넓고 심오한 핵심포인트의 방향설정과 충고 및 숨은 협력자로서 총괄적으로 지휘하므로 민주적이고 합리적인 가운데 보이지 않는 카리스마적인 리더십은 종업원들이 어떤 일이든 따라오게 하여 열심히 일하도록 하는 힘을 갖고 있어야 한다.

중국의 오자(吳子)는 위(威 : 위엄, 위신), 덕〔德 : 인격자, 겸허, 판용, 신뢰 / 도(대도)], 의(대의명분), 예(예절), 인(仁 : 상대방 입장 고려), 용(勇 : 결단력)을 강조했고 손자(孫子)는 지, 신, 인, 용, 엄을 강조하면서 인이 지나치면 허약하고 의가 지나치면 완고하며 예가 지나치면 아첨하며 지가 지나치면 거짓되고 심이 지나치면 속는다라고 하여 중용을 강조하였다.

주변사람들보다 아는 것이 많거나 힘이 솟구쳐 정의를 위해 표현하는 능력은 물론 너그럽고 위기관리력이 탁월하며 언제나 겸손하고 정직하며 무사무욕, 포용력, 통솔력, 결단력 등 보유한 인력을 최대한 활용하고 잠재력을 극대화시켜 비전을 제시하는 능력을 말한다는 점에서 주먹세계의 보스와는 판이하게 다르다.

그 자질은 정신적(의식구조, 합리성, 논리성, 판단력, 인내력, 용기) 측면은 물론 기술적(체력, 전문성, 지식, 기억력, 이상력, 표현력, 대인관계, 동기부여) 측면 등이 함축되어야 한다.

반면에 기업가란 스스로 자본을 출자하고 경영을 담당함으로써 혁신을 통해 기업을 창조하고 리더십을 발휘해 경영을 지휘하는 동시에 위험부담을 감수하는 등 총체적인 리더이다.

한편 경영자란 소유경영자(ower)라기보다는 자질을 충분히 갖추어 일정한 기간 동안 경영을 위임받은 전문가이고 관리형 경영자는 인적 관리를 바탕으로 경영효율, 수익성, 업적 향상에 대한 관심이 많다.

이들은 천의 얼굴을 가진 만능박사로 24시간을 48시간으로 만드는 시간경영의 귀재이자 사람을 잘 움직이는 요리사가 되어야 하고 심오한 지식기술과 덕망이 있고 궂은 일, 힘든 일, 위험한 일을 마다하지 않는 부지런함에다가 신뢰 속에 비전을 제시할 줄 알아야 한다.

전문성과 리더십이 결여된 상태에서 경영자가 된다는 것은 아마추어가 프로집단을 이끌어가겠다는 모순으로서 경영자로서의 기본적인 자질이 부족해 능력의 한계성과 함께 그를 믿고 따르는 사람이 없어 에너지낭비를 초래하게 된다.

정열이 없는 조직은 치열한 경쟁에서 생존할 수 없고 인간미와 도덕성이 결여된 조직은 일류가 될 수 없다.

### 2) 시대상황에 따른 리더십의 유형들

인류역사의 흐름에 맞춰 흥망성쇠를 거치면서 수많은 지도자가 있었다.

전쟁을 승리로 이끈 전쟁영웅으로는 칭기즈칸과 나폴레옹, 종교적으로 마음을 감동시킨 종교지도자로는 석가모니와 예수, 국가통치적인 정치지도자로는 링컨과 박정희를 들 수 있다.

또한 불확실한 미래를 예측한 예언자로는 피터 드래커와 앨빈 토플러, 낙후된 지역에 희망을 심어준 농촌지도자, 사업상 비즈니스와 추진력의 귀재 사업가로는 정주영 등등 수없이 많다.

이처럼 지도자들은 시대상황의 직·간접적인 요청에 의해 긍정적이든 부정적이든 간에 나름대로의 탁월한 리더십(leadership)을 발휘하게 된다.

리더십이란 통솔력, 지도력, 지도권을 통해 특정 조직에서 리더를 중심으로 조직의 활동을 촉진하고 통제를 유지하면서 통일적인 목적달성을 위해 유도해가는 기능을 의미한다.

따라서 팀원이 신뢰와 열의로써 목표를 원활하게 수행하며 자발적이고 의욕적으로 협동하도록 지도하는 능력이기에 말하기, 설득하기, 의논하기, 함께 하기, 위임하기가 포함된다.

이를 위해서는 권한과 책임체제가 명확해야 하고 건전한 조직으로써 인재의 적시·적소·적량의 배치가 이루어져 능력을 충분히 발휘할 수 있도록 목표와 방침이 합리적이어야 한다.

리더십의 유형 중에서 매니지십(manage ship)은 부하가 효율적으로 일을 할 수 있도록 계획을 명확히 세우고 능력과 정성을 고려해 일을 맡기는 능력을 말하고 헤드십(head ship)은 부하 중에서 지시에 따르지 않는 사람을 처벌하는 행동이고 협의십은 자발적으로 일을 하도록 하는 것이다.

한편 리더십의 유형 중 전제형은 1인 독재이다보니 독선적인 상황하에서 복종을 강요하여 어떤 목적을 일시적으로 달성하기에는 적합하나 모든 의사결정이 무시되어 부하의 의견을 수렴하지 않는 등 대립과 불협화음이 발생함으로써 많은 문제점을 낳는다.

이상형은 팀원들의 자발적이고 자주적이며 협조적인 태도와 창의성에 바탕을 둔 민주적인 방법으로 근무의욕을 높여 주는 이상적인 리더십이나 너무 지나치면 추진력이 떨어질 수도 있고 중간형은 전제형과 민주적인 리더십 중에 어느 것에도 치우치지 않고 중간형태를 취한 것이다.

온정주의형은 팀원을 한 가족처럼 생각하여 물심양면으로 도와주기 때문에 인간적이어서 업무효과가 떨어질 수도 있으나 끈질긴 설득과 인내 등이 뒤따르면 효과적이며, 자유방임형은 팀원들이 마음대로 하도록 방치하는 것으로 리더십과 팀워크 및 능률 등 모두 문제가 생겨나게 되는 무책임한 형태이다.


### 3) 다양한 지도자들의 리더십 분석

이 세상에는 수많은 지도자와 경영자, 관리자가 있다.

신약에 나타난 예수 그리스도는 봉사, 사랑, 겸손, 비전을 주는 탁월한 지도력을 지닌 고난의 주님으로 "나는 길이요, 진리요, 생명이니 나를 믿으면 영원히 죽지 않고 … 수고하고 무거운 짐을 진 자들아 너희를 편히 쉬게 하리라." 하였다.

만약에 무릎을 꿇고 나를 공경하라거나 나는 너희들의 지도자라고 했다면 거부당했을 것이나 비전을 제시해주는 탁월한 지도력을 발휘하였고 사도 바울은 탁월한 설득자이자 보호자였으며 베드로는 성실한 지도자였다.

간디는 "무저항운동이야말로 모든 사람의 평등과 더 나은 삶을 얻는다."라는 명언을 남긴 사랑을 실천한 지도자였기에 추앙을 받으나 만약에 "나는 인도 최고의 제왕이 되고 싶다."라고 했다면 비난의 대상이 되었을 것이다.

독일의 히틀러는 "나를 세계의 지도자로 뽑아달라."고 하지 않고 "우리 독일국민들은 우수한 민족이므로 세계를 정복하고 함께 지배하자."라는 우회적인 설득력을 얻어 당시의 영웅이 되었다.

한편 미국의 철강왕 카네기의 묘비에는 "자신보다 뛰어난 사람을 능숙하게 다룰 줄 아는 사람 여기에 잠들다."라는 문구가 쓰여 있는 것에서 그의 정신세계를 충분히 알 수가 있다. 그의 학력은 보잘 것 없었으나 항시 유능한 인재를 발굴해 그들이 원하는 것을 알아채고 충족시키는 에너지 극대화는 결국 업무효율성과 충성심을 불러일으키기에 충분했다.

재벌총수의 대표격이었던 고 정주영 현대그룹 명예회장은 정열적이었고 고 최종현 SK그룹 회장은 검소하여 누가 봐도 감동을 받게 하였으며 삼성그룹 이건희 회장은 조용한 가운데 혁신적 호소력을 가지고 있다.

히딩크 감독의 리더십은 긍정적이고 비전을 세워 철저히 조사 분석하고 기초훈련을 튼튼히 하며 학력과 파벌을 인정치 않는 순수한 능력과 비전을 내다보는 창의력을 요하는 생각하는 축구 속에 멀티플레이를 강조하는 탁월한 용병술이 있다.

지시보다는 함께 고민하여 문제를 해결하고 계급주의적인 연령의 질서를 파괴하는 가운데 자만하지 않도록 경쟁심리를 주는 등 독특한 리더십으로 한국 축구를 일류축구로 만들어 놓은 것이다.


## 2. 모든 의사결정을 합리화, 효율화시켜라.

### 1) 의사결정은 민주적, 합리적이어야 한다.

우리는 하루에도 여러 번 아니 수십 번씩 무엇인가의 선택 여부를 놓고 고민을 하게 된다.

아침에는 이 옷을 입을까? 저 옷을 입을까? 넥타이는? 출근시간과의 전쟁으로 인해 교통수단을 고민하게 되고, 점심에는 식사메뉴를 놓고, 업무결정을 갖고 선택에 대한 부서간의 갈등시에도 고민에 빠져들게 된다.

이처럼 의사결정이란 결정자가 강조하고 있는 목표를 달성하기 위해 가장 유효하게 자유롭게 처리할 수 있는 수단으로서 선택할 행동지표이다.

이는 확실한 상태, 위험, 불확실성, 경쟁상태에서 의사결정은 무엇을, 누가, 어떻게 결정 유무에 따른 상위개념인 전략적 의사결정은 자신과 조직의 외부문제와 관련된 목표의 변경, 규모의 확대와 성장계획, 다각화 기획, 자원의 조달과 분배 등 동태적인 균형을 유지하려는데 그 의의가 있다.

이를 보다 구체화하려는 관리적 의사결정은 중간경영층에 해당되는 것으로 권한과 책임관계, 정보조달시스템의 변경, 인재의 채용과 훈련, 업무 결정은 예산의 배분, 생산계획, 재고 판매관리 등 물적, 인적 자원의 조달로 최대의 능률을 올리려는 전술적인 노력이다.

반면에 운영적 의사결정은 하부 실무자들의 의사결정으로 지극히 일상적이고 합리적인 의사결정을 위한 과정은 문제의 포착 → 분석 → 상황분석 → 택일적 수단의 검토 → 해결책의 검토 등이다.

한편 연차적 의사결정은 정보의 추가에 의해 사전확률이 수정된 사후확률이 다음의 정보추가에 대한 사전확률로 이용되는 사전, 사후분석이 추가적으로 분석되는 과정이므로 미래상황에 대한 결정이 불완전정보로 불확실해질 때 이루어지는 불가피한 것이다.

이때 의사결정에 대한 이해도를 높이려는 의사결정나무(意思決定樹木, decision tree)는 마치 나무처럼 작은 가지에서 중간가지로 최종적으로 하나의 결정을 내린다는 것을 그림으로 나타낸 것이다.

한편 의사결정의 컨플릭트(conflict)는 의사결정에서 개인, 집단의 결정주체가 수용불능, 불확실, 비교불능 등 결정이 불가능한 상태를 말한다는 점에서 완전, 불완전해결방법이 있다.

이처럼 현명한 의사결정을 내린다는 것은 쉽고도 어려운 일이므로 긍정적인 면과 부정적인 면, 반대와 찬성, 내적·외적 영향, 현재와 미래와의 영향을 충분히 고려해서 현명한 결정을 내리는 것이 바람직하다.

특히 최선의 방법이 없을 경우에는 차선책을 선택해 보완하는 한편 어쩔 수 없는 결정은 충분히 설득해서 반대급부를 최소화하기 위한 적극적이고 종합적인 노력이 필요하다.


2) 직업, 배우자 선택의 신중성

우리 인생은 그 자체가 크고 작은 선택의 연속으로 이루어진다.

그 중에서도 직업과 배우자를 잘 선택하면 성공과 행복을 누리지만 그렇지 못하면 불행과 실패의 원인이 된다는 점에서 선택은 매우 중요하고도 어려우면서도 엄숙한 것이다.

니체는 "직업은 인생의 등뼈와 같다."고 하였고 "누구든지 일하기 싫어하거든 먹지도 말게 하여라.(데살로니카, 3장 10절)" 하여

하느님이 나에게 맡긴 사명이자 책무이므로 애정과 긍지 및 충성심이 요구된다.

도산 안창호 선생은 "큰일이건 작은 일이건 네가 하는 일을 정성껏 하여라.", "남의 일을 자기 일처럼 열심히 하여라."라 했는데 이 말은 주어진 일에 대한 정성이 담길 때 능률이 오르고 보람을 느끼게 된다는 것이다.

따라서 억지로 하는 노동(勞動)은 강요된 노예와 같기 때문에 즐거운 마음으로 천직으로 알고 자부심을 가지고 정성을 들여 하는 낙동(樂動)으로 용어가 바뀌어야 하지 않을까?

적성은 직업건설과 창조의 일터이며, 직장은 사회활동의 도장이고 인격의 수련장으로 과거에는 적성과는 무관한 직업을 선택한 결과 싫은 일을 억지로 하여 능률이 오르지 않았으나 미래에는 적성에 맞춰 직업을 선택하면 신바람이 나고 능률이 오르기 마련이어서 많은 변화가 예상된다.

한편 직장을 위해 가정이 존재하고, 가정을 위해 직장에 다니고 있다는 점에서 가정을 소중히 하는 서양사람들의 의식을 닮아가고 있는 추세이다.

이로써 일평생 동안 동고동락하고 상부상조하며 살아가는 결혼은 인생에 있어서 가장 중요한 행사이자 사건으로 특히 가정을 이루는 부부는 인생의 동반자로 서로 인격을 존중하고 대화를 통해 양보하여 조화를 이루는 작은 조직이 아닐까?

가정환경, 성격, 취미, 종교, 결혼관, 소비패턴, 목표, 친구 등 다양한 분야가 서로 비슷해야 이질감을 느끼지 않는다. 만약 그렇지 않을 경우 사사건건 문제가 발생할 소지가 매우 크다.

물론 서로 사랑하고 장점을 인정해 더욱 강점으로 만들고 단점은 감싸주며 점차 보완해주는 가운데 최악의 조건에서도 이를 극복하여 행복을 찾는 것이야말로 진정한 사랑이 될 수 있다.

따라서 순간의 감정적인 만남은 평생 동안 불행을 가져오므로 사전에 불행을 예방하기 위해서는 이상적인 연애관과 현실적인 결혼관은 분명 다를 수밖에 없다.

남편이 교만해지면 충고하고 낙심하면 격려해주고 좌절하면 용기를 주는 한편 어려움이 닥치면 지혜를 주는 현명한 아내를 만나면 남자는 틀림없이 성공하기 마련이다.

성공한 남자 뒤에는 분명히 묵묵히 내조한 부인의 공이 있기 마련이다. 잘못된 만남은 더 큰 불행을 가져와 개인은 물론 가족까지 불행하게 만드는 요인이 된다는 사실을 직시해야 한다.


### 3) 직업과 배우자 선택의 중요성

한순간의 선택은 한 인생 나아가 한 가정의 행복까지 좌우한다.


**▶사 례 1.**

J씨는 서울의 명문대 의과대를 졸업하고 국내 최고 병원의 인턴사원시험에는 당당히 합격했으나 그만 의사고시에는 불합격했다.

결국 대학 동기들은 군의관으로 군대에 갔으나 그는 이등병으로 군대에 입대해 온갖 정신적 고통을 겪고 제대를 하였다. 그리고 다시 의사고시에 도전했으나 다시 낙망하여 그의 방황은 계속되었다.

보다 못한 부모님과 친구들은 그가 우선 마음을 잡도록 그를 만나 온갖 설득을 하였으나 모두 허사였고 대인 기피증까지 생기는 등 정신쇠약증까지 생겼다.

하지만 우연히 고교선배를 만나면서 마음의 안정을 찾게 되었다. 그 선배가 운영하는 음식점의 분위기와 선배의 자상함에 마음이 끌려 그곳을 자주 찾으면서 점차 마음을 잡았다.

부모가 잠시 마음을 안정시키라면서 해보라는 식당 자금지원을 바탕으로 결국 음식점사장으로 변신하여 스트레스를 많이 받는 의사와 고시의 꿈을 완전히 접어두고 지금의 생활에 만족하면서 오늘도 품질관리와 서비스개선을 위한 노력을 하고 있다.

부모님은 아직도 아들의 의사에의 꿈을 포기하지 못했으나 그는 오히려 지금이 가장 편안하고 행복하다면서 그동안 배운 의학지식을 음식에 활용하는 방안을 모색중이다.


▶ **사 례 2.**

사업을 하는 부모 덕에 풍족하게 자랐던 H씨는 결혼을 잘못하는 바람에 집안이 망하고 말았다.

그는 어렸을 때부터 여자의 상징은 미모라고 여겨 여자는 오직 몸매가 좋고 얼굴만 예쁘면 된다고 생각하고 있었다.

오랫동안 사귀었던 대학의 여자친구와 결혼을 약속하는 사이로 발전하였으나 어느 날 우연히 나이트클럽에서 만난 늘씬한 키와 미모를 갖춘 여자와 새로운 사랑에 빠져버렸다.

결국 그 여자와 결혼식을 올렸지만 아내는 사치만 늘어갔고 친정 부모님의 사업 실패를 핑계로 친정을 도와야 한다고 하여 그 일로 부부싸움이 잦아졌다.

뒤늦게야 처음부터 돈을 보고 결혼했다는 사실을 알았지만 아이 때문에 헤어지지도 못하고 있었다. 그러던 가운데 부부싸움을 하다가 아내의 따귀를 때린 것이 빌미가 되어 이혼을 당하게 되었다. 그런데 아내가 많은 위자료를 요구하고 있으며, 부모님의 사업도 기울어 더욱 고통스런 나날을 보내고 있다.

## 3. 자기만의 관리력을 터득하라.

### 1) 전통적 관리의 양대 산맥

아직까지도 관리라고 하면 통제로 여기는 분위기가 강하다.

사전적 의미의 관리(management)란 '사무를 관할 처리한다'는 의미로 사무를 경영하여 물적 설비의 유지와 관할을 맡는 것이다.

넓은 의미로는 작업과정에서의 태만을 방지하고 최고 능률을 올리기 위하여 시간연구, 노동연구를 통해 동작의 표준량을 지시하고 임금의 노동량의 많소 적음에 따라 결정하여 근로자의 노동 의욕을 높이는 한편 능률을 증대하는 합리적인 작업관리이다.

좁은 의미로는 과학적 관리의 아버지 테일러(Tayor)가 창안한 관리방법으로 종래의 작업이 단순한 경험에 의한 주먹구구식의 표류식 관리법으로 하루의 공정한 작업량으로서 과업을 설정하는 것이다.

오직 최고의 능률을 높이기 위해 시간, 동작연구를 통해 노동표준량의 설정과 임금은 일의 양에 따라 결정하여 당시로서는 근무의욕을 높이는 등 합리적인 작업관리방법이었으나 지나치게 기계적인 도구로 삼았다는 점이 문제점으로 남았다.

때문에 인간을 기계시했으며 노조의 존재를 완전히 부정하는 한편 능률의 저하를 근로자의 태만으로만 여기는 한편 인간관계를 무시하여 비난의 대상이 되었고 재무, 금융, 마케팅측면을 소홀히 했다는 단점이 있다.

반면에 포드시스템은 경영은 곧 봉사의 기관이므로 사회대중의 생활수준 향상에 이바지하는 것으로 일상생활에서 필요한 물품의 물가를 인하시키고 임금을 인상시키는 것이 경영의 2대 만족으로 이윤은 경영의 지속적인 존립과 성장발전을 위해 필요 불가결한 것이나 어디까지나 봉사의 결과로써 얻어야 한다는 것이다.

요즈음의 인간경영관리는 인간의 존엄성을 존중하고 후생복지와 인재 육성을 통해 개성을 중시하여 창의성을 유도해 업무를 향상시키려는 것으로 자기가 자기의 목표를 설정하고 경영하며 관리하는 동시에 통제하는 것이다. 따라서 인간성과 책임성이 강한 프로집단에서는 가능하나 그렇지 못한 조직에서는 실행에 옮기기가 어려운 점이 많다.

반면에 오직 업무목표만을 중시하는 작업관리로 제대로 대우를 못 받는 노예와 같은 것이므로 감시와 폭언이 난무하게 되며 저임금, 과다근무로 일시적으로는 목표를 달성할지 몰라도 오래가지 못해 집단소요와 고발사태가 일어날 수 있어 기업은 물론 국가 이미지에도 큰 손상을 입을 수 있어 개선이 시급하다.

인간적인 경영관리와 업무목표만을 중시하는 작업관리를 적당히 넘나드는 고무줄관리형태로 상당한 심리전으로 인해 일시적으로 목표달성을 위해 긴장시킨 후에 일정기간 동기부여를 해주는 해이가 번복되는 것이다.

주먹구구식 관리는 모든 관리방법이 체계적이지 못하고 그때그때마다 즉흥적이어서 혼란만 가중되어 업무 능률도 오르지 않는 상태에서 비용만 들고 시간만 보내는 방법이나 만성된 관계로 스스로 이를 느끼지 못하고 있는 것이 일반적이다.

이런 점에서 현대적인 의미의 관리란 과학적으로 계획하고 조직하며 지휘하고 조정하여 통제하는 효율적인 경영개념으로 변화하고 있는 것은 바람직한 현상이다.


2) 현대적인 관리란 계조지조통이다.

요즘처럼 변화무쌍하고 욕구의 변화가 잦은 시대상황에서의 관리기법은 참 어렵다. 때문에 현대적인 관리기법을 모색하기 위해 부단히 노력하고 있으나 변화하는 추세를 따라가지 못하고 있는 실정이다.

대표적인 기법을 몇 가지 소개하기로 한다.

관리사이클의 대표적인 삼단론법적인 이론이 PDS이론과 POC

이론이다.

PDS이론은 Plan(계획)은 집행가능한 계획의 수립을 말하며 이에 대한 집행이 Do(실시)이고 계획과 실시를 비교하여 차이가 생기지 않도록 감독하는 것이 See(평가)이므로 실무층에 가깝다.

반면에 POC이론은 Planning(계획화)은 미래를 예측하는 행동 수립이고 이에 대한 인적·물적 관리요소를 결합시키는 것이 Organizing(조직화)이며 Controlling(통제화)은 이를 측정 분석하여 차이와 원인을 확인하는 것이어서 관리적이다.

이를 보완해서 설명하면 문을 여는 서론, 본격적으로 일을 수행하는 본론, 마지막 정리와 평가를 내리는 결론을 의미하며 나아가 기승전결(起承轉結)을 의미하기도 한다.

한편 현대의 관리학자 테리(Terry)는 계획화, 조직화, 동기유발(Motivation), 조정화(Coordinating), 통제화를 강조하였다. 또한 6M, 즉 Men(경영종업원), Material(원자재), Machines(기계), Money(운전자본), Markets(시장), Methods(방법)을 중심으로 각 관리기능이 밀접하게 관련되어 일체적이고 통일적인 순환과정을 되풀이하는 것이라 하였다.

이 밖에 POSDORB이론은 P(Planning : 계획화), O(Organizing : 조직화), S(Staffing : 충원화), D(Directing : 통제화), CO(Coordinating : 조정화), R(Reporting : 보고화), B(Budgeting : 예산화)이다.

이때의 일반 원칙은 사고나 행동의 지침이 되는 기초원리로써 관리능률의 향상, 경영관리활동의 명확, 연구활동의 개선, 사회문화수준의 향상이라는 효율성에 있는 것이다.

그 내용은 만족, 표준화, 분화와 통합, 명령의 일원화, 전문화, 감독범위의 일원화, 계층의 단축화, 권한의 위임, 분권화, 목표의 관리, 능력개발, 동기부여의 원칙이다.

그렇다면 관리의 효율성을 증진시키기 위한 방안은 무엇인가?

우선 능력위주의 합리성의 추구, 의무와 권한 및 책임의 명확화, 과업의 표준화와 자동화, 목표관리, 자기계발의 능력개발, 적재적소의 인사 등을 들 수 있다.

이런 점에서 현대적인 관리는 합리적으로 계획하고 민주적으로 조직하며 과학적으로 지휘하고 효율적으로 조정하는 동시에 과학적으로 통제하는 것이다.


## 3) 팀 관리의 성패 사례들

### ▶사 례 1.

부산에 있는 모 중소기업의 M부장은 관리의 마술사로 불린다.

그는 상위관리자로서 관리를 하지 않고 경영하기 때문에 소사장이라 생각하고 관리보다는 경영마인드를 발휘해 계획하고 조직하며 지휘하고 조정하여 통제하는 오케스트라단원의 지휘자임을 자청한다.

무엇보다도 팀원 개개인의 장단점을 분석하고 컨디션을 파악해 적절히 업무를 조정하는 한편 지시보다는 지원을 이끼지 않으며 문제발생 전에 해결을 위해 동분서주 하여 항시 바쁘다.

팀원들의 결혼기념일에는 저녁식사와 음악회 티켓을 건네주는 등 오붓한 시간을 보낼 수 있게 배려해주며, 가끔 팀원들과 부부동반으로 회식을 하며 영화나 연극을 보는 한편 가족처럼 지내 형님과 아우 사이가 된다. 애경사가 있으면 자기들이 알아서 일을 매끄럽게 처리하는 등 회사직원이 어려움에 닥쳤을 때 앞장을 서서 해결해 준다.

하지만 업무에 관한 한 적당히 넘어가는 일이 없고 모르면서도 물어보지 않거나 엉망이면 아주 눈물이 나게 혼내면서도 퇴근 후라도 남게 하여 자상하게 가르쳐 6개월만 지나면 전문가로 변신하게 하므로 조련사로 통한다.

이왕에 근무할 바에야 확실히 하여 인정도 받고 보람을 찾자는 그의 의도는 팀원들에게 그 공을 돌리는 한편 문제가 발생할 때에는 자신이 책임을 지고 기회를 달라고 호소하기에 그를 따를 수밖에 없고 협력업체에도 찾아가 기술지도와 함께 대접을 받기보다는 오히려 식사를 대접하기도 한다.

그는 회사 내 청렴상수상자로 내정되어 2박3일 제주도여행권을 받았으나 가정형편이 어려워 회갑연마저 열지 못하는 직원에게 건네주는 등 그의 고운 마음씨가 더욱더 그를 빛나게 한다.


▶ 사 례 2.

H과장은 강자에게는 맹목적으로 약하고 약자에게는 저돌적으로 강하다보니 상사에게는 "노"라는 대답은 없고 오직 "예스"밖에 없으며 부하에게는 "합시다"는 없고 "해라"라는 명령밖에 없다.

그러다보니 오직 자기의 편리성과 진급 등 자기의 이해관계밖에 몰라 팀원을 부하라고 여긴 나머지 회사업무는 물론 심지어는

임원진이 참석하는 회식이나 야유회에 가서도 매사에 고압적이고
지시적인 명령하달을 한다.

　이런 관계로 처음에는 임원들로부터 칭송이 자자하여 진급에서
선두주자로 나섰으나 팀원들의 불만이 쌓여 결근율도 높아지고
업무효율성도 떨어지자 결국은 경고조치를 당하여 진급에서 탈락
할 수밖에 없었다.

　때문에 후배들이 차장으로 진급하고 부하들이 과장으로 진급하
여도 전혀 협조가 이루어지지 않아 만년과장의 신세를 못 면하고
있다.

## 4. 조직 팀워크 한마음운동을 전개하라.

### 1) 합리적인 팀조직을 찾아서

　조직(organizational)이란 얽어서 만든다는 뜻으로 어떤 목적을
지닌 자연적이고 인위적인 사람들의 모임으로 건전하고 생산적이
어야 한다.

　인간관계론에 앞장선 버나드(Barnard)는 조직은 상호작용이므
로 복잡한 관계시스템을 파악하기 위해 유지, 안전, 성장에 이바
지하는 상호의존 및 상호작용의 구조와 과정을 강조했다.

　이 중 시스템적 조직이론은 조직을 시스템으로 보고 파악, 분석
하는 개념적 · 분석적 기초에 공통성을 가지고 있으며 행동과학적

조직이론은 조직을 시스템으로 보되 그 본질을 인간행동의 시스템에서 찾고 사회학·심리학·문화인류학 등과 같은 행동과학의 연구방법을 바탕으로 하고 있다.

이 밖에 상하관계가 엄격한 수직적 조직은 군대처럼 명령으로 어떤 목적을 일사분란하게 수행할 수는 있지만 개인적인 창의성에 의한 능력을 충분히 발휘할 수 없고 시키는 일만 할 뿐이다.

더구나 자기 부서에서도 자기 업무밖에 모르는 한편 부서간의 이해관계가 얽혀 불필요한 갈등이 늘어나고 조직 자체가 시스템으로 연결된 상태에서는 그 한계점이 드러나 중간층을 강화한 다이아몬드형 조직과 빌딩형 조직도 그 한계점이 있다.

따라서 조직의 목표는 하나이므로 다른 부서와의 긴밀한 협조와 지원으로 개인적인 능력을 충분히 발휘할 수 있는 것이 수평적 조직으로 신선한 충격이어서 프로집단과 작은 조직에서는 가능하나 아마추어의 거대조직에서는 관리체계가 명확치 않아 사실상 실행이 어렵다.

이 같은 수직·수평적 조직의 장점을 살리고 약점을 보완한 수레바퀴형 조직은 경영자는 자본과 경영을 투자했고 구성원들은 기술과 지식을 투자했으므로 모두 투자자이고 자기가 자신의 업무를 경영관리하므로 경영자이고 관리자로 모나지 않고 둥글며 지속적으로 일을 수행하는 조직패턴이다.

앞으로는 전문성, 창의성, 자율성, 효율성, 책임성을 발휘할 수 있는 상황하에서 고액연봉의 프로집단이 일반화되므로 오케스트리형 조직으로 변신하게 될 것이다.

연봉계약으로 이루어진 전문지휘자는 전문경영자이며 오케스트라 단원들은 프로들로만 구성되어 기쁜 마음으로 자기계발 속에 자신에게 맞는 역할을 충실히 하는 분위기로 이동하고 있는 것이다.

개개인의 역할은 고객을 간파한 지휘자의 지휘에 따라 전체가 조화를 이루어 고객들에게 감동을 주는 조직은 불필요한 보조자는 없고 오직 기획전문가와 위탁 행정관리요원만 있을 뿐이다.

이처럼 조직의 핵심은 사람이므로 인재(人才 / 재주)는 인재(人材 / 재목)로써 인재(人財 / 재산)가 되면 흥하게 되나 인재(人裁 / 마름)는 인재(人災 / 재앙)로 이어져 결국 모두가 망하게 된다는 사실을 인식하여 주의해야 한다.

어떤 형태가 자신과 팀원들에 가장 부합되어 신바람 보람의 일터가 될 수 있는지를 연구해봐야 한다.


### 2) 보람의 일터, 팀워크 한마음운동

팀워크 한마음운동으로 보람의 일터가 되면 얼마나 좋을까?

보람이란 어떤 일의 행동결과에 대하여 나타나는 좋은 결과라는 좁은 의미의 해석보다는 어떤 일에 대한 소중함과 진행하는 과정에 얻을 수도 있는 광범위한 해석이 필요하다.

이처럼 과정 속에서 보람을 얻어야만 결과에 대한 기대심리도 있고 설령 결과가 나쁘다고 해도 과정에 충실했으므로 그에 대한 보람을 느낄 수 있는 동시에 이를 교훈 삼아 추후 성공을 이끌 수도 있기 때문이다.

이와 같이 보람은 기본적으로는 정신적 만족에 있으나 점차적으로 경제적 만족 나아가 최종에는 지위향상을 얻을 수 있다는 점에서 복합적이며 이에 따른 가치여파가 매우 크다는 점에서 신바람은 주어진 일에 대해 즐거운 마음과 몸으로 최선을 다하는 어깨춤이 일어나는 행위인 것이다.

이를 위해서는 현실적으로 시간을 보내려는 보람보다는 조직과 자신의 뚜렷한 목표를 가지고 이를 달성하는 성취는 물론 그에 따른 대가로 이어질 때 진정한 신바람을 느끼게 된다.

보람이 정신적이고 결과중심적이라면 이를 위한 신바람은 지극히 행동적이고 과정중심적이므로 어떻게 하면 신바람을 일으켜 보람을 찾을 것인가를 항시 심도 있게 생각해서 실천해볼 일이다.

따라서 일정한 기간 동안 일정공간 안에서 일정시간 같은 목표를 향해 머리를 맞대고 생각하여 해결하는 동시에 목표를 향해 달려야만 하는 그야말로 하늘이 주신 인연을 갖고 있다.

이로써 함께 문제를 생각하면서 서로 이해하고 도와주며 격려하는 동시에 함께 생존, 성장하는 운명공동체임을 고려해 가족으로 여겨야 하는 것은 당연하나 서로간에 보이지 않게 갈등이 있는 경우가 의외로 많아서 기분도 상하고 이로 인해서 능률도 오르지 않는다.

그 근본적인 이유는 아주 사소한 개인적인 감정에서 오는 것으로 내가 그러면 상대방도 그렇다는 상호관계임을 자각해서 갈등이 오래되면 서로간에 좋을 것이 없으므로 빠른 시일 내에 먼저 푸는 사람이 이기는 것이다.

이 같은 원인을 근본적으로 해결하려면 적시·적소에 단합대회를 실시하고 아무리 옳지 않더라도 상대방을 인정하면서 그 원인을 살펴 장기간에 걸쳐 설득과 진솔한 상담과 대화로 마음을 움직여 행동으로 실천하게 한다.

특히 팀원 개개인의 특성을 살려 이를 에너지화시키는 팀장의 역할은 지대하여 팀의 에너지를 하나로 모아 극대화하려는 노력이 바로 팀워크(team work)이다.

보람의 일터가 되기 위해 팀워크를 이루는 한마음운동은 최고경영자, 팀장, 팀원 등 서로가 할 수 있는 역할분담을 통해 가능케 한다.


## 3) 조직의 팀워크 한마음운동 성패 사례

### ▶사 례 1.

인천에 있는 O회사는 대기업에 물건을 생산하여 납품하는 영세한 생산업체이다.

때문에 근무조건이 열악하며 월급도 넉넉지 못하여 직원들은 항시 침통한 분위기 속에서 그저 기계처럼 일만 하고 있다.

그렇다보니 특별한 대책이 없어 안절부절하며 회사의 뻔한 사정을 아는 직원들은 불평을 할 수도 없는 상황이어서 생산효율성도 매우 낮아 이직률은 매우 높다.

이런 와중에 대표이사는 가족이라는 용어를 사용하면서 신바람으로 보람을 느끼면서 일을 하여 보수를 많이 가져가기 위한 특단의 조치를 내렸다.

무엇보다도 먼저 칙칙했던 회사분위기를 바꾸기 위해 슈퍼그래픽을 도입해 회사를 도색했으며 식당, 휴게실, 화장실 등을 청결하고 밝은 환경으로 개선하여 안전, 편리, 쾌적한 분위기로 만들고 남아도는 공간을 도서관으로 만들었고 유아원을 설치해 주부사원들의 마음을 편하게 해주었다.

뿐만 아니라 안일무사했던 경영방침을 다른 기업처럼 합리적인 의사결정과 리더십으로 고치기 위해 수시로 아이디어를 공모해 시상했으며 목표달성에 따른 후생복지 보장과 보수향상의 기준을 마련했다.

이 같은 과감한 투자와 혁신은 직원들의 생각과 행동을 완전히 바꾸어 놓아 출근율은 100%가 되었으며 회사를 떠났던 직원들이 다시 돌아오고 있으며 주문량이 밀려 잔업을 하면서도 항시 웃음꽃이 피는 한편 두툼해진 월급봉투와 인센티브는 선의적인 팀워크 아래 노사 한마음운동이 저절로 이루어졌다.

한마디로 모든 문제를 한순간에 해결하는 효과를 거두자 거래처 등 주변에서는 새로운 시각으로 이 업체를 보게 되었고 직원 모두가 즐거운 마음으로 열심히 일을 하고 있다.


▶ 사 례 2.

서울에 있는 Y출판사는 심각한 갈등으로 인해 부도가 나고 말았다.

근무환경조건의 개선과 보수는 물론 부서간의 우위갈등으로 서로가 자신들이 잘났다고 싸움만 계속하다보니 일에 대한 로스의 대량 발생은 대금미납으로 이어져 거래처도 갑자기 없어졌다.

이쯤 되자 직원들은 서로 한 발씩 양보하여 회사를 살려보겠다고 노력하기보다는 퇴직금을 못 받을까봐 경쟁적으로 퇴사신청을 하는 바람에 업무가 완전히 마비되었다. 게다가 회사의 대표이사는 이를 피해 도망가고 채권업자들의 거센 저항은 사태를 더욱 어렵게 만들고 양대 세력간의 싸움은 결국 기나긴 법정투쟁으로 이어져 법의 판결만 기다리고 있을 뿐이다.


## 5. 조직의 팀목표 달성법을 강화하라.

### 1) 다양한 조직의 추구목표

모든 조직은 그들 나름대로의 목표를 달성하기 위해 형성된다.

조직이란 생물학적 의미로는 거의 모양과 크기가 같고 작용도 비슷한 세포의 집단으로 동물은 상피, 결체, 근육, 신경조직으로 구성되고 식물은 유·방추조직으로 구성된다.

우리가 일반적으로 이해하고 있는 사회학적인 의미로는 사회를 구성하는 각 요소가 결합하여 유기적인 움직임을 갖는 통일체이다. 즉 기업은 경쟁력강화와 고객만족을 통한 이익창출을 실현하는 것이고, 학교는 개성을 찾아 창의성을 발휘하여 사회에 기여하도록 지식을 깨우쳐 기술을 가르쳐 주는 등 가치지향적인 효과를 주는 것이고, 병원은 환자를 치료하는 등 건강을 돌보는 것이다.

또한 정치단체는 정권수호를 통해 의도하는 뜻을 펼쳐 국가발전에 기여하는 것이며, 동아리는 탐구정신과 친선도모를 목표로 한다.

행복의 보금자리인 가정은 보다 좋은 환경 속에서 대를 이으려 하고, 종교적인 뜻을 같이하는 종교조직은 구원과 사랑의 세상으로 만들려 하며, 국민을 위한 행정품질의 서비스를 제공하는 행정조직은 봉사를 우선으로 한다.

국민의 생명과 재산을 보호하기 위한 군대조직은 나의 마음과 몸은 나라의 것이고 친목을 위한 친목조직은 애경사와 친선도모를 목적으로 하며 혈연으로 뭉친 종친회 조직은 조상의 정신과 뿌리를 이어받아 단결과 긍지 조성 및 자자손손 번영을 목적으로 한다.

특히 목표가 건전하고 분명하여도 사회적으로 비난을 받게 되면 지탄과 함께 준엄한 법의 심판을 받게 되는 것은 당연하다. 조직의 외향적인 목표와는 달리 내면적으로는 불법을 서슴지 않는 가짜조직, 불법조직이 기승을 부려 점점 사회적인 문제를 낳고 있어 직·간접적으로 관계를 대략 살펴보는 것은 나의 방어를 위한 것이다.

어디까지나 조직은 자기들만의 이기적인 목표 이전에 건전하고 가치지향적이며 생산적인 목표를 가져야 하며 동시에 운영방법이 민주적이고 합리적이어야 한다.

그렇지 못하면 자기들 나름대로 아무리 목적이 좋다고 하여도 문제가 발생하여 사회적인 비난과 함께 침체, 퇴출되기 마련이다.

2) 조직목표의 효과적인 달성법을 모색하자.

공상가와 실천가, 비전가는 아주 다르다.

이를 구분하는 기준은 목표는 같으나 이를 실행하기 위한 구체적인 방법론에서 차이가 난다.

공상가는 목표가 있으나 실현방법이 없는 관계로 희망사항, 꿈에 지나지 않는 몽상가인 반면에 실천가는 이를 구체적으로 실천하려는 방법론이 있고 비전가는 작은 것보다는 큰 꿈을 실현하기 위해 방법론을 실현하고 있다.

다시 말해서 공상가는 실천이 없고 불가능한 생각만 하고 있으며, 실천가는 실현 가능한 목표를 설정해 실천하려고 노력하니 시작은 같다고 하여도 과정과 결과는 판이하게 다르니 결국 시작의 마음가짐도 다를 수밖에 없다는 결론을 얻을 수 있다.

즉 대학생이라면 누구나 유학을 꿈꿀 것이며, 여성이라면 누구나 미스코리아의 꿈을 꾸게 될 것이고, 남자는 누구나 권력욕에 사로잡혀 원대한 포부를 갖게 된다.

그러나 몽상가는 자신의 주제도 모르면서 꿈만 가지고 있고, 실천가는 목표를 달성하기 위해 노력하여 결국 목표를 쟁취하며 만약 실패했다고 해도 그만큼 성숙되어 다음 목표를 이루게 된다.

목표는 나가는 방향이므로 꼭 필요하며 항시 일관성이 있어야 한다. 그러나 부득이한 경우는 우회하거나 쉬었다 가고 때로는 뒤로 돌아가는 방법을 선택하는 것이 좋다.

또한 어차피 뚫어야 할 난관이라면 정면도전을 통해 승부를 거는 것도 필요한데 이때 자신감과 합리적인 방법론이 필요하다.

이런 점에서 목표의 효율적인 관리기법은 완전성취나 최상성취보다는 최적화하려 한다는 점에서 생산성 향상이나 비용절감도 중요시된다.

효과적인 목표를 설정하려면 우선 총사령관격인 최고경영자가 목표로 하는 의도를 빨리 이해하고 구체적이고 정밀한 방법 및 시간요소의 모색이 중요한 가운데 수평·수직적인 일관성을 확인하고 조직관리의 수락과 위임, 효과적인 보상시스템이 구축되어야 한다.

조직의 현명한 목표관리(MBO : Management by Objectives)는 각 구성원이 경영관리자와의 민주적인 협의를 통해서 팀 전체와 개개인의 목표를 결정하고 이를 원활하게 수행하도록 다각적이고 적극적으로 지원과 자기통제에 의해 목표를 수행하며 이 달성도에 따라 합리적으로 평가되는 제도이다.

이는 자기통제에 의한 관리방법이므로 상하간의 협의하에 목표를 설정하고 과업달성에 필요한 재량권을 충분히 부여함으로써 자기통제를 통해 업무달성도의 자기판정이 가능한 제도인 것이다.

목표관리의 과정은 목표관리 프로그램의 시작 → 조직목표의 수립 → 협의목표 설정 → 기간별 검토 → 평가이므로 가장 효율성을 높이기 위한 노력이 절실하다.


3) 팀목표 관리의 성패 사례들
▶사 례 1.

자동차 부품업체인 J회사는 1996년 1월 품질 100PPM 인증을 획득하였다.

더 높은 도전을 위해서 매주 금요일 새벽 6시 고객들까지 참여하는 새벽시장을 통해 반품된 불량제품을 모두 전시하며 자기비판을 하는 품질관리개선을 위한 조직목표혁신을 달성하려고 노력하고 있다.

매년 매출액 대비 5% 이상을 연구개발비로 투자하고 제품재질을 4번이나 바꿔 고급화시키는 등 기술개발에 사운을 건 결과 스위스의 다국적기업에도 제품공급을 하는 성과를 얻어냈다.

기업의 살길은 인간중심의 회사경영이라 여기고 매주 화요일 사장과 1시간씩 대화하며, 금요일에는 직원들에게 회사 경영실태를 알려줘 궁금증과 의혹을 없애고 의견도 수렴한다.

수요일은 가정의 날로 정해 사장과 임원진들이 직원들의 가정을 방문하는 등 팀워크를 통해 인간적인 관계를 가지다보니 편안한 상태에서 근무를 할 수 있어 팀목표를 달성할 수 있었다.

### ▶사 례 2.

M생명은 임원중심의 경영체제에서 과감히 벗어나 팀장중심의 집행과 경영체제로 전환함으로써 결재시간과 의사결정수 및 인력을 줄여 2중 효과를 거두고 있다.

그만큼 팀장의 권한을 상승시켜 권한위임과 책임을 주는 동시에 선의적인 경쟁체제를 만들어 팀원을 위한 팀목표 관리시스템을 효과적으로 이루어 보자는 의도이다.

이렇다 보니 능력의 격차를 보임으로써 적자생존의 원리가 더욱 강화되고 있으며 완전 소사장제로 경영체제를 전환하기 위한 절차를 거치고 있다고 보는 것이 바람직하다.

## ▶ 사 례 3.

유통업체인 H사는 노사간의 협력 아래 기본월급에 성과에 따라 분배하는 성과급제를 도입함으로써 팀목표 달성에 주력하여 효과를 거두고 있다.

몇 년 전만 하여도 주변에 유통업체가 없어 시장을 독점하였으나 갑자기 경쟁사가 2개나 생기자 점점 매출액이 떨어져 경영자나 직원들도 의욕이 저하되어 결국은 소사장 팀제로 경영체제를 전환하였다.

팀 스스로 목표를 세우고 달성함으로써 그 대가로 인센티브를 가져가거나 가져가지 못하는 등 A, B, C급으로 이루어지는 원칙을 세우고 그것을 준수함으로써 서로간에 갈등도 없어졌다. 이 제도는 만약에 일정기간 매출이 급상승하면 인센티브는 물론 외국 유통업체로의 연수기회가 주어지지만 만약에 매출이 저조하면 팀 자체를 퇴출시켜 새로운 팀을 영입하는 무서운 약속이다.

이 체제에서 C팀은 팀원들이 서로 긴밀히 협력하여 매출액을 2배 이상 올려 인센티브지급은 물론 제주도 여행을 다녀왔으나 F팀은 4개월 이상 매출이 계속하여 급락한 상태에서 팀원들 사이의 갈등과 고객의 불만까지 겹쳐 퇴출당하고 말았다.

# 경제적 – 비즈니스 경영

## 1. 고품격 언어는 나의 인격이다.

### 1) 언어는 메시지 전달이며 힘이다.

인간의 언어는 자기표현을 위한 의사전달에 목적이 있다.

따라서 보다 진실되고 친절하며 따뜻한 동시에 흥이 있는 간결한 언어구사야 말로 말을 하는 사람이나 듣는 사람 모두에게 기쁨을 주는 윤활유 역할을 한다.

이처럼 "말은 인격을 나타낸다."라는 격언은 마음씨는 눈에 보이지도 않고 손으로 만질 수도 없으므로 말씨를 통하여 그 사람의 마음씨와 품성 및 의도를 알 수 있다는 뜻이기에 약속은 결국 상호간 신뢰감의 기준이 된다.

"군자는 아홉 번 생각하고 한 번 말한다(간초).", "군자는 행실로써 말하고 소인은 혀로써 말한다(공자).", "말을 가벼이 하면 근심을 불러온다(양웅).", "말은 민첩하게 하고 신중해야 한다."는 말은 말의 중요성을 나타낸다.

반면에 말에는 상대방을 아프게 만드는 가시가 있고 거짓된 공 갈이 있으며 공포감을 조성하는 협박이 있는 등 매우 다양하다.

특히 대화는 상대적이므로 공통분모를 찾아 함께 재미있게 풀어가는 이야기여야 한다는 점에서 나의 생각이나 느낌을 간단하고 정확하며 친절하면서도 충분히 전달되도록 하는 동시에 자기만의 독창적인 습관을 만들면 더욱 효과적이다.

그러나 대화를 너무 독점하게 되면 상대방이 무시를 당하는 느낌을 받아 흥미를 잃는다. "말이 많은 집 장맛도 쓰다.", "말이 많으면 쓸 말이 적다."고 하였듯이 적절한 것이 좋다.

더구나 우리의 말에는 수없는 음색이 있고 '어' 와 '아' 가 다르며 같은 '어' 라고 하여도 상황에 따른 높낮이 등에 따라 긍정과 부정 등 다양하게 나타나고 있어 이에 주의해야 한다.

무엇보다도 바른말, 고운 말, 쉬운 말, 긍정적인 말, 희망을 주는 말, 신뢰를 주는 말, 흥미로운 말을 하기 위한 습관화를 위해서는 화법(話法 : 기본법칙, 국문학)＋화술(話術 : 테크닉, 커뮤니케이션학)의 화력(話力 : 파워, 에너지)이 필요하다.

반면에 톡 쏘아붙이는 사납고 거친 속어·비어·욕설과 같은 천한 말은 삼가고 지나치게 과시적인 외국어를 쓰면 오히려 품위가 떨어지고 의미전달이 되지 않는다.

말을 조리 있게 함축성 있는 동시에 흥미롭고 신뢰성이 담긴 말을 잘하는 것과 두서 없이 허풍이 담긴 말을 많이 하는 것은 분명 다르다.

말을 잘하는 사람들의 공통된 습관은 새로운 시각에서 살펴 넓은 시야로 열의를 다해 상호친밀감을 주면서 상대방을 이해하고 유행어를 저속하지 않을 정도로 섞어 사용하면서 유머감각을 통한 자기만의 고유스타일로 진한 감동을 준다는 점이다.

### 2) 해서 좋은 말과 해서는 안 될 말

우리 속담에 "가는 말이 고와야 오는 말도 곱다.", "말 한마디로 천냥 빚을 갚는다."라는 말이 있다.

그만큼 말에 의한 힘은 서로를 기분 좋게 만드나 무심코 내뱉은 인격을 무시한 한마디는 평생 동안 상대방에게 상처를 주어 앙금으로 남게 되는 경우도 있어 말을 할 때는 신중해야 한다.

칭찬화법에는 감탄(역시! 안목이 있으십니다), 대담(멋쟁이십니다), 단순(아주 세련되어 보입니다), 비유(마치 선녀 같군요), 반문(아! 그러십니까?), 소유물(아이가 엄마를 닮아서 똑똑해 보입니다) 등이 있다. 맞장구화법으로는 경악(그것이 사실입니까?), 요점(이것이 핵심입니다), 납득(예, 옳으신 말씀이군요), 되묻기(다시 한 번 설명해 주시지요), 수긍(암, 그렇지요), 기회(어떻게 생각하시는지요), 재촉(그 다음에는요) 등 다양하다.

특히 이성과의 대화는 "당신처럼 아름답고 인격이 고매한 분을 이런 데서 뵙게 될 줄은 꿈에도 몰랐습니다."라고 하면 기분이 좋아지고, 대화를 풀어가기 전에 친밀감을 주기 위해서는 "어디선가 뵌 적이 있던가요?", "만나 뵙게 되어 영광입니다."라는 약간 아첨 섞인 대화방식이 상대방을 기분 좋게 하지만 너무 지나치면 오히려 역효과를 초래하게 된다는 점에 주의해야 한다.

항시 미소를 지으며 "어서 오십시오.", "고맙습니다."라는 말을 자주 하는 습관이 필요하다. 하지만 무엇인가를 내세울만한 사람일수록 항시 화난 표정으로 무뚝뚝하고 상대방을 무시하는 대화가 자신의 품위를 향상시키는 것으로 착각을 하고 있는 경우가 많다.

잘못된 일에는 보다 정중하게 진심 어린 표정으로 "정말 죄송합니다."라고 하여 문제를 신속, 정확, 친절하게 해결해주면 속상했던 일도 풀리게 되며 솔직함에 감동되어 더욱 신뢰감과 친밀감을 주게 된다.

반면에 화가 나면 절제하지 못하고 "자네가 뭐 알아.", "여태 그런 것도 모르나.", "그렇게 하려면 당장 그만둬.", "저게 어디서 굴러온 놈이야." "무식한 놈.", "자네 미쳤어." 등의 말은 말하는 사람은 스트레스가 풀릴지 몰라도 듣는 사람은 큰 상처를 입는다.

"어떻게 그런 생각을 했나? 못 쓰겠는데."가 아니라 "참 좋은 생각이군요. 그러나 내 생각이 더 좋지 않은가요?"라고 존경어, 존대어, 정중어, 조화어는 상대방을 추켜세워 기분 좋게 한 후에 나의 의견을 말하는 것이 효과적이다.

과거에는 유머는 실없고 경박하며 천박한 것으로 여겨 무관심했으나 요즈음은 진실이 담긴 감칠맛 나는 유머는 호감과 웃음의 선물을 주므로 권장할 만하다.

한편 설득은 이해와 협력을 통한 사실의 확인을 통해서 상대방의 사고와 태도 등 협력을 촉구, 변화시키기 위한 노력이므로 상황을 판단하여 가장 효과적인 방법을 사전에 준비하는 치밀함도 필요하다.

미국의 심리학자 메라비안은 상대를 설득하는데 언어적 요소 (7%), 소리의 음악적 요소(30%), 태도와 표정 등 시각적 요소 (55%)로 얼굴표정과 목소리가 중요한 역할을 한다고 했으므로 나쁘면 다듬는 것이 좋다.

이때 상대편의 입장에서 생각하여 일방적이지 않고 부담을 주지 않으며, 손익을 제시하며 성급하면 오히려 거부반응을 보이므로 인내로 대해야 한다.

중국의 여신오(呂新吾)는 "상대가 싫어하는 단점과 일을 지적하지 말며 퉁명스럽고 장황한 잔소리를 삼가며 같은 내용을 반복하지 말라."고 하였다.

반대되는 의견을 말할 때에는 나의 의견과 같은 점을 찾아내 공감대를 형성한 후에 다른 점은 상대방의 인격존중과 칭찬을 하면서 내 의견의 타당함을 사례를 들어 자세하고 진지하게 인내를 갖고 설득하는 것이 효과적이다.

우리는 음담패설을 섞어가며 말해야만 재미있고 친근한 것으로 알고 있으며 마음에 안 들면 육두문자를 섞어 말하는데 이는 삭막한 인간관계로 이어져 삭막한 삶을 이루게 된다.

말하는 사람의 눈을 보고 집중하여 진지하게 듣는 과정에서 맞장구를 치는 것이 좋으나 지나치게 반박하거나 딴전을 부리면 말하는 사람의 기분이 나빠져 대화가 단절되므로 주의해야 한다.

3) 말 한마디가 낳은 결과들

▶사 례 1.

일산에서 살고 있는 30대 주부 H씨는 항시 딸이 다니는 유치원에 가면 감사함을 느낀다고 한다.

왜냐하면 유치원 선생님들의 매너와 말씨는 항시 "감사합니다, 고맙습니다, 사랑해요." 등등 긍정적이고 행동에 감탄하고 아이들에게 예절교육을 잘 가르치기 때문이다.

흔히 요즈음 남보다 잘 가르치기 위해 산수나 영어 및 한자공부에 매달리지만 이 유치원은 원장님의 교육방침인 예의범절 아래 아이들을 지도한다고 한다. 이러한 교육방침은 유치원 개원 이후에도 지속되고 있다고 한다.

효도를 가장 우선시하며, 공중질서를 지켜 남에게 피해를 주지 않는 예의범절을 두 번째로 우선시하고, 그 다음은 아이들의 개성을 찾아 살려주는 것이며, 맨 나중이 공부이다.

이렇게 순차적인 인성에 의한 창의력의 학습방법을 하다보니 아이들은 신이 나고 예절도 잘 지켜 처음에는 뒤지다가도 일정 기간이 지나면 학습효과도 다른 유치원생들보다 훨씬 높다고 한다. 그리고 이런 소문이 나자 이곳으로 옮기려고 기다리는 부모와 어린이들이 줄을 서 있다고 한다.


▶사 례 2.

몇 년 전에 내가 아는 친구가 실제로 겪었던 일을 소개 한다.

친구가 은행에 볼일이 있어서 찾아가서 원칙대로 표를 받아 수

많은 사람 속에 섞여 순서를 기다렸으나 바로 앞번호에서 순서가 지연되어 오랫동안 기다리다가 보니 소위 VIP라고 하는 사람들이 표도 없이 계속하여 새치기를 하고 있었다고 한다.

그래서 이를 자세히 확인하고는 "이렇게 하면 됩니까?"라고 한 마디했다고 한다. 그러나 "정식대로 처리하고 있습니다."라며 오히려 옆에 있던 남자 행원이 다가와 험상궂은 얼굴로 "야, 이 ○○야 조용히 해."라고 했다고 한다. 이에 친구가 몹시 불쾌해서 창구 안으로 들어가 이를 이야기하고 지점장을 만나겠다고 하였단다. 한참 만에야 나타난 지점장이 친구에게 소란 피우지 말라고 하는 소리를 들은 주변의 고객들이 거세게 항의하고, 함께 합세하여 저축했던 돈들을 찾으니 그 돈이 자그마치 2억 원 정도에 달하였다고 한다.


## 2. 협의력과 처세술의 귀재가 되라.

### 1) 탁월한 협의력은 준비에서 나온다.

사람은 각기 의견이 있다보니 상호간에 의견이 다를 수밖에 없는 것은 어쩌면 당연한 일이다. 이로 인해 어떤 때는 첨예한 이해관계로 대립하는 경우도 있지만 대부분은 자신의 자존심 때문에 한치 양보가 없는 경우가 많다.

친구들 사이에는 과거 어릴 때의 경쟁심이 어른이 되어서도 남아 있어 보이지 않는 자존심경쟁이 극심하고 직장과 같은 다양한 조직생활에서도 지역간, 부서간 다양한 세력싸움으로 인해 별것 아닌 것을 가지고 양보를 못 하겠다며 배수진을 치고 자기는 양보를 안 하면서도 상대방의 양보만을 받아 내려고 온갖 갈등을 일으키는 경우가 많다.

이처럼 상호간의 의견차이는 결국 풀래야 풀 수 없는 꼬인 실타래와 같은 것이어서 더욱 꼬이게 되어 나중에는 세력싸움으로까지 변질되는 경우가 일반적이다. 때문에 억울하게 당한 편은 말할 수 없는 고통을 겪었고 억울한 행동을 서슴지 않은 편은 국제적인 비난을 받고 따돌림을 받아 이를 회복하려면 많은 시간과 사죄 및 경제적인 배상으로도 부족하다.

상대방의 의견을 무시한 채 나의 주장만 옳다고 강조하면 할수록 갈등만 심화되므로 상대방이 왜 그렇게 생각하고 있는지에 대한 원인분석을 하고 나의 의견과 비교하여 양보할 것과 얻어낼 것을 분류하는 것이 바람직하다.

먼저 작은 것을 양보하면서 결정적인 시기에 큰 것을 얻어내는 방법보다는 서로가 절반씩 양보하고 절반씩 목적을 달성하기 위한 바람직한 협력의 원칙적인 개념에서 생각하고 의견을 교환하면서 이와 유사한 사례를 들어가며 풀다보면 의외로 쉽게 풀릴 수 있다.

협의란 생각하는 바와 같이 아주 맞갖음이란 뜻으로 그 원천은 얄팍하게 머리를 써 자기주장을 관철시키려는 억지춘향이는 순간적인 승리감을 얻을 수 있지만 오히려 인격적인 손상으로 인해 언젠가는 모든 것을 잃어버리게 된다.

한쪽만 일방적으로 승리하고 실패하는 승리(win)-실패(mistake) 전략은 좋지 않으며 승자 없이 모두 패하는 실패(mistake)-실패(mistake)전략은 서로가 허탈하고 감정의 골만 깊어간다는 점에서 추방되어야 하므로 서로가 모두 승리하는 승리전략이 가장 좋다.

일방적으로 승리하는 협의는 승자에게는 순간적으로 좋을지 몰라도 역공격의 대상이 되므로 win-win전략을 위해 상대방의 의견을 존중하면서 서로가 만족할 수는 없더라도 차선책으로 어느 정도 만족을 얻을 수 있는 노력이 절실하다.


2) 건전한 처세술은 권장할 만하다.

"사회가 험할수록 처세에 능해야 생존, 승리할 수 있다."고 한다. 여기에서의 처세란 이 세상에서 살아감을 의미하며, 처세하는 방법과 수단을 처세술로 오직 자기 이익을 위해 야비하고 불법적이며 인위적인 위장술을 다하는 풍토에서는 경쟁자들간에 점점 더 경쟁력을 강화하기 위해 권모술수를 쓰기 마련이다.

특히 지식인이라고 자부하는 집단일수록 "온갖 비열한 처세술이 난무하여 탈을 쓴 행동을 함으로써 이 사회의 좀벌레이다.

처세술에 능하지 않고서는 무능력자로 몰리게 된다."라고 의식이 있는 소장파들간에 걱정 어린 말을 한다.

교수자리를 놓고서 벌어지는 보증문제와 파벌싸움은 최고의 지성인 집단인지가 의심스럽고 제약사들간에 병원납품을 위해 벌이는 금품수수와 고가장비의 선물, 진급을 위해 들어가는 뇌물은 여전하다고 한다.

병역혜택에 대한 사건들은 일부 국가관이 결여된 일부 고급공무원들과 재벌 및 졸부들의 처세술로 인해 "군면제는 신의 아들, 공익요원은 장군의 아들, 현역병은 어둠의 자식들."이라는 이야기는 젊은 층에서 공공연한 유행어로 된 적이 있다.

부동산투기와 주가조작을 통해 얻은 부당한 이익을 불법으로 여기기보다는 자랑으로 여기는 풍토는 건전하게 열심히 일하면서 희망을 갖고 살아가려는 수많은 국민들을 슬프게 만든다.

처세술의 귀재들은 정치권의 인사들로 인맥동원과 충성약속과 막대한 자금의 헌납, 자금을 기부해도 공천을 받을까 말까 할 정도니 공천장사라는 이야기를 들을 수 있고 국회의원 선거에서 30억은 낙선, 50억은 당선이라는 이야기가 공공연히 나돌고 있으니 지방자치단체장과 의원들까지도 가세하고 있다.

뿐만 아니라 정부기관의 요직을 맡기 위해 벌어지는 온갖 비열한 아부와 충성을 해야 한다는 이야기는 전적으로 믿을 수는 없지만 아니 땐 굴뚝에 연기가 난 것은 결코 아니다.

이처럼 처세술은 뜻을 같이하는 경쟁자들 사이에서 벌어지는 일이다보니 일부 지식층과 권력층, 재벌들은 큰 처세술을 부리며, 샐러리맨들은 진급과 인정 받기 위해 처세를 하게 되고 서민들은 한끼 식량을 해결하기 위해 온갖 처세를 부리게 된다.

어떤 사람은 이 같은 "처세술은 만들어지기도 하지만 선천적으로 타고나는 것이다."라고도 하는데, 결국 벼랑 끝에 몰리면 생존과 이익을 취득하기 위해 잔꾀를 부리게 된다.

나의 이익이 남에게는 피눈물이 되므로 언젠가는 자신 아니면 자식들에게 돌아와 그 종말이 비참하게 되는 것이 자연의 섭리요 법칙이지만 적당한 처세술은 인간이 존재하는 한 어쩔 수 없이 존재하기 마련인데 그 정도가 문제가 된다.

도덕적 윤리나 어떤 규범 안에서의 처세술은 인정할 수가 있으나 온갖 불법적인 방법을 동원해 막대한 경제적 이익을 챙기려는 처세술은 결국 개인, 가문, 조직, 사회, 국가와 민족을 멸망의 늪으로 빠져들게 하는 마약과 같은 것이다.

### 3) 타고난 처세술의 천재들

#### ▶ 사 례 1.

누가 보아도 잘생긴 외모와 신사다운 매너는 Y씨를 외국유학이나 다녀온 듯한 재벌 2세쯤으로 보이기에 충분했다.

중학교 중퇴지만 신문과 전문잡지의 주요 제목을 훑어보고 전문용어를 적절히 사용함으로써 자신의 무지를 커버하는 등 잔꾀를 부리는 데에는 타의 추종을 불허해 처세술의 천재로 불린다.

어엿한 사업장 하나 없으면서도 수많은 인맥을 동원한 탁월한 계산된 처세술로 항시 처음 만남에서는 접대와 골프 등으로 건전한 사업을 하는 돈 많은 유지행세를 하며 사업상의 해외출장을 다니는 척하다보니 수많은 사람들이 주위에 몰릴 수밖에 없었다. 하지만 결정적인 시기가 되면 본색을 드러내며 유명인의 이름을 내걸고 공동투자를 유도해 많은 자금을 빼돌리고 연락을 두절해버렸다.

▶**사 례 2.**

20대 중반의 K양은 중소기업의 생산부 직원으로 외모는 평범하지만 분위기를 조성하는데에는 뛰어난 능력을 가지고 있다.

자신이 맡고 있는 조의 팀장으로서 팀원 개인의 심리파악을 통해 가려운 곳을 긁어주고 부서장의 마음을 미리 헤아려 반성과 건의를 동시에 하는 등 신바람 나게 일하게 만드는 회사 분위기를 조성하여 생산성이 향상되어 이제는 회사에서 없어서는 안 될 존재가 되었다.

뿐만 아니라 애로사항도 상담해주어 어떤 고난에도 희망을 갖고 행복한 미래를 설계하자며 설득하는 그녀의 헌신 때문에 출근율, 이직률이 적을 뿐만 아니라 여러 번 표창상신이 되었지만 팀원들에게 양보하고 공이 크면 팀원과 부서장에게 돌리고 문제가 생기면 자기 탓으로 돌리는 마음씀씀이를 보였다. 또한 토요일이 되면 팀원들의 자취집을 찾아가서 청소를 해주고 김치를 담아주며, 일요일이면 양로원과 고아원에 가서 자원봉사를 하였다.

한마디로 왕언니, 왕누님, 왕동생으로 동생과 오빠가 너무 많아 서로가 중매를 서려고 하지만 겸손해 할 뿐 답변은 하지 않았다.

사람들이 나중에 안 사실이지만 고아원에서 어렵게 자란 탓에 인간의 정이 그리웠다는 것이다.

이처럼 항시 회사일과 남을 위해 봉사하는 일이 몇 년 동안 지속되자 이 같은 사실을 알고 있던 사장님 이하 임원진들이 그녀의 건전한 처세술에 감탄하여 격려와 권장차원에서 생산관리 과장으로 승진시키는 파격적인 인사를 단행하였다.

## 3. 항시 인맥 만들기의 천재가 되라.

### 1) 거미줄처럼 연결된 인맥 중시사회

아직까지 우리는 인맥으로 얽힌 사회구조 속에 살고 있다.

거미줄처럼 형성된 우리 사회가 말하는 인맥이란 인간적인 핏줄을 의미해 피로 연계된 관계로 각 분야에서 음성적으로 세력을 형성해 지배구조를 이루는 혈맥과 학맥 및 지맥이 그 대표적이다.

신라시대에는 6촌(이, 최, 손, 정, 배, 설씨)이 중심이 되었고 고려시대에는 왕씨가, 조선시대에는 이씨가 국가를 지배하는 가운데 지방호족의 결탁에 의한 딸들과의 결혼으로 지혈맥, 다양한 문무세력들, 외척간의 권력투쟁은 계속되었다.

초대 이승만 정권시절에는 친일파와 이북5도 및 남한출신 인사들이 경쟁을 하면서 국가 전체를 장악하였고 이후 박정희 정권시절에는 5·16군사 쿠데타세력이 국가권력을 독점하였다.

이래 12·12의 주역 전두환은 육사출신 중 하나회출신의 지원 아래 정권을 잡았고 그 후계자 노태우 정권에 이르기까지 TK(대구-경북)세력 중에서도 경북고출신들이 득세하였다.

문민정부 김영삼 정권시절에는 BK(부산-경남)세력 중에서도 경남고 출신들이 득세하였고, 국민의 정부 현 정권에서는 호남인맥 중에서도 광주일고·광주고·전주고·목포고 출신들이 고루 인맥을 형성하면서 보이지 않게 적당히 견제하면서도 그 내면에서 권력투쟁을 하였다.

뿐만 아니라 정치권, 법조계, 고급행정관료계, 학계, 의료계, 언론계 등에서 스카이(SKY : 서울대, 고려대, 연세대)가 아니면 발붙이기 어렵다는 말이 나온 상황하에서 KSK(경기고, 서울고, 경복고)가 세력싸움을 벌이고 있으니 소위 KS(경기고, 경복고, 서울고 → 서울대) 마크라는 애칭까지 나왔던 것이다.

결코 집단적 행동은 나쁜 것이 아니라 창의적이고 선의적인 경쟁관계를 이루어 조직과 국가발전을 위해서는 어떤 면에서는 권장할 만하나 그들만의 엘리트의식에 사로잡혀 동문끼리 나누어 먹어 경쟁력과 창의성 및 효율성을 무시한 채 관료적인 관념체제에서 진급만 하는 악습이 문제였기에 비난을 받게 되었다.

이 같은 집단이기주의적인 현상은 곧 지역별 인맥형성으로 이어져 인천의 제물포고, 강원의 춘천고, 충남 대전의 대전고, 충북의 청주고, 전북의 전주고, 광주 전남의 광주일고, 제주의 제주고, 부산 경남의 경남고, 대구 경북의 경북고 등이 그 대표적인 학교이다.

이런 점에서 학교의 서열화로 인해 수많은 학교와 학생 및 가족들은 고통을 겪어야 했던 우리의 사회풍토는 맹목적으로 추종하고 신봉하며 멸시하는 풍토가 조장되었던 것이나 프리미엄의 혜택을 누리기 위해 기를 쓰고 이에 속하려 한다.

이처럼 우리 사회는 거의 인맥에 의해 얽힌 인맥사회이다보니 인맥이 없는 경우에는 어떤 일이 되지 않을 정도로 거미줄처럼 연결되어 각종 이해관계는 물론 방해를 놓는 경우가 일반적이다.

때문에 아무리 긍정적인 시각으로 보려고 해도 지금까지의 작태를 보면 집단봉사라기보다는 집단과시와 이해관계를 위한 정보

교환 및 친목회에 불과해 부정이 부정을 낳는 원인제공자이므로 건전한 발전을 가로막는 추방되어야 할 당면과제이다.


## 2) 10연의 인맥 만드는 기법

자연적이든 인위적이든 간에 인연은 하늘이 내려준 관계임에 틀림없다.

옛말에 "옷깃만 스쳐도 인연이다."라는 말이 있고 "악연도 인연이다."라고 하여 수많은 인연이 있다.

첫 번째, 혈연은 피는 물보다 진하여 친인척과 종친을 의미하는데 과거 유명했던 누구의 몇 대 손으로 이어지니 함자의 돌림서열에 의해 무조건 예우해야 할 수밖에 없다.

이때 친족은 아버지를 중심으로 이루어진 탄생과 관계된 운명적인 만남으로 촌수가 가까운 4촌 이내를 말하나 대개 8촌 나아가 10촌 그 이상의 성씨가 같은 사람들까지도 연결하려 한다.

반면에 어머니와 연계된 외척은 성이 다른 가까운 척분으로 고종, 외종, 이종을 포함하나 이 역시 어머니의 6촌까지 고려하는 것이 일반적이다.

두 번째, 학연은 교문을 함께 드나들었다는 것만으로도 크나큰 인연이어서 동기동창, 선배, 후배 등의 관계는 무조건 친근감을 주므로 교정, 스승 등의 이야기는 바로 선후배로 이어진다.

세 번째, 지연은 인생을 살아가는 공간이 같기에 지역연고, 출생지, 부모, 전·현재를 중시하여 이에 대한 이야기는 언어와 풍습 등으로 인해 금방 동질감을 느끼게 하여 고향 선후배가 형성된다.

네 번째, 직연은 함께 일을 하게 됨으로써 시간과 공간적인 활동은 결국 직장동료, 상사, 부하, 협력업체 등으로 이어져 너무 잘 알고 있으므로 조심스럽다.

다섯 번째, 종연은 믿음을 같이하는 기독교 · 천주교 · 불교 · 유교 · 이슬람교 중에서도 같은 파, 같은 교회, 같은 성당은 더욱 믿음을 주나 내부갈등도 있어 꼭 그렇지만은 않다.

여섯 번째, 군연은 젊은 시절 국방의 의무를 위해 생사고락을 함께 했던 추억은 군번에 의해 군대동기, 고참, 후배로 이어져 군 생활 당시나 제대 후 몇 년간은 군기가 살아 있지만 점차 시간이 흐를수록 기억 속에서 잊혀져 간다.

일곱 번째, 이연은 이념적 동질성으로 만난 정당과 시민단체 활동 등은 바로 친밀감을 주나 특히 정당활동은 비즈니스적인 면이 많다.

여덟 번째, 우연은 스쳐도 인연이기에 아주 우연한 기회에 소개를 받거나 서로 알게 되어 기억해 놓았다가 나중에 또 만나면 매우 반갑다.

아홉 번째, 유연은 노는 것이 같으므로 유희와 술친구들의 유연은 유연으로 끝나는 것이 좋다.

열 번째, 취연은 취미는 성격이기에 여러 가지 취미활동을 통해 만났으므로 취미와 관련된 내용을 주로 하면서 점차 가까워지는 것이 좋다.

열 한 번째, 봉연은 헌신하는 행동이 같은 봉사활동에서의 만남은 아주 신선하고 보람을 찾을 수 있다.

　상호간에 인간적이고 사람 됨됨이와 경제적인 확신을 얻어 신뢰가 형성되었을 때 이루어져야 하는 것은 당연하나 인맥의 귀재들은 이용가치가 있으면 온갖 수법을 동원해 접근해 친분관계를 맺어 이를 활용하려고 한다는 점에서 주의하기 바란다.


## 3) 인맥 만들기의 타고난 천재들

### ▶사 례 1.

　인맥 만들기의 천재인 N씨는 나와는 고등학교 친구로 180cm의 키에 잘생긴 얼굴에다가 유머감각도 뛰어나다.

　고교시절에는 학생회 부회장을 하는 등 리더십도 있고 공부도 곧잘 했으나 주변의 여학생들로부터 인기가 치솟자 갑자기 그쪽으로 눈을 돌려 오직 여자친구 사귀는 일에만 신경을 썼던 관계로 연예박사라는 별명을 얻게 되었다.

　그래서 나는 그에게 보험회사 대리점이나 결혼상담소와 같은 사업을 하면 누이 좋고 매부 좋을 것이라 권유하면서 구체적인 방법을 가르쳐 주었다. 그 친구도 처음에는 부정적인 시각으로 보다가 몇 년 안 가서 정말로 보험회사 대리점을 차렸다.

　각종 모임에 나가 술을 사는 투자는 친구들이 그를 도와주는 일로 열매를 맺었고　그의 두 형과 누나 친구들까지 나서서 갖가지 보험을 들어주었다.

　이렇게 해서 6개월 만에 생각하지도 못할 정도로 사업이 활성화되어 사기가 충천하였고 10년 연속해서 전국에서 10위권 안에 드는 대리점으로 급부상하는 성과를 올려 해외연수까지 다녀오게 되었다.

▶**사 례 2.**

C씨는 인맥으로 갑자기 혜성같이 나타나 성공했지만 그것으로 인해 개인의 인생을 망쳤을 뿐만 아니라 국가 전체를 뒤흔들어 놓았다.

미국에서 유학생활을 하면서 야심을 품고 학내 한국 유학생 대표로 활동하던차에 세계적인 가수의 옆자리에 우연히 앉으면서 친밀성을 다진 뒤 그의 소개로 세계적인 명사들과 차례로 만나게 되어 인맥의 기반을 탄탄히 하는 치밀함은 혀를 찰 정도였다.

특별한 조직에서 일을 하면서 측근 중의 측근으로 자리를 잡아 상당한 영향력을 발휘함으로써 당당히 황태자로 급부상하여 국가의 경제활성화를 해결하고자 세계적인 정치가, 재벌, 경제전문가들을 끌어들여 나름대로의 역할을 하였으나 여러 가지 이유로 인해 권력권에서 밀려났다.

보이지 않는 압력을 통해 다양한 분야에 직·간접적으로 관여하면서 막대한 자금을 챙기는 등 천하를 주름잡았으나 개인비서와의 사소한 일로 갈등이 생김으로써 나타난 각종 비리는 결국 언론에 공개되면서 나라를 온통 떠들썩하게 만들어 정부에 치명적인 상처를 안겼다.

▶**사 례 3.**

거대한 로비스트들의 행동은 수단과 방법을 가리지 않고 목표를 달성하고자 하는데 남성들에게 접근하기가 손쉬운 여성들은 고학력과 빼어난 미모 및 탁월한 매너에다가 말솜씨 등을 내세워 친밀하게 접근하는 것이 일반적인 통례이다. 처음에는 부담 없는 자금을 건네주며 심지어는 깊은 관계를 맺는 것을 바탕으로 하여 목표를 달성하지만 결국 종말은 자신뿐만 아니라 이에 관련된 수많은 사람들은 불행의 늪에 빠지게 될 수밖에 없다.


## 4. 고가치 자격증 하나만 취득하라.

1) 자격증 하나에 울고 웃는 시대인가?

자격증시대라고 여기저기에서 떠들어댄다.

따라서 누구나 자격증을 갖고 싶어한다.

때문에 내용의 가치보다는 일단 취득해 놓으면 상대적으로 편하게 돈을 벌 수 있다는 안일한 생각과 학원들의 현혹에 빠져 언제나 학원들이 북새통이다.

가끔 TV에 30여 개의 자격증을 딴 사람이 출현해 자랑하는 장면을 보노라면 대단한 의욕을 높이 평가하면서도 한편으로는 무엇 하러 아무 의미 없이 시간과 경비를 허비했는지 의문을 갖게 된다.

고부가가치를 위한 것으로 희소가치가 높은 것은 1, 2개만 필요하지 흔히 널려 있어 가치가 없는 것을 따봤자 남는 것은 순간적인 희열과 만족감이지만 시간이 갈수록 허탈함만 쌓이게 된다.

한때는 상업고등학교만 나오면 부기자격증에 매달렸고 심지어는 펜글씨 1급 자격증도 열풍을 일으켰으니 불필요한 것에 시간과 정력만 낭비하고 말았다.

판매사자격증을 따기만 하면 취업은 보장되고 남보다 편하게 일을 하면서 직장생활을 하는 줄로만 알고 너도나도 막대한 경비를 들여 자격증을 획득했지만 남는 것은 허탈뿐이었다.

유통업체의 권장사항인 것을 마치 자격증이 있는 사람만 취업하고 우대를 한다며 회원모집에 나섰던 교육업체들의 과장광고에 속을 수밖에 없었던 것은 허황된 꿈을 꾸고 있는 수많은 사람들이 있었기에 가능했다.

공인중개사 자격증을 취득하면 당장 눈칫밥 먹는 직장생활보다 자유롭고 돈도 많이 벌 수 있을 것이라는 얄팍한 계산은 결국 자신의 꾀에 스스로 넘어가는 격이다.

이처럼 허위광고를 서슴지 않고 하는 것을 내버려 둔 관계기관의 행정조치 능력의 허술과 무책임성을 개탄하면서 개인적 무지의 소치일 수밖에 없다.

이 밖에 공고, 공대를 나오면 당연히 건축기능사, 건축기사를 따는 것은 기본인데도 마치 엄청난 것을 취득한 것으로 여기지만 막상 현장과는 거리가 있는 시험을 위한 자격증의 남발에 불과하다. 이런 점에서 국가 전체로 볼 때에 얼마나 국력을 낭비하고 있으며 낙방자는 낙방자대로, 자격증을 획득한 수많은 사람들까지 얼마나 허탈해하고 있는지를 알 수가 있다.

따라서 정부와 관련 전문가들은 자격증에 대한 정보를 정확히 알리고 고부가가치 자격증을 개발하여 현장에 활용함으로써 개인은 물론 국가발전에 기여하기 위한 근본적이고 총체적인 노력이 필요하다.

자격증은 양보다는 질이 중요한 것이다.

### 2) 고가치 자격증에는 어떤 것이 있나?

자격증의 목적은 전문가로서 품질을 인정받아 사회적·경제적 가치를 높이는 한편 사회에 봉사하는 명예도 얻는데 있다.

가치가 높았던 사법고시에 합격해도 연수원의 성적이 좋아야 판·검사, 검사발령과 로펌이나 기업에서 스카우트 제의를 받게 되어 안정적인 조직, 경제적 생활 속에 법률 최고전문가로서 활동할 수 있다.

하지만 그 밖에는 어쩔 수 없이 개업해야 하나 전관예우를 중시하는 우리 풍토에서는 신참변호사에게 찾아오는 경우가 거의 없는 관계로 힘들게 딴 변호사자격증이 허무할 수밖에 없는 실정이다. 더구나 앞으로는 연간 1000명 배출시대와 외국에의 법률개방화 물결로 더욱더 사정을 어렵게 만들고 있어 보편적인 법률서비스보다는 전문차별화에 의한 인지도를 높이기 위해 부전공과 시민활동이 필수적이다.

미국처럼 학계, 시민단체 등 전문가로 구성된 배심원제도가 도입되면 이마저도 멀어지게 되고 성적위주에서 실무위주로 바뀌게 되면 변호사·검사생활을 거쳐 판사로 가는 날이 예상되니 더욱 자격증 자체보다는 실무위주의 길로 가게 된다.

현재로서는 가장 부가가치가 있는 외무고시, 행정고시, 기술고시가 확실하게 직위를 보장받을 수 있지만 앞으로는 이것마저도 붕괴될 수밖에 없다.

왜냐하면 지금까지의 고시제도가 암기위주였고 지나칠 정도로 창의성, 경쟁성이 결여되어 효율성은 물론 국제화시대에 뒤떨어지고 있어 외부 전문가의 영입은 불가피하기 때문에 경쟁도입은 불가피하다. 또한 의사고시합격자가 매년 2500명 정도 배출되는 상황하에서 의료시장 개방화는 선진기술과 서비스로 무장하고 들어오는 외국의 병원과 경쟁하게 되어 부실한 병원 · 의원은 도산할 수밖에 없으므로 많은 변화가 예상된다.

공인회계사 역시 지금까지는 명예와 부의 상징으로 여겼으나 오히려 탈세를 지도해주는 회계조작으로 마치 건전한 기업으로 인정해주는 등 선량한 주식투자자들이 막대한 손해를 입어 집단소송에 의해 책임문제와 배상판결의 판례를 보면 더욱 강화되리라 예상된다.

특허기술 문제와 관련된 변리사의 주가가 상한가를 유지하고 있다보니 변호사간에 밥그릇싸움이 진행되고 있어 당분간 고주가는 유지될 것이나 이것마저도 개방화물결을 타면 곤경에 빠지게 될 수밖에 없다.

이런 상황하에서 간호사들도 자원봉사자들의 활약으로 점차 자리를 잃어가고 있으며 각종 기사, 기술사자격, 공인중개사, 컴퓨터관련 자격증 등 수많은 자격증이 있으나 점차 그 가치성을 잃어

가고 있다.

이런 점에서 경영컨설턴트처럼 자격증이 없으면서도 자격증처럼 보이는 탁월한 전문성과 차별성에 의한 책임성으로 자기브랜드를 만드는 것도 바람직하다.

자격증이 문제가 아니라 전문성과 책임성에 의한 경쟁력을 길러 인지도를 높이는 것이 더욱 중요한 것이다.


## 3) 전문책임성으로 봉사하려는 노력

### ▶사 례1

내가 몇 년 전에 살았던 아파트의 옆집 이야기를 하겠다.

40대 초반의 남편은 모 일간지의 관리직원으로, 부인은 은행원으로 근무하다가 둘 다 자원명퇴 후 공인중개사 자격증을 딸 계획을 가졌다. 그래서 공인중개업 사무실을 차려 보란 듯이 내 사무실도 갖고 자유스런 가운데 돈도 많이 벌어 자식 교육과 그동안 못해본 여행도 다니겠다는 야무진 꿈을 꾸었다.

학원에 등록해서 고시공부를 하듯 잠도 제대로 못 자면서 6개월 동안 공부하여 부인은 100점, 남편은 90점 정도 맞았다 한다. 그 후 개업을 하여 새벽에 나가 밤 10시에 퇴근하는 등 열심히 노력한 덕에 손님은 많이 찾아왔지만 정작 계약 체결이 안 되는 관계로 고생만 하게 되었다. 결국 돈도 못 벌고 아이들은 밤이 늦도록 학원에만 다닌 결과 학습효과도 없어 빙빙 겉도는 등 집안이 엉망진창이 되고 말았다.

일이 이쯤 되자 모든 것을 포기하고 사무실을 내놓았지만 이마저도 나가지 않아 문을 닫고 잠시 쉬다가 어쩔 수 없이 아주 헐값으로 처분하여 마음고생과 인생 공부를 톡톡히 하였다.

처음부터 허망한 꿈을 가진 것 자체가 잘못되었고 한사람만 자격증을 딴다든가 아니면 자격증 소지자를 공개 채용해 사업자등록을 하고 마케팅력을 강화했거나 최소한 3개월 정도 실습을 통해 장단점을 파악했더라면 마음고생을 하지도 않았고 돈도 까먹지 않았을 것이다.

### ▶사 례2

몇 년 전 돈이 꽤 많은 60대 후반의 노신사를 만났었는데, 다섯 명의 아들 중 제대로 된 의사감이 없다고 걱정하는 것이었다.

그래서 나는 "돈이 많으시니 병원을 세울 수 있어 이미 소원의 절반을 성취하셨고, 훌륭한 의사를 원장으로 모시면 되니 병원 이사장감이 될 만한 아들을 키우면 문제는 다 해결되지 않습니까?"라고 반문하였다.

그분은 그제서야 왜 여지껏 그런 생각을 하지 못했는지 알 수 없다고 하시며 앞으로 병원 이사장감이 될 만한 자식을 키우기 위해 노력해 보겠다고 하였다. 그래서 나는 병원을 오픈하는 것이 문제가 아니라 모든 재산을 털어 지은 병원이 잘 운영되어야 보람을 느끼지만 잘못 운영하면 병원과 나아가 전 재산을 말아먹을 수 있다며 정도경영을 위한 충분한 준비를 요구하였다.

또 어떤 사람은 법조계에서 활동하고 싶다하기에 판검사는 고시 때문에 안 되고, 변호사를 고용해 사업자등록을 하여 보수를 주고 사건을 해결하게 하고 스스로 이사장이 되어 사건을 의뢰받아 오면 어쨌든 법조계에서 활동하는 것이 아닌가? 하고 알려 준 적이 있다.

이 밖에 공부를 못 했더라도 돈을 많이 벌어 학교를 설립하여 덕망이 높은 학자를 교장이나 총장으로 모셔와 학교를 맡긴 후 이사장이 되면 그보다 훌륭한 일이 어디 있겠는가? 한 번쯤 생각해 볼 일이다.

이렇듯 자격증의 기능은 기본적인 능력을 인정해 주는 증서에 불과할 뿐 신분이 보장되는 증서가 아니라는 점을 깊이 인식하길 바란다.

특정 자격증을 딴 후 그 분야에서 최고의 실력자로서 권위를 인정받기 위한 노력이 필요할 때가 왔다.


## 5. 도덕성과 준법정신을 실천하라.

### 1) 깨끗한 도덕성은 감동을 준다.

원래 사람은 혼자 살 수 없고 더불어 공동생활을 영위해야 하는 사회적 존재이기 때문에 도덕과 질서 및 법을 필요로 했다.

칸트의 도덕성은 행위만이 오직 도덕법에 일치하여 의무에 적합하다고 함에 그치지 않고 도덕법에 대한 존경의 동기로서 순전히 의무로 행하여지는 경우 적법성에서 구별되는 진실한 도덕성을 강조하였다.

우리는 지식을 쌓는 데만 관심을 가졌을 뿐 도덕성을 닦는 데는 너무도 소홀히 했기 때문에 자기밖에 모르는 한편 인간성이 나빠도 공부만 잘하면 졸업시 "위 사람은 성적이 우수하고 품행이 방정하여 타의 모범이 되므로 이 상을 드립니다."라는 성적위주의 상장부터 바뀌어야 한다.

선진국의 경우 장학생의 선발 기준은 성적＋연구발표＋봉사활동＋서클활동＋인간관계＋가정환경 등을 종합적으로 합산해서 아무리 성적이 좋아도 다른 분야가 나쁘면 장학생이 될 수 없는 합리적인 방법을 취하고 있다.

이런 관계로 선진국은 전문성에 앞서 도덕성을 중시하지만 후진국일수록 전문성만 중시할 뿐이어서 지도자들의 도덕성이 땅에 떨어져 국민들도 이를 따르게 되고 결국 국가질서를 위한 법은 유명무실해져 혼란이 가중되고 국가이미지가 실추되기 마련이다.

선진국일수록 언론과 국민들의 감시기능이 활성화되어 있어 상당히 깨끗한 편이나 후진국일수록 감추고 권력으로 약자들을 짓누르게 되니 도덕성과 법질서가 무너져 더욱 혼란만 가중되어 문제해결보다는 그 위에 군림하여 개인적인 이득을 취하려 한다.

특히 오늘날 구석구석을 보더라도 썩지 않은 곳이 없을 정도로 부패가 만연되어 이를 당연한 것으로 여기고 있는 실정을 보노라면 도덕 불감증에 걸렸어도 아주 크게 걸렸다.

학력과 도덕성은 반비례하여 배우면 배울수록 겉으로는 봉사한다고 하면서 속으로는 군림하여 오히려 무학력자일수록 진실성과 순수한 인간미가 넘쳐 흐른다는 이야기가 나올 만하다.

깨끗한 지도자를 만나면 너무나 반갑듯이 깨끗한 사람을 만나면 감동을 받아 손을 잡고 눈물을 흘리게 되듯이 나부터 깨끗한 도덕성을 갖고 있으면 당장은 손해를 보더라도 수많은 사람들에게 진한 감동을 주어 시간이 흐르면 그 보답을 받을 수 있다.

도덕성은 사회를 맑고 밝게 만드는 원천이기에 나부터 지금 바로 시행해야 할 아름다운 것이다.


### 2) 국가질서를 위한 법의 유형

인간의 궁극적인 목적은 인간으로서의 존엄과 가치를 사회라는 공동체 속에서 효율적으로 실현하는 것이다.

국가권력에 의해 승인된 강제적으로 집행되는 사회규범인 법의 최고 목적은 사회정의의 실현에 있는 것이기에 계몽과 집행이 동시에 이루어진다.

법의 공간적 유형에는 국제법과 국내법이 있는데 점차 국내법보다는 국제법으로 이동하고 있는 추세이고 국가조직과 기능 및 공익작용에 따라 헌법, 행정법, 형법, 각종 절차법인 공법과 개인 상호간의 생활관계인 민법 및 상법을 규율하는 사법은 매우 복잡하다. 자본주의의 문제점을 합리적으로 해결하려는 노동법, 사회보장법, 경제법의 사회법 외에 일반법과 특별법, 실체법과 절차법도 있다.

이 밖에 국민의 기본권에는 인간존엄과 가치존중, 행복추구권,

평등권, 자유권(신체, 거주이전, 직업선택, 주거 불가침, 사생활의 비밀과 자유, 통신의 자유, 양심의 자유, 언론·출판·집회의 자유, 학문과 예술의 자유, 재산권 보장)적 기본권, 참정권, 청구권적 기본권, 사회권적 기본권이 있다.

헌법 제35조 제2항에 '국민의 모든 자유와 권리는 국가안전보장, 질서유지 또는 공공복리를 위하여 필요한 경우에 한하여 법률로써 제한할 수 있으며 …' 라고 규정하고 있어 국가보위가 가장 최고의 법이다.

형법은 각종 범법행위로부터 국민의 생명, 신체, 재산 등을 보호하고 국가사회의 질서를 유지, 보전하는 것을 그 주요 기능으로 한다. 범죄는 사회의 안전과 이익을 침해하고 질서를 문란하게 하는 반규범적, 반사회적인 행위로 구성요건 해당성, 위법성, 책임성의 요건을 갖추어야 한다.

국가적 법익죄(내란죄, 외환죄, 뇌물죄, 증거인멸죄)와 사회적 법익죄(방화죄, 도박죄), 사회·경제 질서를 해치는 죄(문서위조죄, 통화위조죄), 개인적 범죄(개인생명죄, 신체안전죄, 명예죄, 신용죄, 비밀죄, 재산죄) 등은 사회범죄이다.

반면에 국민의 의무로는 납세, 국방, 교육, 근로, 재산권 행사, 환경보전 등을 하여야 한다.

지휘고하를 막론하고 누구나 법앞에 평등해야 하나 권력자나 재벌들은 법을 악용해도 풀려나는 현실을 보고 국민들은 가진 자를 위한 법률이라고 혹평하기도 한다.

법은 잠자고 있는 자에게까지도 혜택을 주지 못하고 자기권리

를 찾기 위해 저항하는 자에게 혜택이 돌아가는 현실을 보면 우리
는 아직도 중진국에 머물고 있음을 알 수 있다.

후진국일수록 권력자나 재벌 등 가진 사람들이 법과 결탁하려
는 경향이 매우 짙고 법을 악이용하려 하나, 선진국의 경우 법앞
에 평등하고 고위층일수록 법을 더 지키려 한다는 점에서 선후진
국간에 법의 잣대가 틀리다. 그러나 점차 아무리 직위가 높고 돈
을 많이 벌고 아무리 많이 배워 외형적으로 출세를 했더라도 가장
기본이 되는 도덕성에 문제가 생기면 비난을 받게 되는 의식혁명
이 일어나게 되며 또한 일어나야 한다.


### 3) 고위층 지도자들의 도덕성 부재

우리의 준법질서는 법은 형식에 불과하고 권력자들은 법 위에
군림하는 등으로 인해 권력자와 재벌들에게 법은 있으나 마나 한
가운데 힘이 없고 만만한 서민들만 괴롭히는 법의 풍토는 선진국
으로 가기에는 아직 거리가 있을 뿐만 아니라 더욱 역행하고 있다
고 불평이 많다.

수 년 전 김영삼정권 때 서울시장으로 임명되었던 한 인사는 불
법주택 용도변경문제로 며칠만에 낙마했고 보건복지부장관은 검
소한 결혼식문화를 실천해야 할 수장임에도 불구하고 초호화판
결혼식문제로, B법무부장관과 C내무부장관은 딸과 아들의 대학
입학문제로, S인적자원부장관도 저작권침해와 사외이사 등의 문
제로 비난을 받아 물러났다.

또한 근래에는 여성으로서는 최초로 국무총리에 오른 Y여대 총

장출신 J씨는 청문회를 통해 학력허위, 아들의 국적문제로 인한 병역혜택, 아파트와 땅 등 부동산투기, 과도한 재산축적 등 총체적인 의혹에 의한 해명책임을 비서, 시어머니에게 전가함으로써 도덕성문제 등으로 결국 국회에서 임명동의안이 부결되었다.

일부에서는 임명자체부터 잘못되었다고 주장하지만 여전히 임명을 거부한 야당의 횡포라고 생각하고 있는 사람들이 많으니 잘못을 인식하지 못하고 있는 그 자체가 한심하기 짝이 없다.

그들뿐만 아니라 소위 지성인이고 이 나라의 지도자라고 자청하는 대다수 사람들을 보면 외형적으로는 그럴싸하게 포장되었을 뿐 각종 불법적인 행동을 서슴지 않는 등 반지성적인 행동을 하면서도 사회를 비판하는 모순은 빨리 사라져야 한다.

수많은 정계, 재계, 학계, 언론계, 예술문화계, 종교계 등 각계각층의 지도자들이 각종 비리사건으로 감옥에 갔다 온 이후에도 그 같은 행위를 계속하고 있을 뿐만 아니라 일반인들 또한 재수 없이 억울하게 걸렸다며 분노하는 경우가 많은 것을 보면 교도행정에 대한 문제점이 드러나고 있다.

감옥은 죄값에 대한 격리와 함께 죄를 반성하여 새로운 사람으로 태어나 사회를 밝게 하는데 앞장서는 선진교도 형태로 가야지 억울함과 함께 감옥에 가서 더 큰 범죄를 배우는 곳이 되어서는 안 된다.

따라서 앞으로의 사회분위기는 법을 지키지 않으면 재수 없게 처벌을 받는 분위기에서 탈피하여 법을 지키는 자가 대우를 받는 방향으로 전환해야 하며 그런 추세이기에 희망이 보인다.

# 이미지메이킹 - 신뢰경영

## 1. 호감과 신뢰는 경쟁력이다.

### 1) 호감과 신뢰라는 날개와 바퀴

호감과 신뢰는 새의 양 날개와 같고 자전거의 두 바퀴와 같다.

새는 자신의 날개로 날지 못하면 기본적인 사명을 다하지 못해 반쯤은 운명을 다했다고 하여도 과언이 아니며, 자전거의 경우 두 바퀴가 잘 굴러가야 하지만 하나라도 펑크가 나면 제기능을 하지 못하게 된다.

호감(好感)은 무언의 마음에서 나오며 이를 통해 얻은 최종결과인 신뢰는 행동에서 나오기 때문에 우측 날개이자 자전거 앞바퀴인 호감은 마음에 들어하는 감정이자 좋아하는 마음이다.

호감은 관심의 대상에서 이미 진일보된 마음으로 직·간접적인 무엇인가의 보이지 않는 자석과 같은 힘이 내재해 있기 때문이다.

그렇다면 무엇이 호감을 만드는 요소가 되는지 살펴보자.

첫째, 신체적인 외모는 순간적으로 압도감을 일으키는데 남성은 큰 키에 잘생긴 외모, 여성은 늘씬한 키에 곡선미가 넘쳐흐르는 몸매와 섹시한 미모는 누가 보아도 호감을 자아내기에 충분하다.

멋진 사람과 커피 한 잔 마시며 인생철학과 예술을 논하고 싶은 감정을 느낄 정도라면 이미 상당한 호감을 갖은 것이나 처음 보는 순간 성적인 욕망이 앞섰다면 그 결과는 이미 파멸의 늪에 빠진 것이다.

둘째, 언제나 깨끗한 매너와 건전한 유머는 상호간의 인격을 나타내고 친근감을 나타낸다. 그러나 지저분한 매너는 신뢰를 주지 못하고 유머가 없는 대화는 기름이 부족해 빽빽한 자전거의 페달을 돌리는 것처럼 지루하고 힘이 드나, 지나친 유머와 음담패설은 오히려 헤어진 뒤에 허탈감을 느끼게 한다.

셋째, 일반적으로 훌륭한 이력서는 학력, 경력, 능력, 신뢰, 보수 등을 말해주는 것으로 여기에서 이력이란 최종적인 현재 직업과 직책을 의미하는 것으로 호감과 반호감의 대상이 된다.

반면에 좌측 날개이자 자전거의 뒷바퀴인 신뢰는 믿고 의지함이자 신용하여 의뢰함이다.

첫째, 거짓 없이 항시 사실에 입각한 진실된 말을 하는 것으로 거짓이 거짓을 낳다보면 자기 삶이 아닌 거짓된 다른 삶을 살 수 있고 또한 다른 사람들에게 정신적, 경제적인 피해를 줄 수 있어 말 한마디가 진실되도록 하되 유머가 있는 거짓은 나쁜 것이 아니다.

둘째, 어떠한 약속도 약속이므로 꼭 지키는 것인데 부득이한 사정으로 인해 지키지 못할 경우에는 약속을 아예 하지 않는 것이 좋고, 어쩔 수 없는 상황에서는 미리 약속시간 전에 알려야 한다. 끝내 약속을 지키지 못했을 때에는 반드시 연락하여 정중히 사과를 하는 것이 바람직한 태도이다.

약속을 지키지 않았으면서도 아무런 연락도 없고 미안한 마음도 없는 행동을 여러 번 반복하게 되면 "콩으로 메주를 쑨다."고 해도 믿지 않으니 신뢰를 회복하려면 수많은 인내와 시간이 필요하다.

셋째, 서로 믿고 의지하여 슬플 때 반감시키고 기쁠 때 배가시키는 한편 괴로울 때 상의할 수 있는 진정한 친구나 선후배가 있다면 인생에 있어서 참으로 행복하다. 그러나 만약 이런 사람이 없다면 참으로 불행하다. 하지만 너무 친밀하다 보면 언젠가는 갈등을 빚어 오히려 약점의 노출을 악이용하는 경우가 의외로 많아 주의해야 한다.

호감과 신뢰는 양 날개와 자전거의 두 바퀴로 이루어져야 제 기능을 발휘하게 된다.


2) 경쟁력을 기르는 노하우

경쟁이 없는 세상은 무의미할 것이다.

하지만 지나친 경쟁은 갈등과 격차 및 전쟁을 불러일으키는 원인을 제공하게 되는데 동일한 목적에 대하여 서로 남보다 우월한 자리를 차지하려고 다투게 된다.

여기에는 어떤 룰에 의한 선의적인 경쟁이 있는가 하면 수단과 방법을 가리지 않고 총동원하여 싸우는 전쟁도 있다.

전자는 승자와 패자 없이 모두가 승리하는 것이나 후자는 오직 승자만 존재하고 패자는 존재하지 않는다는 점에서 패자는 매우 비참한 세월을 보내야만 한다.

우선 자신감을 갖고 사전에 정보를 입수하고 분석하고 힘을 기르기 위해서는 나름대로의 독특한 노하우(know how : 기술)를 갖추어야 한다는 점에서 보다 구체적으로 설명하자면 다음과 같으니 이에 대한 준비를 철저히 했으면 한다.

첫째, 자신감은 목적달성의 확신을 주는 기초적인 정신이기에 이미 절반은 경쟁력을 얻은 것이나 불안감은 이미 경쟁력을 잃어 실패한 것이다.

둘째, 사전정보는 상황분위기 파악을 말하는 것으로서 철저히 준비하면 평상시처럼 편안하게 진행할 수 있으나 그렇지 못하면 불안하여 초조감과 함께 평소 능력의 절반도 발휘하지 못하게 된다.

셋째, 나의 마음과 인생을 이끌어 줄 큰 스승을 만나는 행운을 얻어 열심히 가르침을 배우거나 스스로 큰 스승을 찾는 것이다.

삶의 방향, 인격, 전문성, 도덕성, 인간관계 등 냉철할 정도로 나의 마음과 행동을 다듬어줄 수 있는 큰 스승이 있다는 것은 인생의 행운이나 그렇지 못하다면 인생의 불행이다. 무지한 사람은 큰 스승을 만났어도 이를 거부하는 경우도 있고 오히려 스승이 제자의 능력을 시기하여 교묘한 방법으로 짓밟는 경우도 있는 것을 보면 돌이 다이아몬드가 될 수 있고 다이아몬드가 돌이 될 수도 있다.

넷째, 오직 믿는 것은 실력이므로 기술축적에 의한 고도의 테크닉은 신바람을 일으키나 그렇지 못하면 실증과 로스가 발생해 많은 문제점을 불러일으키거나 요행과 경쟁자의 실수를 바라게 되는 한편 온갖 방해공작을 펼치는 등 불건전한 생각과 행동을 서슴지 않는다.

하지만 경쟁력을 길렀다고 해도 인간적인 면이 배제되었다면 전쟁 영웅에 불과하며 인간성은 좋으나 경쟁력이 없다면 마음씨 좋은 자원봉사자에 불과하다.

승리하였으면서도 교만하지 않고 패자를 진정으로 감싸주는 마음으로 기술을 가르쳐주는 여유와 패했어도 승자를 원수로 보지 않고 축하해주는 한편 한 수 배우는 도량의 진정한 페어플레이 정신이야 말로 경쟁력을 기르는 요인이 된다.

이런 점에서 경쟁력과 인간성이 함축된 것처럼 경쟁력을 기르기 위한 노하우가 필요하다.


3) 호감과 신뢰로 경쟁력을 강화하자.

**▶사 례 1.**

왠지 모르게 호감을 주는 20대 후반의 중소기업가 S씨는 인기와 신뢰성이 매우 높다.

그는 얼굴이 잘생긴 것도 아니고 키가 크거나 체격이 좋은 것도 아닌데 어디에서나 눈에 띄는 이유는 구수한 사투리와 진지한 자세에 적당한 유머감각으로 가식이 없는 확실한 신뢰성을 바탕으로 한 사람들을 끌어들이는 힘이 있었기 때문이다.


### ▶ 사 례 2.

관리부에 30대 초반의 노처녀 H과장은 왕언니, 왕누나로 통한다. 중간 키에 외모도 뛰어나지 않지만 사람들을 진실하게 가식없이 대해주는 한편 개인적으로 어려움을 겪고 있을 때 어떻게 알았는지 자존심을 높여주면서 위로해주는 등 회사에서 없어서는 안 될 존재로 자리잡았다. 비록 여상 출신이지만 개인적으로 공부하여 대학을 졸업한 남자사원들을 압도하는 풍부한 지식과 기획력, 추진력, 관리력은 상상을 초월해 직원들이 오히려 상담하러 오는 경우가 많다.

동료의 일 처리가 늦으면 남아서 도와주는 등 업무능력도 탁월하고 인간적인 신뢰감도 뛰어나 감히 뭇 남성들이 접근을 못 하다보니 결혼을 생각하지 않고 있다.


### ▶ 사 례 3.

큰 키에 잘생긴 외모를 가진 30대 초반의 관리부 K씨는 사무실에 앉아 있는 것을 따분하게 생각한다.

원래 외모에 자신있고 서글서글한 성격 탓인지 돌아다니면서 사람들과 어울리는 것을 좋아했던 관계로 사무실에 있는 것이 답답하여 결국 영업본부장을 끈질기게 설득하여 영업부로 자리를 옮겼다. 그러나 약속을 지키지 않고 미안하다는 말도 없이 은근 슬쩍 넘어가려고 하며 자기가 말해놓고는 잊어버리는 버릇 때문에 적당히 어울리기는 좋으나 결정적으로 중요한 일에서는 문제가 있어 망설여진다는 주위의 평이었다.

이것만 고치면 경쟁력을 기를 수 있는 능력 있는 재목이 될 것이라 여기고 오랫동안 설득하고 지도하며 충고를 해보았지만 습관을 고치기에는 한계가 드러나 결국 관리부로 발령을 내자 사표를 내고 말았다.


## 2. 디자인센스는 패션경영이다.

1) 차별화된 디자인센스는 개성연출이다.

어느덧 생활용어가 된 디자인.

그 원천은 공예예술에서 출발하였으나 현재는 과학기술을 바탕으로 실용성에 입각한 생활문화로 자리 잡았다.

여기에는 아주 간단한 바늘에서 옷, 승용차, 집, 로켓은 물론 거대한 국토계획까지 포함되니 우리의 생활에 디자인과 연결되지 않은 것이 없을 정도로 그 폭이 매우 넓다.

디자인(design)이란 아름다움을 창조하는 조형예술이 아니라 의미 있는 질서를 부여하기 위한 인간의 정신적 · 물리적 · 환경적인 행위와 노력이다.

때문에 아름다움만을 표현하는 것이 아니라 문제해결을 위한 창조적인 행위로서 실용적이고 심미적인 계획을 추진하여 인간의 삶을 풍요롭게 하고 인류와 사회를 아름답게 하는 총체인 것이다.

따라서 1차적으로는 조형미의 창출표현이나 2차적으로는 조사분석, 아이디어 창출이고 3차적으로는 기획, 의도, 경영을 의미하기에 단순히 조형적인 개념을 넘어 모든 것이 디자인이라고 해도 과언은 아니다.

이런 점에서 대통령은 국가를 디자인하고 경영자는 기업을 디자인하며 주부는 가정을 디자인하는 동시에 샐러리맨은 업무와 자신의 인생을 디자인하는 한편 실업자는 자기 나름대로 미래를 디자인하면서 사는 등 넓은 의미에서는 모두가 디자이너이다.

따라서 현대적인 디자인은 눈, 손과 발, 귀 등이 즐거운 동시에 입도 즐거울 뿐만 아니라 관련자 모두가 대만족을 하여야 한다.

이런 점에서 인간생활의 안전, 편리, 쾌락을 창조하기 위해 사회심리학＋과학기술＋예술＋인간공학＋마케팅＋경영 등 모든 관련 학문들이 서로 아주 밀접하게 결합되어야 한다.

이때 조형성보다는 실용성이 우선이고 다음으로는 경제성(적정가격), 인간공학성(안전, 편리, 쾌락), 심미성(아름다움), 현대성(유행), 가치성(효과), 재료성 등이 함축될 때가 좋은 디자인이 되는 것이다.

특히 디자인의 생명은 차별화이므로 모방은 금물이고 조형적으로만 미적인 것은 진정한 디자인이 아니라 실패한 디자인이므로 성공한 디자인은 필요로 하는 모든 사람들을 충족시켜야 한다.

이로써 복잡한 사회에서 보다 창조적이고 아름답게 살아가려면

디자인센스는 필수적이고 누구나 디자이너인 동시에 디자이너가
되어야 권리가 있다.

왜냐하면 어떤 사람은 저가격의 옷을 입어도 아주 품위 있게 보
이나 어떤 사람은 비싼 옷을 입는데도 불구하고 너무나도 초라하
게 보이는 것은 디자인센스에 의한 시기적절한 연출력의 결과이기
때문이다.

센스(sense)는 시각, 청각, 촉각 따위의 감각으로 오감의 하나인
데 이해력, 감수력, 분별력, 판단력을 뜻하므로 현대적인 디자인
감각은 한층 세련미를 나타내 준다.

또한 디자인센스는 자신의 이미지를 개성적이고 실용적으로 연
출하여 메이킹화시키는 개성연출로 승화시키려는 자기노력이 필
요하다.


2) 패션에 날개를 달자.

인간은 이 세상에 태어나 저 세상으로 갈 때까지 한평생 의복과
함께 한다.

의복은 신체보호라는 기본적인 기능 이외에 개성과 멋을 표현
하는 예술이기도 하나 우선 인체공학에 맞아야 한다.

이뿐만 아니라 제2의 피부로 상대방의 첫인상에 의한 사회심리
적인 역할을 하기 때문에 성별, 직업, 신분, 성격, 기분상태를 알
수가 있다.

밝은 색을 입으면 명랑하고 어두운 색을 입으면 우울하며 난색
은 따뜻한 인상, 한색은 냉정한 인상, 직선스타일과 블루진처럼

투박한 옷감은 딱딱하고 남성적인 인상, 곡선스타일과 실크처럼 부드럽고 얇은 옷감은 부드럽고 여성적인 인상을 주는 등 상황에 따라 약간씩 다르다.

때와 장소 및 역할에 따른 사회문화적인 기능은 관혼, 파티, 만찬, 공식모임 등 예의를 갖추는 예복과 정장은 토털 룩(total look)이 중요시되므로 화장, 머리모양, 액세서리, 구두, 핸드백 등과 조화를 이루도록 하며 상제에는 고인을 애도하는 마음에서 검은 옷과 넥타이 등을 하는 것이 기본적인 예의이다.

따라서 외향적인 사람은 밝고 눈에 띄는 디자인을 좋아하나 너무 지나치면 저항감이 들고, 내향적인 사람은 어둡고 점잖은 디자인을 선호하나 지나치면 침체되어 보이므로 약간 밝은 색의 옷을 입어야 효과적이다.

얼굴은 좋은 인상이 중요하므로 미인형에 속하는 타원형은 다른 색과 칼라 둘레에 레이스 등을 대어 얼굴을 강조하고, 둥근형은 둥근 칼라나 둥근 목선을 피하고 다소 각지게 하여 개성을 연출하는 것이 효과적이다.

사각형은 너무 강한 인상을 주어 고집이 세게 보이므로 숄 칼라 등으로 인상을 부드럽게 연출하고 각진 얼굴을 가리는 헤어스타일을 하는 것이 좋다.

긴 얼굴은 앞머리를 내려 얼굴을 짧게 보이도록 하고 삼각형, 역삼각형, 다이아몬드형 얼굴은 너무 강해 보이므로 부드러워 보이게 하는 한편 큰 얼굴은 너무 답답하므로 작게 보이도록 하는 것이 바람직하다.

피부색이 흰 사람은 어떤 색의 옷이나 어울리지만 명도가 낮고 어두운 색의 옷이 흰 피부를 돋보이게 한다. 피부가 검은 사람은 명도가 높은 선명한 색이 좋으며 분홍색, 보라색, 진청색 등은 오히려 더 검게 보이게 하므로 피하는 것이 좋다.

## 3) 디자인센스가 탁월한 사람들

### ▶사 례 1.

은행에 다니는 20대 중반의 L양은 디자인센스가 탁월해 멋진 여성으로 통한다. 대학에서 디자인을 전공한 탓에 디자인센스가 있으며 홍보실에서의 열정적인 업무경험은 바로 생활에 적용한다.

동대문시장에서 몇 만 원을 주고 산 옷은 백화점에서 산 몇 십만 원짜리 옷으로 둔갑하고 길거리에서 산 1만 원짜리 시계는 수십만 원짜리로 보이며 2만 원짜리 구두는 20만 원짜리로 보인다.

이처럼 고급스럽게 보이는 것은 꼼꼼한 성격으로 이리저리 돌아다니면서 조사 분석을 하는 적극성과 소재, 색채, 디자인 등을 꼼꼼히 따져가며 구매하기 때문이다.

반면에 영업팀에서 근무하고 있는 입사동기 H양은 털털한 성격으로 인해 고급스런 것만 구매하면서도 센스가 없어 촌스럽고 낡아 보여 미혼인데도 수더분한 아주머니로 보여 속상해 한다. 아무리 꾸미려고 해도 멋지게 보이지 않는 것은 타고난 성격이 그렇다보니 고치기가 쉽지 않고, 자신감의 결여는 더욱 더 센스가 없는 여자로 만든다. 이런 관계로 돈만 날리는 편이며 자기 주변도 항시 지저분하여 여러 번 지적을 받아 정리해도 마찬가지이다.

▶**사 례 2.**

목동에서 살고 있는 30대의 주부는 남편이 출근하고 아이가 유치원에 가고 나면 항시 집안 정리를 하여 멋진 모습을 보는 것을 즐거움으로 여긴다. 처음에는 디자인센스가 없었으나 친구집에 놀러갔다가 아주 얄미울 정도로 깔끔하고 멋진 집안분위기를 보고 충격을 받았다고 한다.

시샘이 많던 그녀는 디자인에 관한 책을 사서 읽고 어느 곳을 가든지 비교하고 분석하다보니 자신도 모르는 사이에 실력이 늘었다고 한다.

이런 관계로 남편과 아이들의 패션을 코디하고 집안의 가구를 꼭 놓아야 할 위치에 놓기 위해 이리저리 움직여 보고 불필요한 것은 없앴으며 지저분하면 재료를 사다가 직접 도색을 하는 등의 적극성으로 이제는 전문가가 되었다.

친척집이나 친구집에 가면 가만있지 않고 가르쳐 주거나 직접 센스 있게 바꾸어 놓는 적극성은 이제 아무도 못말리는 관계로 센스라는 별명까지 얻었다.

결국 그녀는 이런 경험을 바탕으로 이론을 체계화시켜 몇 년 후에『디자인센스는 경쟁력이다』라는 단행본을 출간할 계획을 가지고 자료수집을 하고 있다.

## 3. 이미지는 메이킹이고 파워이다.

### 1) 자기만의 이미지를 메이킹하자.

요즈음 들어 부쩍 이미지를 중시하는 경향이 있다.

여기에는 타인에게 비친 행동에 의한 시각적인 외형에서 나타난 이미지와 정신, 사상 등 의식의 내면에서 나타난 이미지가 있는데 동시에 함축되어 진실되게 나타나야 한다.

이런 점에서 이미지(image)는 곧 전달(communication)이고 메이킹(making)이며 파워(power)라는 공식이 성립된다.

그러나 대개 이미지라고 하면 외형적으로만 생각하고 있어 내면적인 이미지가 더욱 중요하다.

### 이미지의 유형

| | |
|---|---|
| **국가이미지** : 국민정신력, 경제력, 기술력, 국방력, 치안력, 외교력 |
| **기업이미지** : 경영자, 경영기법, 상품, 기술, 브랜드, 광고, 포장, 후생복지, 인재 |
| **공공이미지** : 품질, 서비스, 봉사, 전문성, 인재육성, 후생복지 |
| **개인이미지** : 언어, 행동, 매너, 호감, 신뢰, 헤어스타일, 패션 |

c. chae soo myung 8

더욱이 여성들은 섹시하고 우아하며 날씬하게 보이려 하고 남성들은 잘생긴 외모에 건강한 체격과 깨끗한 매너를 연출하려고 그 나름대로의 최선을 다한다.

메이크업(make up)은 화장, 헤어스타일, 의상, 넥타이, 스카프,

구두, 양말, 가방, 액세서리, 모자, 시계 등을 코디네이션을 하는 것을 말한다는 점에서 상당한 관심거리로 부각한 지 오래 되었다.

그런데 우리의 화장문화는 언제인가부터 화장품을 너무 발라 오히려 자신의 고운 피부를 망가트리는 경향이 심한데, 이보다는 거친 피부를 약간만 손질하는 한편 악센트를 주는 방안이 더욱 세련미를 더해준다. 무조건 눈에 띄고 보자는 식의 극단적인 차별성보다는 소박함 속의 개성을 연출하는 것이 더 효과적이다.

그러나 우리는 일본과 미국 등의 뒷골목 사람들이나 문제아들이 하고 다니는 것을 유행시키는 경우가 많아 문제가 심각하다. 특히, 연예인들이 인기만을 고려해 괴상한 모습으로 연출하고, 시청률만을 고려한 방송사에서도 이를 부채질하는 격이면서도 언론에서 비판하는 현실은 모순이라고 할 수 있다.

검소하면서도 멋을 연출하고 누가 보아도 아름다운 이미지연출이 참이미지이다.

## 2) 색채심리를 활용하는 방안

색(色, color)의 의미가 크게 달라졌다. 과거에는 색(色)하면 밝힌다하여 성적인 의미로 여겼으나 오늘날에는 미적인 센스를 의미하며 나아가 사회심리학, 심리마케팅으로까지 발전하고 있다.

색채는 빛이 눈에 들어와 시신경을 자극하여 뇌의 시각중추에 전달함으로써 생기는 감각현상이기에 빛의 에너지이고 독자적인 감정표현이며 커뮤니케이션인 동시에 인류 생활문화의 척도이다.

1666년 뉴턴이 프리즘에서 굴절현상을 이용해 빨, 주, 노, 초,

파, 남, 보의 색을 발견한 이래 철학자와 물리학자는 물론 심리학자들이 색을 연구하기 시작하였다.

1905년 미국의 교육자 먼셀은 빨강·노랑·초록·파랑·보라의 5원색을 중심으로 해서 20색상환표를 만들었으며, 1922년 독일의 오스트발트가 더욱 심도 있게 연구하였다.

색채의 유형은 무채색과 유채색이 있고 가장 순수하고 선명한 순색, 흰색과 검정색을 섞은 파랑, 순색에 회색을 섞은 탁색이 있으며 색의 3속성인 색상, 명도, 채도를 HV/C로 표시한다.

빛의 3원색(가산혼합)은 빨강, 초록, 파랑으로 이를 혼합하면 더욱 밝아져 백색이 되며 색료의 3원색(감산혼합)은 자주, 노랑, 파랑으로 이를 혼합하면 검정색이 된다. 그러나 우리가 초등학교 때부터 빨강, 노랑, 파랑으로 여겼던 것은 전문성의 결여로 성인이 되어서도 그렇게 인식하고 있어 개선이 시급하다.

색채조절은 색의 심리·생리·물리 환경적인 성질을 최대한 이용해 상품이나 생활환경을 쾌적하고 능률적으로 향상시키기 위해 색채를 과학적으로 계획하고 조정, 관리하는 것이다.

이 효과는 눈의 긴장과 피로를 줄여주고 사고나 재해를 감소시키며 생산성이 향상되고 신속한 판단으로 구매충동 효과는 물론 질서, 청결, 정돈유지와 이미지 향상 및 유지관리가 경제적이고 쉽다.

패션은 물론 상품판매 및 음식에도 색채를 최대한 활용하면 개성연출로 보기가 좋고 구매와 식욕을 돋우어 줄 수 있어 상호간에 만족을 느낄 수 있어 이에 대한 노력이 필요하다.

### 3) 이미지를 메이킹하여 파워를 형성하는 사람들

▶**사 례 1.**

현재 이미지코디네이터 강사로 활동하고 있는 30대 초반의 J씨. 그는 원래 국내 굴지의 화장품회사에서 관리업무를 담당했었다. 그러던 어느 날 빼어난 미모와 늘씬한 키로 많은 사람들의 관심을 모으게 되면서 조금만 지도해주면 재능을 발휘할 수 있을 것이라고 판단했던 임원의 강력한 권유로 부서를 옮겨 메이크업 강사로 대변신하였다.

처음에는 말솜씨도 없고 기술도 없어 선배강사의 지도를 받으면서 남보다 많은 양의 실습을 통해 실력이 쌓이자 인기강사가 되었고 급기야는 사내 직원들을 대상으로 강의를 하면서 능력을 발휘할 수 있었다.

그리고 관련 기관에서 전문강사로 스카우트 되어 활동하다보니 방송에도 출연하는 등 여기저기에서 쉴새 없이 들어오는 초청강의로 인해 몸은 피곤하지만 자신의 전문성도 살리고 경제적으로도 대우를 받는 관계로 언제나 활발하게 활동한다.

▶**사 례 2.**

정치인 B씨는 이미지연출가로 정평이 나있다. 큰 키에 평범한 얼굴이지만 정치인은 국민들에게 서비스를 제공하는 것이 임무라고 여기고 우선 자신의 이미지부터 깔끔하게 하기로 결심했다.

우선 같은 값의 옷이라도 깨끗하게 단정히 입는 옷맵시를 위해 부단히 노력했고, 헤어스타일도 세련되게 하기 위해서 무스도 바르며, 과감하게 화장도 하고, 멋진 넥타이를 매고 구두까지 깨끗이 관리하니 그야말로 패션쇼의 모델과 같았다. 처음부터 이렇게 하기로 했던 것은 아니고 방송에 출연하면서 코디네이터들이 꾸며준 모습을 보았던 부인과 딸의 권유로 시작하게 되었다.

처음에는 어색하였지만 자주 하다보니 멋진 사람으로 보이는 등 상대방의 기분을 좋게 하자 확신을 갖게 되었다.

### ▶사 례 3.

30대 중반의 H양은 이 세상에 태어난 이상 자신의 능력을 마음껏 발휘하며 살고자 독신생활을 결심했다.

여고시절부터 미술 선생님을 짝사랑하면서 디자인에 관심이 있었던 관계로 미대에 진학하고 싶었지만 집안형편상 포기했었다.

하지만 그 꿈은 포기할 수 없어 오랫동안 미용실에서 어깨너머로 기술을 배우다가 미용학원을 다니고 자격증을 따서 헤어디자이너로 일했으나 일이 너무 고되 그만두고 말았다. 그래서 선택한 것이 패션분야이었다. 억척스러울 정도로 학원에서 열심히 공부했던 관계로 능력을 인정받아 관련 회사에서 패션디자이너로 일하면서 메이컵에 관심을 두고는 더 공부를 하기 위해 20대 후반에 전문대학을 다녔다. 졸업 후 토털 디자이너로 성공할 수 있다는 확신을 가지고 사무실을 차려 그런 대로 활동하였으나 시간이 흐를수록 점점 자신이 부족하다는 생각을 갖게 되었다. 더 늦기 전에 외국 유학을 가서 체계적으로 공부를 하고 돌아와 활동하기 위해 굳게 결심하고 현재 외국어학원에 다니고 있다.

# 4. 항시 디스플레이 환경을 연출하라.

## 1) 풍수지리는 에너지와 관련된 종합학문

우리는 음식점에 들어가거나 야유회에 갈 때 좋은 자리에 앉으려고 한다. 이처럼 사소한 상황에도 좋은 공간을 차지하려고 고르듯이 조상의 묘자리를 보거나 앞으로 살아갈 집을 짓고 도시나 국토개발시에도 명당자리를 찾으려고 막대한 투자를 한다. 심지어 동물들이 쉴 곳, 먹이 찾는 곳, 집을 짓는 곳으로 찾는 것은 가장 전망이 좋고 방어와 공격을 하기 좋을 뿐만 아니라 사랑의 보금자리를 고르는 것은 어쩌면 당연한 일이다.

이처럼 풍수지리(風水地理)는 미신이 아니라 실존하는 자연환경{바람(風), 물(水), 땅(地)} 속에 삶의 터전을 선택하는 지혜와 기술을 가르쳐 주는 심오한 종합학문으로서 자연에서 에너지를 얻자는 노력이다.

인체에 비유하면 머리가 주산이고 가슴을 타고 내려와 양 다리 사이가 중요한 계곡이듯이 어머님의 품과 같은 혈(穴)이며 양쪽 팔이 좌청룡, 우백호, 남주작, 북현무를 나타내 이를 선호하게 되어 장풍득수론, 취길피흉론, 동서사택론(대문, 안방, 부엌방위), 주역팔괘론, 팔택가상법 등을 고려하게 된다.

따라서 주택은 사람의 둥지이므로 뒤에는 산이 있어 겨울의 찬 바람을 막아 주는 한편 공기와 물이 맑은 곳에 앞에 호수가 있으면 하늘과 땅을 비춰주는 거울이기에 명당자리로 손색이 없다.

여러 물줄기가 모인 곳은 좋은 택지이고, 온천이 솟는 곳은 생기가 왕성하여 이런 곳에 집을 지으면 부귀영화를 누릴 수 있으나 물이 나가는 파구가 보이거나 소리가 들리는 한편 물이 나는 곳은 나쁜 징조이다.

겨울에는 따뜻하고 여름에는 시원한 곳이 좋으며, 주변의 다른 가옥과 규모가 비슷한 것이 좋고 이웃집 대문과 마주하면 나쁘고, 담은 집보다 낮아야 통풍이 잘되어 습기와 건조를 막을 수 있고 생활에 활기를 준다.

이런 점에서 담이 없으면 처음에는 불안하지만 점차 열려 있으므로 주변 사람들과의 터짐으로 생활의 활력을 불어 넣고 도둑을 막는 등의 역할을 하므로 지방자치단체에서 경비를 지원하고 있는 실정이다. 담이 너무 높으면 안정감을 줄지는 몰라도 외부적으로 바람과 인간관계가 차단되어 오히려 도둑의 표적이 된다.

아파트의 경우 지혈과 바람 등을 고려해 3~4층이 좋으나 10층 이상이면 지혈의 영향을 받지 못하므로 나쁘다. 하지만 상황에 따라 경치를 보려고 높은 층을 선호하는 경우도 있다.

기(氣)의 흐름은 인체의 혈액순환과 같아 유연하게 흘러야 좋다. 건물 모양과 규모, 방의 배열, 가구배치, 도로방향은 인간의 생활습관과 능률에 영향을 끼친다. 출입구와 주방은 모두 동서방향에 있으면 좋으나 주방 및 창문이 서쪽에 있으면 태양의 강력한 압박작용을 받아 두통이나 불합리한 성격을 일으켜 나쁘다.

문과 창문은 사람의 입과 눈의 역할을 하므로 낮으면 기를 침체시켜 압박할 염려가 있으므로 사람의 키보다 높아야 좋고 좁으면 기의 흐름을 약화시키므로 좋지 않다.

거실과 복도는 동맥·정맥과 같아 각 방의 기를 이동시켜 주며, 부엌과 욕실이 가옥의 중심선 부근에 위치하면 신체의 중심선을 따라 질병을 앓게 될 확률이 매우 높다.

층과 층은 기의 흐름을 연결해주므로 계단은 넓고 밝은 동시에 천장은 높아야 좋다. 기가 막혀 침침하면 우울하고 답답하여 부담을 주므로 거울을 달거나 조명을 설치해 밝게 하여 기의 흐름을 도와야 한다.

방의 천장이 낮으면 기가 약화되어 두통을 유발시키는 원인이 되고 실내에 기둥이 없는 것이 좋다. 어쩔 수 없을 경우에는 사각 기둥보다는 원기둥이 좋고 현관 근처에 거실, 서재 등이 있으면 좋고 현관과 부엌, 욕실, 침실이 마주하면 나쁘다.

특히 침실은 긴장감을 줄여 원기를 회복시키며 휴식을 취하는 장소이므로 문으로부터 대각선 방향 귀퉁이가 좋으나 그렇지 못할 경우 거울을 설치하여 문을 반사시키는 것이 좋다.

부엌은 건강과 부를 상징하며 인간의 능력을 향상시키는 활력소의 장소이다. 가스레인지(화덕)와 밥솥(전기밥통)의 위치는 공기가 잘 통하고 밝은 곳이면 더욱 좋고, 식당은 먹는 즐거움과 함께 휴식처이자 만남의 장소이므로 경치를 볼 수 있고 햇빛이 들어와 온·습도 조절이 잘되고 냄새를 제거할 수 있는 가장 높은 층이 좋다.

화장실은 휴식, 생각하는 공간이므로 햇빛이 드는 남쪽이 좋으며 항시 깨끗해야 자주 찾고 싶은 공간이 된다. 화장실이 동쪽에 있으면 사원의 입·퇴사가 잦고 북쪽에 있으면 상하간에 인간 관계 문제가 생기기 쉽다.

북쪽 방향으로 앉아 동쪽에 전화기를 놓은 자리는 운수대통하고 정보는 동쪽에서 오기 때문에 복사기와 팩스 등 사무기기를 동쪽에 놓는 것이 바람직하다.

기획실이나 디자인실 등 창조적인 직종은 책상 앞 양쪽에 녹색을, 영업사원은 왼쪽에 붉은 색을, 서비스 직종은 오른쪽에 노란색을 칠하는 것이 운 좋은 풍수 색이다.


## 2) 자기만의 디스플레이 개성연출

나만의 공간은 나만의 이미지를 연출할 수 있다. 우리 나라의 사무실, 공장, 상업공간, 학교, 종교기관 등 어디를 보아도 실내외가 너무 삭막하다. 때문에 분위기를 근본적으로 바꾸려면 막대한 경비가 들어갈 수 있으므로 현재의 상태에서 보다 청결하고 정리 정돈하거나 화분 등을 갖다놓으면 향기를 품게 되어 편안하고 친근하며 안락하다.

나아가 신바람이 나 근무의욕을 불러일으켜 창의성이 발동되어 능률이 오르고 로스가 줄어든다는 사실을 알고 개선했으면 한다.

대학강의실, 사무실, 공장, 상업공간에 많은 화분을 갖다 놓는 한편 적정한 장소에 위치해 있으면 보기에도 좋고 이왕이면 그곳을 많은 사람들이 찾게 되는 것은 당연하다. 멋진 건물과 조경으로 가득한 분위기는 탁한 공기를 정화시켜주고 정서변화를 일으킬 수 있다. 쾨쾨한 냄새와 어두운 조명 아래에서 근무한다면 작업능률에 앞서 근무의욕이 떨어지고 로스가 많이 발행하며 머리가 아플 뿐만 아니라 안전사고와 함께 이직률이 높은 것은 당연하다.

특히 작업장의 공기는 사람의 호흡에 의한 이산화탄소, 세균류의 번식, 미세한 먼지, 조리냄새 등으로 인해 더러워지기 쉬워 항시 통풍이나 환기를 통해 신선한 바깥공기를 교환해주어야 한다.

이를 보다 효율적으로 한 인간공학(人間工學)은 인간을 위한, 인간에 의한 공학으로써 안전하고 편리하며 쾌락을 주도록 하기 위한 인체해부학(안전, 편리) + 감성공학(쾌락)의 실천이다.

인체해부학은 계단, 의자, 책상과 같이 인체에 물리적으로 영향을 끼치는 요소이고 감성공학은 색상, 향기처럼 마음을 안정시키고 코에 즐거움을 주는 것이다.


### 3) 진정한 분위기조성을 위한 외침

▶ **사 례 1.**

중소기업의 관리부에서 근무하고 있는 O양은 대학에서 실내디자인을 전공했다. 졸업 후 전공을 살리고 싶었지만 취업이 되지 않자 여상을 나왔던 덕분에 경리업무를 보면서 지루함을 달래려고 사무실정리에 나섰다.

전문대학에서 실내디자인을 전공한 경험을 바탕으로 공간활용과 동선 및 색채 등을 고려한 디스플레이를 토요일에 혼자 남아서 하여 월요일 아침에 주변 동료들을 깜짝 놀래킨다.

주일에 한 번씩 사가는 꽃값도 만만치 않고 꽃이 시들자, 아파트에 버려진 화분을 주워 깨끗하게 씻은 후 직접 꽃시장에 가서 꽃을 사서 책상마다, 컴퓨터 옆에 놓으니 보기도 좋고 향기도 나니 얼마나 좋은지 모른다.

이런 일을 계속하면서 다른 부서에 초대되어 자문을 해주자 급기야는 사장이 총무과 디스플레이 담당이라는 파격적인 인사를 함으로써 그렇게도 하고 싶었던 전공을 살릴 수 있게 된 것이다.

이후로는 낡아서 보기도 싫고 회사이미지에도 도움이 되지 않는 외벽을 슈퍼그래픽을 도입하여 활력을 불어 넣고자 기획하였다. 그리고 임원진들에게 브리핑을 하자 노조의 적극적인 찬성 아래 허락을 받고 그래픽처리방안을 고민을 하고 있는 중이다.

## ▶사 례 2.

내가 모 대학에서 겸임교수로 강의할 때 전통적인 대학강의실에서 벗어나 직장사무실처럼 구조를 바꾸고 책장과 다양한 도구들을 갖다 놓으라고 한 적이 있었다.

책장은 아파트에서 버리는 것을 기증받아 사방으로 돈을 내고 버릴 바에야 오히려 강의실에다가 갖다 놓으면 오히려 기증이 되지 않겠느냐고 하면서 갖다 놓게 하고, 한사람 앞에 하루에 한 권씩 책을 갖다 놓으면 50권, 1달 20일이면 1000권, 1년 6개월이면 6000권이 된다고 권고하였다.

이렇게 학년별로 교양, 전공 구분하여 자료를 모아 듀이의 도서분류표를 만들면 도서관까지 갈 필요가 없는 강의실 자체가 도서관이 되며 화분을 갖다 놓으면 향기로운 조경 속에 즐거운 마음으로 학습하고 연구할 수 있는 방법을 가르쳐 주었다.

이쯤되면 아마도 언론에서 기사화되어 전국 대학들이 이를 본

받으려 할 것이라 확신하여 추진했지만 나의 아이디어는 대학생들의 추진력 부족으로 몇 개의 책장과 몇 백권의 책으로 꾸며지다가 그만 도중 없어지고 말았다. 나의 지도력과 추진력 부족으로 돌릴 수밖에 없어 기회가 되면 꼭 실현하고 싶다.


## 5. 자원봉사활동에 눈을 돌려라.


### 1) 남을 돕는 것은 즐거운 것

남을 돕는다는 것은 쉬우면서도 아주 어려운 일이다.

막상 쉬운 일이라고 생각되지만 실천하려면 여러 가지 이유를 들어 하지 않는 경우가 많고 심지어 어떤 사람들은 배부른 사람과 할 일 없는 사람들의 행동이라고 비하하는 사람들도 있다.

선진국일수록 자원봉사는 아주 보편화된 일상적인 일로 오히려 하지 않는 것을 이상히 여기는 풍토가 있으나 후진국일수록 자원봉사에 대한 인식부터 잘못되다보니 자원봉사자들을 배부른 자들의 가식적인 행동으로까지 여겨 이상하게 보는 풍토가 깔려 있다.

때문에 어떤 학자들은 자원봉사의 인식과 활동상을 보고 선진국, 중진국, 후진국으로 구분하는 경우도 있는 것을 보면 일리가 있는 것이다.

자원은 스스로 원함을 의미하고 봉사란 남의 뜻을 받들어 섬김이며 남을 위해 자기를 돌보지 않고 노력하는 것이다.

따라서 진심으로 우러나오는 마음이 없으면 생각을 하지 않고 했더라도 중대한 결심과 주변의 이해와 협력이 없으면 불가능한 일이다.

나보다 어려운 사람을 도우며 주변을 깨끗하게 함으로써 모든 사람들에게 기쁨을 준다는 것은 참으로 마음이 뿌듯하며 이보다도 더 보람된 일은 없어 그 무엇과도 바꿀 수 없는 값진 것이다.

이처럼 내가 좋아서 원한 일이기에 마음이 설레며 나의 손길을 간절히 기다리는 사람이 있다는 것만으로도 얼마나 행복한지 모르며 온갖 정성으로 땀흘려 도와주면 고마움을 느낄 때 더욱더 보람과 행복감을 찾게 된다.

이로써 아무나 할 수 없고 아무나 해서도 안 되지만 앞으로 누구나 해야 할 우리들의 대과제이다.


## 2) 자원봉사활동을 하는 유형과 방법

봉사활동에는 정신적(상담, 말벗), 경제적(경제적 지원, 주기, 일시, 불규칙), 물질적(식량 물품지원), 육체적(일손 돕기)인 봉사가 있다. 이 중에서 일체의 경비를 봉사자가 내는 경제적 자원봉사는 식사까지도 봉사자 스스로 해결하려 한다.

또한 재료와 식사 등 간단한 것은 지원을 받고 몸으로 부딪쳐 하는 무료봉사가 있으며, 교통비와 목욕비 등과 관련한 약간의 경비를 제공받는 준유료봉사가 있다.

일반적으로 생계를 목적으로 정당한 보수를 받는 것과 비교할 수는 없지만 봉사활동을 통해 약간의 비용을 지급 받는 유료봉사 및 이와 혼합한 혼합형 봉사 등 다양하다.

지나치게 무리하면 갈등을 느끼게 만들고 육체적인 과로로 결국 봉사활동을 하고서 후회를 한다면 오히려 하지 않는 것이 좋다.

그렇다면 자원봉사를 하기 위한 방법론을 찾아보자.

우선 자원봉사에 대한 필요성을 절실히 느끼고 봉사를 하려는 마음이 진심으로 우러나오는 마음의 준비가 되어야 한다.

그 다음에는 자기의 능력을 충분히 고려해 자원봉사의 유형과 장소 및 시간 등 보다 구체적인 방법론을 여기저기에서 모색하고 직접 찾아 담당자와 상담을 하고 일정한 룰과 주의사항을 이해하고 확인하여야 한다.

자원봉사를 위한 실습을 통해 실천하는 것인데 이때 기쁜 마음으로 그들의 편에 서서 정성을 다해 실천하는 과정에서 하는 사람이나 받는 사람, 이를 지켜보는 사람들까지도 즐거워야 한다.

마지막으로 봉사활동에 대한 자기평가를 통해 미비점을 수정하고 주변사람들에게 권장하거나 확대 및 승화시키려는 방법을 모색하는 것이다. 혼자 하는 봉사도 좋으나 단체로 실시하면 더욱 서로간에 친밀해지고 단합을 시키는 한편 서로를 이해하여 뜻을 이룰 수 있어 효과적이다.

따라서 기업이나 공공기관 및 다양한 단체들은 봉사활동에 눈을 돌려 적극 지원하고 격려해주는 한편 주기적인 봉사활동을 의무화하는 방안도 마련해볼 필요가 있다.

이처럼 봉사를 통해 소외계층을 돌보고 사회적인 참여는 물론 보람을 느끼고 단결심에다가 조직의 활성화 및 홍보에도 도움이 된다. 이런 점에서 언론과 시민단체들이 붐을 일으켜 학교, 직장, 군, 가정, 각종 단체들은 자원봉사에 관한 캠페인을 일으키고 봉사단원을 모집해 교육하는 한편 봉사를 필요로 하는 곳을 찾아 연계하는 노력이 시급하다.

이후 봉사에 관한 수기모집과 우수자 표창을 통해 격려하는 등 봉사를 실천하기 위한 다양한 프로그램 개발이 요구된다.

자원봉사를 멀리서 찾지 말고 마을 어귀에서 청소를 하거나 교통안내 등 간단한 것부터 실천하는 것이 자원봉사이다.

또한 자원봉사를 찾아 하는 것도 중요하지만 공중질서를 지키고 환경을 깨끗이 하며 자원봉사자들이 불필요한 것을 하지 않도록 미연에 방지하는 한편 어른들을 공경하는 것도 넓은 의미에서 자원봉사의 하나이다.


## 3) 자원봉사로 기쁨을 나누는 사람들

### ▶사 례 1.

경기도에 있는 모 중소기업의 여우회는 매주 토요일 오후는 으레 자원봉사활동을 하는 것으로 알고 있다.

사내 여성사원들로 구성된 이 모임은 항시 회사의 일에 앞장서서 일하면서도 똘똘 뭉쳐 자기들의 주장을 펼치는 맹렬 여성으로 소문이 나 있다.

가끔 단체로 영화를 보거나 쇼핑을 갈 때 꼭 토요일에는 빠지는 L양이 있기에 이유를 물어보면 부모들이 없는 조카들을 보아야 한다고 할 뿐 구체적인 이유를 대지 않았다. 그래서 친했던 H양이 같이 가자고 하였으나 이유를 들어 가지 못했다.

하루는 미행을 하기로 작정하고 따라가 보니 고아원이었기에 놀라지 않을 수 없었다. 그래서 조카를 고아원에 맡긴 것으로 오해하고는 흥분하여 사무실에 물어보니 이와는 관련이 없는 순수한 자원봉사자로 이미 2년이 넘었다고 칭찬하였다.

이것이 소문이나 칭찬과 함께 회사에서 표창을 받게 되었고 아예 여우회 활동의 하나로 삼고 4개 팀으로 나누어 매월 1회씩 번갈아 가면서 청소, 목욕, 식사준비, 동화, 세탁, 학교공부, 오락 등 다양한 프로그램을 만들어 매주 봉사활동을 하고 있다.

또한 한 명씩 조카로 삼고 월 1만 원씩 따로 내서 필요한 것을 사주는 한편 아파트 등지에서 내놓은 쓸 만한 헌옷을 골라 수선해 입히는 등 지속적인 봉사활동으로 인해 회사분위기가 좋아졌다.

이를 안 사장님께서 회사 차원에서 모든 지원을 하고 자매결연을 맺는 한편 모든 직원들과 임원진의 부인까지도 의무화하는 방안을 모색하고 있다.


## ▶사 례 2.

서울에서 살고 있는 40대 초반의 모 여고동창생들은 매월 마지막 토요일에는 봉사활동을 한다.

처음에는 월 1회 만나는 동창모임이어선지 백화점에서 만나 점심을 먹고 집안이야기나 하고 쇼핑하며 영화 보는 것이 정해진 코스였다.

그러던 어느 날 한 친구가 이렇게 무료하게 보내는 것보다 좋은 일을 한번 해보자고 제안하였다. 반대도 있었으나 의기 투합하여 여기저기 알아보다가 한 양로원과 연락되어 방문을 하였다.

여러 가지 설명을 듣고는 꼼꼼히 준비를 하여 매월 마지막 토요일 오전 10시에는 그곳에서 만나 봉사활동을 해왔다. 또 남편들도 뜻을 같이해 참여함으로써 경제적 지원이 튼튼해졌다.

매월 1회 찾아가다보니 어른들께서 너무 보고 싶어해 매주 찾아 뵙기로 하고 자녀들까지 합세해 월 1회가 되도록 4개 팀으로 짜기로 했고 이를 활성화하기 위한 방안을 모색하고 있다.

## ▶사 례 3.

서울에 있는 모 중소기업은 가끔 양로원에 가서 간단한 선물공세에 형식적인 봉사활동을 하면서 사진 · 비디오 촬영 등에만 관심을 기울이고는 마치 엄청난 활동을 하는 것처럼 행세를 하였다가 낭패를 당했다.

회사의 영업활성화와 판촉을 위한 홍보용으로 노골적으로 활용하자 회사가 정직하지 못한 것을 비판하다가 해고당한 전 직원이 이를 폭로하면서 그 전말이 드러나 주변에서의 칭찬은 비난으로 돌아왔고 심지어는 항의전화와 함께 제품이 반품되는 등 막대한 피해를 보고 말았다.

아니한 것보다 못 한 망신을 당하였으니 신뢰감을 잃어 어떻게 회복될지 암담하기만 하다.

# 시간창출 – 인생경영

## 1. 시간은 돈, 시간을 창출하라.

### 1) 시간자원의 중요성과 특성

우리가 가장 많이 사용하는 말 중의 하나가 "바쁘다. 바빠."이다. 진짜 바쁜 사람도 있겠으나 아무 할 일이 없는 실업자도 나름대로 일이 있어 하루에 수회에서 수십회 아니 입에 달고 다니는 경우가 많은 이유를 보면 나쁜 습관 때문이다.

시간은 세계 65억 누구에게나 공평하게 주어지며 저장할 수 없을 뿐만 아니라 다시는 돌아오지 않고 저절로 사라지는 한편 눈에 보이지 않을 뿐만 아니라 매매나 인도가 불가능하다. 하지만 분명한 것은 유형자산이라는 점이다.

이런 점에서 약속시간을 어겨 중대한 사태가 일어났다면 당연히 시간보상을 해주어야 마땅하나 우리는 시간은 돈으로 생각하지 않고 온갖 이유로 그냥 은근 슬쩍 구렁이 담 넘어가듯 하고 있으니 이에 대한 문제가 대두되리라 예상된다.

이처럼 시간은 활용하기에 따라서 서로 다른 가치를 가지므로 자산과의 관계를 연결해서 살펴보면 흥미로운 점을 도출해 볼 수가 있다.

돈도 많고 시간도 많은 사람은 긍정적으로 보면 스포츠 레저, 예술 문화활동 등을 통해 삶의 질을 향상시키고 재충전을 할 수 있는 정보사회의 신지식인 부자의 현대판 이상형에 속하나 부정적으로 보면 잘못하다가는 사치와 방탕에 빠질 수가 있어 조심해야 한다.

반면에 돈은 많으나 시간이 없는 사람은 일에 흠뻑 빠져 언제나 시간에 쫓겨 재충전을 하지 못하는 관계로 피곤에 지쳐 건강에 문제가 발생할 수 있어 오직 휴식을 원하는 산업시대의 부자이므로 시간에 대한 관리 경영력을 시급히 강화해야 한다.

돈은 없으면서 시간이 많은 사람은 시간을 돈으로 전환시키는 능력이 부족한 실업자와 거지로 신세한탄만 한다거나 돈을 원수로 생각하고 있어 살아가는 사고부터 혁신해야 한다.

돈도 없고 시간도 없는 사람은 지나치게 남의 일에 앞장서는 등 불필요한 곳에 매달리거나 아무 일도 하지 않는 비현실적인 몽상가이므로 주변사람에게 많은 피해를 줄 수 있으므로 자신을 뒤돌아 보아야 한다.

이같이 시간의 중요성으로 인해 우리는 "시간은 금이다."라고 하였으나 서양인들은 "시간은 돈이다."라고 하여 실용성과 경제적 가치창출로 여겼기에 그들은 생활문화 혁신에 앞장섰다.

이처럼 시간의 중요성과 속도개념을 인식해 서양인들은 경제적 부흥을 일으켜 선진국이 되어 문화적인 혜택을 누리고 있으나 아프리카 지방의 사람들은 시간을 멈추게 하여 결국 역사문명을 진화시키지 못하고 있는 것이다.

이런 점에서 근무형태도 특성에 따라 본인이 원하는 시간을 정해 1일 8시간 근무하는 유연근무제 속에 업무협조를 위해 공통분모 시간을 정하는 것이 바람직하고 출·퇴근이 자유로운 프리 타임제는 연구실, 기획실처럼 자율성과 책임성을 부과하는 방법이 효과적이다.

또한 무빙 오프스제는 불필요하게 사무실에 출근하지 않고 현장에 바로 출근하는 영업부에 적합하며, 휴대폰과 컴퓨터를 이용한 재택근무제는 정보와 책임성을 강화한다면 권장할 만한 방법이며, 성과근무제는 업무를 중심으로 성과에 따라 출·퇴근을 유동적으로 하는 기법이다.

이처럼 다양한 방법이 있는데 시간은 되돌릴 수 없는 귀중한 인생의 순간이자 재산임을 인식하여 소중하게 활용하기 위한 방법을 모색해야 한다.


2) 시간의 가치창조는 능률과 집결되어야 한다.

한때 "시간을 아끼자."라는 말이 유행한 적이 있었다.

이제는 시간개념에서 능률개념으로 바뀌었기에 시간의 양보다는 질을 중시한 시간단축을 위한 운동으로 연결해야 한다. 그러나 여전히 양적인 시간에 맞추다보니 결국 시간낭비를 초래하고 있는 실정이어서 시테크에 대한 인식이 시급하게 필요하다.

시테크란 노동력의 의존에서 벗어나 전략적인 사고를 가지고 각종 최첨단 정보기술을 적극적으로 활용해 시간을 단축시켜 경쟁력을 확보하며 고객만족 및 구성원들의 복지에 기여하는 등 경제적 효과를 얻는 한편 여유시간을 창조하는 시간관리 기술이다.

그 시간은 일을 더 할 수 있어 시간 인센티브를 줄 수도 있지만 기계도 쉬어야 하듯이 휴식을 통해 더욱 질적인 향상을 위해 재충전시간을 주는 등 새로운 시간창조의 효율화가 필요하다.

1일 총근무(8)시간 중 분석(관리, 영업직)을 해보면 업무목표에 맞춘 시간[경영성과에 맞춘 시간(25%) + 목표시간(25%)] + 방법상의 오류시간(25%)을 합한 것으로 실제 업무시간은 25%에 지나지 않는다.

월요일에서 토요일까지 44시간 일하던 것을 월요일에서 금요일까지 일하는 주5일 근무제로 인해 토요일과 일요일은 자기계발을 하거나 재충전하니 종업원, 고용자, 관광 등 일반사업자들 모두가 좋지만 여전히 영세한 중소기업 경영자들은 울상이다.

이처럼 시간경영력의 중요성으로 활용하는 사람이 늘고 있는 추세이지만 막상 시간을 창조하는 시간경영자는 아주 드물다.

이의 시차는 경쟁사와 고객의 원하는 타이밍, 표준시간, 환경변화속도와의 차이가 있는 것으로 시간창조형, 시간소비형, 시간파괴형 등이 있어 점검해볼 필요성이 있다.

시간창조형의 대표적인 예가 승용차, 항공기, 전화, 팩시밀리, 즉석사진, 즉석복권, 택배 등 수없이 많으며 일본에서 탄생한 라면도 3분라면, 1분면으로 단축되었으니 즉석라면은 더욱 활개를 칠 수밖에 없다.

기업이나 관공서 등 모든 조직들과 개인은 '어떻게 하면 시간을 효율적으로 활용, 창조할 것인가?' 에 대한 철저한 계획과 표준시간을 책정하며 우선 순위를 정하는 한편 이의 실천에 따른 분석을 실시하는 것이다.

업무의 중요성과 처리속도와의 관계도 긴급한 경우에는 본인이 즉시 처리, 매우 중요하나 긴급하지 않은 경우에는 연기 가능, 중요하지 않으나 긴급한 경우에는 위임 가능, 중요하지도 긴급하지도 않으면 폐기처리하는 것이 바람직하다.

이처럼 시간경영력은 시간미달, 표준, 특급, 초특급, 마하로 구분되어 특급, 특송, 특배가 인기사업으로 등장했고 민원처리는 3일 이내, 주문 후 1시간 내에 배달완료 등이 인기를 끌고 있다.

한편 우리는 노동(사회적, 가사, 학교), 생리(수면, 휴식, 식사, 몸단장, 목욕, 배설), 여가생활시간(교양, 오락, 스포츠, 산책, 교제, 봉사)의 시간자원을 효율적으로, 통제·배분·활용을 융통성이 있게 사용하는 것이 바람직하다.

이를 위해서는 1주일 단위로 시간을 계획하여 기록하는 시간일지를 작성, 분석, 검토 후 나쁜 생활습관을 혁신시키는 것이 좋다.

학습, 작업 방법의 검토로 수정은 물론 생활시간(노동, 휴양, 자유, 가사노동시간 분담)의 조화, 가족 공통시간(식사, 대화)의 확보, 실현가능(자투리 시간, 체력, 비용)한 계획, 자유시간(상호협력)의 확보를 하는 것이야말로 시테크의 지름길이다.

## 3) 시테크를 적극 활용하고 있는 사례들

### ▶사 례 1.

시간의 중요성을 인식하여 시간경영을 효과적으로 함으로써 고객들로부터 큰 호응을 받는 사례를 들어보자.

모 은행 역삼동 지점과 성동 지점에서는 고객들이 번호표를 뽑은 다음 5분 이상 기다릴 경우 1,000원을 보상해주는 시간보상제도를 운영하여 좋은 반응을 보이고 있다.

보통 은행에 가면 기다리기 마련이라는 인식을 불식시켜 주기 위한 것으로 바쁠 때 기다리게 되면 일이 계속 꼬이게 되므로 짜증이 나게 되어 결국 손님이 적은 다른 은행으로 옮길 수 있다는 고객서비스와 경쟁력차원에서 간단한 아이디어를 착안한 것이다.

### ▶사 례 2.

서울의 10여 곳에 직영점을 두고 있는 한 피자전문점은 고객이 피자배달을 시킨 후 30분 내에 배달되지 않으면 피자값의 반액을, 40분이 넘으면 아예 돈을 받지 않는다.

먹고 싶은 욕구가 강할 때 배달되어야지 그 열기가 식으면 기분도 상하고 입맛도 떨어져 거부를 당할 수 있어 맛의 우수성과 신속한 배달은 곧 품질서비스에 속한다는 착상은 이미지메이킹이 되었다.

### ▶사 례 3.

서울의 광진구와 영등포구 등 대부분의 구청은 공무원의 착오로 민원인이 구청을 한 번 더 방문할 경우 그 시간 및 정신적 보상으로 사안에 따라 5,000원에서 10만 원씩 지급하고 있다.

H제약사는 일의 사안에 따라 사장의 현장 구두결재가 수시로 내려지며 영업사원이 거래처로 출근하여 업무를 본 후 오후에 사무실로 돌아오는 식으로 시간과 업무의 효율화를 꾀하고 있다.


## 2. 멋진 인생을 설계하라.

1) 단 한 번밖에 없는 인생?
"인생이란 무엇인가?"

인생(人生)이란 사람의 목숨, 사람이 이 세상에 살아 있는 동안이란 뜻이다.

따라서 혼자 있으면 고독하고 쓰러질 것 같아 협력해야 한다라고(人) 하지만 보다 깊이 분석해보면 그보다 부분적인 생(生)은 외나무다리(一)를 걸어가는 소[牛]를 의미한다.

이로써 인(人)은 사회지향적이라면 생(生)은 내부적이고 개인지향적인 성격이 매우 강하여 복합적인 고민이 바로 인생임에 틀림없어 인생은 고뇌의 교향곡인 것이다.

이에 대해 중국 당나라 때 시인 두보가 지은 곡강시(曲江詩)에 인생칠십고래희(人生七十古來稀 : 사람으로 70살까지 살기가 예로부터 드문 일)라고 강조하여 인생행로가 쉬운 것은 아님을 단적으로 나타냈다.

그리스시대의 철학자이자 수학자였고 종교가였던 피타고라스가 "이 세상에서 제일 중요한 일이 무엇이냐? 인생을 어떻게 살아야 하느냐, 그것을 가르쳐 주는 일이다."라고 강조한 것은 지혜와 자세 및 방법을 가르쳐 주는 것이라고 하였다.

또한 스위스 사상가 칼 힐티는 "인간 생애의 최고의 날은 자기 인생의 사명을 작고하는 날이다. 하나님이 나를 이 목적에 쓰겠다고 작정한 그 목적을 깨닫는 것이다."라고 했고 탐험가 리빙스턴은 "사명을 가진 사람은 그것을 달성할 때까지는 죽지 않는다."라고 하였다.

이 밖에 철학자 니체는 "허무주의란 무엇이냐? 최고의 가치가 가치를 잃어버리는 것이요, 목표를 잃어버리는 것이요, 왜라는 물음에 대한 대답을 잃어버리는 것이다."라고 강조하였다.

인생에는 누구나 희로애락(喜怒哀樂)이 있기에 묘미가 있는데 만약에 희(喜 : 기쁨)와 낙(樂 : 즐거움)만 있어도 재미가 없을 것이며 노(怒 : 노여움)와 애(哀 : 슬픔)만 있으면 화병이 생길 것이다.

이로서 인생은 마치 고기를 많이 잡아오겠다는 희망을 갖고 바다에 나가는 어부와 같아 점점 육지와 멀어질수록 바람과 비 등 폭풍과 만나며 고기를 잡기 위해 유인해야 하며 그 순간 그물을 올리는 쾌감 속에 만선의 기쁨을 안고 돌아오노라면 대환영의 풍악소리를 들을 수가 있다.

하지만 아무것도 잡지 못하고 풍랑을 만나 침몰하는 최악의 경우에는 그나마 주변의 선박에 의해 구조되면 다행이지만 그것도 여의치 않고 몇 명만 살아서 죄인이 되어 돌아올 때면 허탈감만 남는다.

삼풍백화점이 붕괴되어 많은 인적·재산적인 피해를 보고 국제적으로 이미지가 실추되었는데 근본적인 원인은 설계와 시공 및 관리 등 총체적인 문제이다.

이제부터라도 현재의 위치에서 지침이 되는 인생설계와 수행을 위한 인생공정표를 만들어 실천하면서 체크하고 보완하는 과학적인 방법은 낭비와 붕괴를 미연에 방비하는 첩경이 된다.

단 한 번밖에 없는 인생이라는 바다의 모든 풍랑을 이겨내고 목표점을 향해 출항하는 모습이 멋지고 아름답기에 인생은 희망이 있고 삶의 가치가 있는 것이므로 앞으로 펼쳐질 인생을 설계하자.


2) 지혜, 가치 있고 아름답게 사는 법?

프랑스의 문호 빅토르 위고는 "산다는 것은 싸우는 것이다."라고 하였다.

또한 영국의 대문호 세익스피어는 "세계는 무대요, 남녀는 배우."라고 강조하였다.

이처럼 태어날 때는 나의 의사와는 상관없이 부모님의 사랑과 눈물의 씨앗에서 나왔지만 이왕에 태어난 이상 어찌하든 자신이 만들어 가는 인생은 자신이 책임져야 한다.

단 한 번밖에 없는 인생의 삶은 자신이 선택한 환경 속에서 고통이 따르는 가운데 철학자처럼 지혜롭고 종교인처럼 가치로우며 예술인처럼 아름답게 살 수 있는 방법을 모색해야 한다.

이들의 공통점은 일반인들과 다른 인생의 목표점을 삼고 이를 향해 사고하고 행동하며 달려가고 있어 권력, 돈과도 바꿀 수 없다는 자부심을 갖고 창조의 정신으로 감동을 전해줌으로써 사회와 인류를 아름답게 만들려 한다.

돈에 대한 물질적인 가치에서 벗어나다보니 극소수를 제외하고는 경제적인 빈곤으로 생활은 말이 아니지만 "예술은 길고 인생은 짧다."라고 외칠 수 있는 예술가라는 것만으로도 흡족해하나 그의 가족들이 협조해주지 않으면 가정은 엉망이 될 수밖에 없다.

하지만 온 가족이 마음만 비운다면 철학가처럼 지혜롭고 종교인처럼 가치 있으며 예술가처럼 창조적으로 아름답게 살 수가 있어 행복을 누릴 수 있다.

모든 것은 나의 마음에 달려 있는 것이다.


## 3) 멋진 제2의 인생설계의 꿈

모 중소기업에서 관리이사로 근무하다가 명퇴한 50대 초반의 O씨. 답답했던 도시를 벗어나 물 맑고 공기 좋고 인심이 좋은 한적한 시골에서 전원생활를 하니 마냥 행복하다.

아침에는 닭의 울음소리와 함께 일어나 약수터를 찾을 때면 모든 자연만물이 신선해 보이고 새소리는 음악소리로 들리며 텃밭에 심은 상추와 고추 등이 하루가 다르게 무럭무럭 자라 그것들을 길러 먹는 재미는 이루 표현할 수가 없다.

그는 재취업을 위해 백방으로 뛰었지만 곤란하다는 것을 알았다. 아무 이유 없이 아내와 함께 몸이 점점 아프자 모든 것을 떨치고 무에서 출발해 새로운 인생을 살기로 결심하고는 말이 가족회의지 독단적으로 중대발표를 하였다.

즉 퇴직금으로 사업을 해봤자 할 만한 것이 없고 까먹을 것만 같은 두려움에서 해방되는 길은 어릴 적부터 꿈꿔온 농사를 지으면서 전원생활을 하는 것이었다. 그러나 제안은 그만 반대에 부딪쳤다.

그래도 다행히 가족들이 2년간의 유효기간을 주어 마음의 준비를 하기 위해 대학시절 동아리 봉사활동이 인연이 되어 자주 찾던 동네에 사두었던 땅을 자주 찾아 겸손한 마음으로 동네사람들과 어울렸다.

이상하게도 시골에 오면 부부는 마음이 편안해지고 넉넉해지며 몸도 안 아프자 부인도 결국은 동의하여 대학에 다니는 두 아들은 작은 아파트를 전세로 얻어주고 그들 부부는 기존의 농가를 정리하여 주변환경과 어울리게 하면서 경비도 크게 줄였다.

농사를 지을 줄 몰라 농대 교수인 친구의 권유로 1만 5000평의 임야에는 손쉽게 가꿀 수 있는 감나무를 심었고 300여 평의 텃밭에는 기본적인 곡식을 심어 모르는 것은 동네 어른들께 항시 물어보고 책을 사다가 공부하는 재미로 시간가는 줄을 모른다.

가끔 동네사람들과 벌이는 막걸리 파티는 더욱 친밀하게 만들었고 두 아들은 방학 동안 동네 아이들의 무료봉사 선생님이 됨으로써 바쁜 농사일에도 불구하고 달려와 도와주며 먹을 곡식까지 주는 등 이미 이웃사촌이 되었다.

큰아들이 백화점에 취직하던 이듬해 탐스런 감을 수확하고 또이 감이 아들이 다니는 백화점으로부터 무공해 과일로 인정받아 주문 납품하던 날, 부부는 밤새 붙잡고 행복한 울음을 터트렸다.

주변에 아카시아나무와 밤나무가 많으므로 양봉을 하면 좋고 동네 아주머니들의 소일거리를 위해 김치공장을 세우는 한편 공동브랜드로 다양한 농산물을 출하하는 등 벤처농업으로 육성시키는 방안을 고려해 봄직하다고 아무 생각 없이 던진 이야기가 큰 호응을 얻었다.

이로써 본의 아니게 마을지도자로 부각되어 그 책임을 다하기 위해 동네 사람들과 하나가 되어 노력하고 있다.

또한 버려져 있다시피 한 각종 전통 물건들을 모아 박물관을 만들고, 마을 어귀에 수십 개의 장승을 세우고 밭에 아무렇게나 모아둔 돌멩이로 수십 개의 탑을 쌓고 해바라기를 심어 사진촬영대회 및 각종 이벤트 행사를 추진하려는 계획도 가지고 있다.

먹고 놀다가 가는 1회용 공간이 아니라 보고, 듣고, 느끼고, 먹고, 자는 등 연중 체험을 할 수 있게 빈집을 깨끗하게 수리해 민박촌을 조성하는 등 문화마을의 꿈을 실현하기 위해 노력하고 있다.

앞으로의 소망이 있다면 공동사업을 추진해 공동주택을 건립해 편하게 살 수 있게 하고 장학금을 만들어 혜택을 줌으로써 동네의 청소년들이 대학 졸업 후 고향에 내려와 살기를 바라는 것이다.

그는 친구들이 사업한다고 하다가 경험부족으로 몇 년만에 퇴직금과 살던 아파트까지 날리는 등 고생이 이만저만이 아닌 것을 보면 안쓰럽게 여겨지고 지금의 자신에게 감사하고 있다.

## 3. 가정을 효과적으로 경영관리하라.

### 1) 가정의 자원과 환경에 따른 체계

이 세상에서 무엇과도 바꿀 수 없는 소중한 것이 가정이다. 가정은 가(家 : 집)＋정(庭 : 뜰)의 합성어로 정원을 뜻한다. 따라서 인생의 안식처이고 행복의 보금자리이며 애정과 신뢰의 공동체인 동시에 사회적인 기본단위로서 영원 불멸해야 할 운명공동체이어야 한다.

주인을 중심으로 하여 어버이와 자식, 부부들이 공동생활을 하고 있는 사회의 가장 작은 집단인 가정은 인간 최초의 학교로 부모는 인간 최초의 스승임에 틀림없어 언행에 신중해야 하는 것은 당연한 일이다.

페스탈로치는 "가정은 도덕의 학교이다."라고 하였고 헤르바르트는 "한사람의 훌륭한 어머니는 백사람의 선생과 맞먹는다."라고 강조하였다.

이처럼 행복의 보금자리인 가정은 가족의 온갖 자원을 바탕으로 민주적·효율적으로 운영하여 만족을 찾기 위해 온갖 노력을 다하여 보다 낳은 혈통을 이으려는 그야말로 혈육으로 형성된 특수한 작은 조직이다.

이때 가정자원이란 가족의 욕구를 충족시키기 위해 사용되고 충족시킬 수 있는 잠재력을 갖는 수단이 되므로 생산을 위해 이용되는 물적·인적 요소로서 자연계의 존재에서도 이용가치가 있는 것을 말한다.

이는 유한성, 효용성, 다용성, 상호관련성 등의 특성을 가진다.

그 성격에 따라 인적자원은 개인이 선천적·후천적으로 갖는 자원으로 육체 및 정신적인 활동을 수행하는 모든 요소와 부부, 친자관계 등 아주 특별한 관계에서 생기는 협동적인 태도나 의사소통, 친밀감, 충성심, 신뢰감 등 가족의 화목을 도모하는 자원이다.

반면에 비인적 자원은 가족들이 소유하지는 않으나 알맞게 활용하여 윤택한 생활이 되도록 하는 외부환경적인 자원이기에 가정, 근접, 광역환경을 잘 관리하고 활용하여 가정의 목표달성을 위해서는 가정의 자원관리의 요소구성과 효율적인 상호작용을 위한 가정자원의 관리기술이 요구된다.

특히 가사노동 관리는 가정생활의 대부분이 가사노동을 통하여 이루어지므로 가족 구성원의 욕구충족을 위해서는 인적·비인적 자원을 활용하여 가사를 주부에게만 맡기지 말고 관리노동, 기술노동, 단순근육노동을 능률적으로 운영하기 위해 역할을 분담하는 지혜가 필요하다.

항시, 주기적, 수시로 하는 일로 대개 금전적인 보수가 주어지지 않고 애정과 봉사가 깃든 자주적인 노동으로서 고유가치 속에 시간의 제약이 없어 타성에 빠지기 쉬우며 광범위하면서도 매우 복잡하다는 점은 인정해야 한다.

더구나 가족의 기호, 흥미, 관심, 직업, 가치관, 목표 등에 따라 분위기, 가치관, 비전 등 그 내용이 달라지게 되므로 아버지와 어머니의 의식과 행동이 절대적인 영향을 끼치게 되어 언행이 신중해야 하고 가정이라는 울타리는 자유 속에 보이지 않을 정도로 직·간접적인 규율 속에 구속을 받는 것은 어쩌면 당연하다.

또한 언제나 라이프사이클(생활패턴)이 반복적이어서 단순화, 표준화, 자동화가 가능하여 이에 대한 관심과 개선이 요구된다.

가정에서 인정을 받지 못하면 밖에 나가서도 인정받을 수 없으므로 부족하더라도 항시 격려해주고 따뜻한 사랑으로 감싸주는 것이 좋으나 지나치면 오히려 병이 된다는 사실을 유의해야 한다.


## 2) 가족의 형성과 생활설계

가족은 결혼에 의한 혈연으로 맺어진 구성원으로 의식주생활을 함께 하며 공동의 생활목표를 실현해 가는 작은 운명체로서의 사회집단인 것이다.

내부적으로는 사회생활에서 오는 정신, 육체적인 피로와 긴장을 애정과 신뢰 속에 식사, 수면, 휴식 등을 통해 해소하고 건강을 유지해 노동력을 재생산하며 노동에 의한 수입으로 필요한 물건을 구입하여 소비한다.

자녀에게 신체적인 건강과 생활양식과 행동규범을 가르쳐 인격형성과 기본적인 습관 등을 길러 건전한 사회인으로 성장하도록 도와주며 노인이나 빈약자를 당연히 보호해야 하며 경제적인 부양과 정서적인 배려 및 신체적인 도움을 제공해 여생을 안락하게 보낼 수 있게 해준다.

외부적으로는 노동력의 제공과 자녀양육을 통해 장래의 노동력을 제공하고 자원의 소비와 저축, 세금으로 자본제공과 산업발달과 복지증진에 이바지하며 민족 전통문화와 풍습 등의 생활양식을 계승하고 생활의 질적 향상변화로 새로운 문화를 창조한다.

　과거에는 가문의 영속적인 존속을 지상가치로 삼아 부계적 경향이 강해 가장은 가계의 계승에 대한 책임과 권한을 가지고 가족의 절대복종을 요구하는 가부장권을 지녀 상하의 신분서열이 뚜렷하였다. 그러나 이제는 그런 생각을 했다가는 말년에 초라하게 된다는 사실쯤은 알고 있을 것이다.

　이런 점에서 사랑과 신뢰의 바탕 위에 공통적인 관심사를 갖도록 하고 마음의 문을 연 상태에서 경청해주고 약점을 감싸주며 인격을 존중해주는 한편 갈등이 발생시에는 잘못의 비중에 얽매이다 보면 더욱 감정의 골이 깊어만 가기 마련이다.

　가족구성원 전체가 평등한 인격체로서 개성과 능력을 인정해주고 인생의 동반자로 여겨야 건전한 가정을 이룰 수 있으나 1인 독재체제로 가면 언젠가는 가족 쿠데타가 발생하기 마련이다.

　사랑과 행복을 실현하기 위해 가장 핵심적인 부부관계는 고정적인 역할관념에서 탈피하여 상황에 따라 융통성 있는 역할을 수행하기 위한 노력이 필요하다.

　결혼해서 첫 자녀를 출산하기 이전까지의 가정형성기는 목표를 세우고 가치를 확립하며 자원에 대한 태도결정, 가정확대기(자녀육아, 교육기), 가정축소기(자녀독립, 노후기)에 대한 대책도 필요하여 그에 걸맞는 생각과 행동은 멋있으나 그렇지 못하면 추해진다.

　결혼한 순간부터 의무와 권한 및 책임이 따르기 마련이며 공동체 가족은 부부공동의 생활설계에 따라 서로 사랑과 믿음을 갖고, 믿어주고 끌어주는 상호 협력은 가정생활을 행복하게 만든다.

### 3) 가정경영의 성공사례 원인분석

#### ▶사 례 1.

"망하는 집안은 하는 것마다 되는 일이 없다."라는 말에서 "되는 집안은 가시나무에 수박 열린다." 말을 실천한 사례가 있다.

40대 후반으로 중소기업체 사장인 R씨는 원래 상당히 권위적이었으나 가정일이 엉망이 되자 "가족경영도 못 하면서 무슨 기업경영을 잘할 수 있느냐?" 반문하면서 가화만사성(家和萬事成)을 중시했다.

이로써 회사경영이 아닌 가정경영을 하자는 결론을 내려 호주이며 가정의 최고경영자인 나부터 변신하고 전무이사인 아내와 파트너십으로, 자식은 종업원으로서 팀워크를 이루면서 신바람 나게 보람을 찾아 행복하게 살아보자는 것이다. 그러니까 가족을 기업경영처럼 운영하는 물적, 인적자원 등 에너지를 최대한 극대화시킬 수 있도록 민주적이고 합리적이며 투명한 협력경영을 해야만 불만 없이 성장할 수 있음을 깨달았던 것이다.

부인은 아들을 낳는 의무와 가사노동을 주로 하는 것이 마땅하다고 여겼으나 이제는 우애와 평등을 주로 한 동료적 가족관계로 변화시키기 위해 인간의 중요한 정서 중의 하나인 사랑의 소중함을 알게 된 것이다.

"가족들에 대한 깊은 관심과 배려는 물론 최선을 다하는 책임감, 처한 상황이나 능력을 인정해주는 데서 싹트게 된다."라는 아주 평범한 문장에도 감명 받아 때로는 폭언과 폭행한 것을 크게 후회했다.

아내는 아이들의 교육자, 보육자, 격려자, 상담자로서 지나치게 과보호를 하면 자녀들이 이기적이고 나약해지므로 예절과 사회성을 익히게 하는 한편 형제 자매는 평등하게 해주어야 효과적이라 믿고 그렇게 하려고 노력하고 있다.

### ▶사 례 2.

R사장은 고부관계는 세대, 권한, 풍습 차이 등으로 갈등이 생기는 경우가 많아 이를 조정하기 위해 서로 이해하고 사랑하고 존경하기로 했다.

부모님은 여생에 활력과 만족감을 주며 대리부모, 훈육, 가풍의 전달자이자 집안의 큰어른이기에 공경하고 이해하며 지도를 받아들이는 태도를 갖추기로 했다.

이로써 매월마다 가족회의를 통해 반성하고 다음달에 대한 준비를 하는 한편 연말에는 종합품평회를 갖고 음악회에 참가하는 등 인내하는 노력으로 가정에는 웃음꽃이 피게 되었다.

아내도 건강이 상당히 회복되었으며 부모님도 자주 찾아 뵙는 등 과거처럼 행복한 생활을 하자 회사일도 점점 풀리고 있다.

가정경영은 곧 기업경영임을 깊이 깨달은 후부터는 가정경영을 주변에 권고하고 있다.

## ㄴ. 나의 행복지수를 향상시켜라.

### 1) 행복이라는 추상적인 말

인간은 누구나 편안함 속에 행복하게 살기를 바란다.

행복(happy)이란 복된 좋은 운수, 심신의 욕구가 충족되어 조금도 부족함이 없는 상태를 말한다는 점에서 측정하여 수치화하기가 매우 곤란하다는 특징이 있다.

<br>

**행복(happy)의 개념과 본질**

H(Halt : 멈춰서다) – 기쁜 순간이 멈췄으면 좋겠다(순간을 영원히).

A(Action : 행동) – 행동으로 나타나야 한다(미소, 대화, 음미).

P(Pleasure : 기쁨, 만족, 쾌감, 희망) – 기쁨을 나누고 싶다(보존, 공유).

P(Pink : 핑크) – 더 올라갈 것이 없다(최고 상태).

Y(Yourself : 당신 자신) – 누가 느끼거나 느껴 주는 것이 아니라 자신이 느끼게 된다(나, 우리 문제).

c. chae soo myung 9

<br>

자신과 가족, 친구 중에서 합격하는 등 어려운 뜻을 이루었거나 좋아하는 음악을 들으며 커피 한 잔을 마시는 순간에 행복감을 느끼는 경우도 있는 등 인간은 감정적이어서 사소한 것에 행복감을 느끼는 경우도 많다.

죽을 고비를 넘긴 사람은 살아 있다는 것만으로도 항시 행복감을 느낀 경우도 있는 것을 보면 행복이란 측정하기가 매우 곤란한 지극히 주관적이어서 천차만별이다.


## 행복의 요소

**정신적** : 개인의 욕구충족(목표달성과 사용욕구), 상호간 사랑과 신뢰,
편안함, 상호협력 동기부여, 성격, 취미, 종교, 근면, 비전

**경제적** : 경제적 안정, 물질적 풍요(소유욕구), 구매, 검소

**육체적** : 건강, 이미지메이킹, 성관계

**자녀적** : 자녀수, 자녀성격, 자녀교육, 장래성

**환경적** : 안전, 풍요, 주거환경, 친인척 관계

**기  타** : 친우, 술, 담배, 감상, 인간관계

c. chae soo myung 10


## 행복지수

**특징** : 주관적, 감정적, 유동적, 비교 우위적

**수(90~100)** : 매우 행복(매우 만족) ⇨ 행복을 지속할 수 있는 방법 모색

**우(80~89)** : 행복(만족) ⇨ 매우 행복함, 지속성 모색 요망

**미(65~79)** : 보통 ⇨ 행복한 방법 모색 요망

**양(40~64)** : 불행(불만족) ⇨ 매사에 불평, 불만(긍정적 사고 시급, 원인분석
후 개선, 전문가 상담)

**가(0~39)** : 매우 불행(불만족) ⇨ 폭발직전, 화병원인, 전문가 즉시상담 요망

c. chae soo myung 11


그러나 우리 인간은 지위의 높고 낮음, 부의 소유에 관계 없이

정신적 행복보다는 경제적 풍요에 의한 상대비교 우위적인 편리
성만을 고려한 결과 진정한 행복의 맛을 모르는 경우가 많다.

절제할 줄 모르는 지나친 욕구와 지나치게 경쟁적이고 비교하
는 사회에서 오랫동안 익숙하게 살다보니 행복보다는 갈등과 고
통 그리고 긴장 속에 살아가는 시간이 너무나도 많다.

이런 점에서 행복은 찾는 사람에게 있는 것이지 소유하는 사람
에게 있는 것이 아님을 깊이 되새겨 볼 일이다.


## 2) 사랑은 창조적인 힘의 원천

인간은 사랑을 먹고 사는 동물이다.

그러므로 '사랑은 눈물의 씨앗', '사랑의 미로', '사랑으로' 등
주옥같은 노래와 시는 물론 소설 등 이에 대한 얽힌 이야기는 무
수히 많고 많을 수밖에 없다.

사랑에 푹 빠졌을 때의 감정은 누가 뭐라고 하면 할수록 오히려
입, 눈, 귀 등 모두를 잃어버리게 된다.

사랑의 일반적인 7대 속성은 상대방에 대한 관심과 부드러운
감정을 갖고 충분한 이해에 따른 존중과 책임감 및 무한히 주는
건전한 행위가 되려면 남에 대한 무관심이 관심으로 바뀌고 남을
무시하던 감정에서 부드럽게 변하며 남을 무시하던 사람이 존중
하게 되고 무책임하던 사람이 책임감이 강해진다.

또한 이해심이 많아지며 받기만 하던 이기적인 사람이 주게 되
는 이타주의로 변하게 되고 불건전한 사람이 건전한 사람으로 변
화되어 나의 생각과 가치관은 물론 행동 및 생활까지도 변혁을 이

루는 등 인간혁명까지도 가져온다.

바울은 "사랑은 오래 참고, 인자하며, 사랑은 투기하거나 자랑하지 아니하며, 교만하거나 무례하지 아니하고, 사랑은 제 생각만 하지 아니하며, 성내지 아니하며, 원한을 품지 아니하며, 의(義) 아닌 것을 기뻐하지 아니하며, 바른 것을 기뻐하고, 사랑은 범사(凡事)에 참으며, 범사에 믿으며, 범사에 견디나니라." 했다.

반면에 정신분석자 프로이드는 "인간의 모든 문화와 발전은 성의 원천에서 솟아 나온다."라고 극찬하여 사랑이야 말로 탄생의 창조적인 씨앗이 되는 것임을 강조하였다.

여기에는 피로 얽힌 혈족애의 스토르게(storge), 남녀간의 뜨거운 사랑의 에로스(eros), 끈끈한 우정의 필리아(plilia), 종교적인 사랑의 아가페(agape) 등이 있다.

특히 이성교제는 성인 남녀의 역할을 학습해주며 이성에 대한 적응력을 키워주고 자신을 보는 인격성숙 등 상대방을 알 수 있는 기회인데, 배우자 선택은 자신은 물론 친족에까지 미치는 영향이 매우 큰 현실이므로 감정보다는 이성 속에 신중해야 한다.

충분한 교제기간을 통해 상대방의 건강, 애정, 학력, 부양능력, 사회적 배경, 가문, 종교, 가치관, 취미 등을 이해하는 한편 외향적인 조건보다는 가치관, 결혼관, 인품 등 내면적 요인이 자신 및 자녀와 조화를 이루는지 살펴보고 부모나 친지의 의견을 존중하여 반대가 있으면 충분한 대화로 해결토록 하는 것이 좋다.

상대방의 장점보다는 약점과 부족한 점까지도 수용할 수 있어야 하며 이를 위해 자신의 약점까지도 개방해야 나중에 실망과 갈등이 없는 등 결혼은 성숙한 남녀가 정신적 · 육체적으로 결합하여 부부가 된 사회적 승인제도로 성적 욕구충족은 물론 이해와 사랑으로 책임과 의무가 뒤따른다.

남자는 눈으로 사랑을 하기 때문에 에로틱한 그림을 보아도 흥분하나 여자는 귀로 사랑을 느끼기 때문에 연애소설이나 영화의 키스장면을 보아도 흥분하게 된다.

이런 점에서 상호 호감과 신뢰 속에 충분한 분위기 조성과 애무는 감미로운 멜로디를 엮어내는 에로스의 결정체로 남성은 주고 여성은 받는 편이라는 점을 십분 발휘하면 효과적이다.

가식되고 육체적인 순간적인 사랑은 불행과 파멸의 마약이지만 진실되고 정열적인 변함없는 사랑은 창조적인 자기애이고 역사와 세계를 움직이는 창조적인 에너지이며 무를 유로 만드는 무기이기도 하다.

3) 행복지수가 높고 낮은 사람들
▶ 사 례 1.
구로동에서 옷공장을 하다가 망해버린 J씨는 요즈음 부인을 생각하면 미안함과 동시에 눈물이 나온다.

같은 옷공장에서 일하면서 만난 이래 항시 희망을 주었고 무일푼이 된 지금도 변함이 없다. 부인이 가족을 먹여 살리겠다며 학교 앞에서 밤 늦게까지 떡볶이를 팔고 파김치가 되어 돌아오면서도 항시 웃음을 잃지 않는 모습을 보면 고맙기만 하다.

오히려 지금이 자기들의 참모습이고 가장 행복했던 연애시절로 돌아간 지금이야말로 희망을 줄 수 있는 좋은 기회이고 가장 행복한 시간이라면서 남편을 격려해준다.

▶ **사 례 2.**

사업을 하다가 실패한 30대 후반의 H씨는 재기를 위해 구상을 하지만 여전히 경제적으로 무능해 아내가 처가의 도움으로 식품가게를 차렸다.

자격지심이 강한 상태에서 처갓집 식구들이 자주 드나들다 보니 더욱 위축되어 사사건건 말싸움을 하다가 급기야 방황을 하고 있으며, 새벽에서 밤까지 일하는 아내는 파김치가 되어 집으로 돌아오고 아이들은 아이들대로 엉망이다.

부부싸움이 잦아지면서 폭언과 폭행으로 이어져 급기야는 별거에 들어감으로써 행복지수는 최악의 상태에 놓여 있다.


## 5. 장기적인 비전을 갖고 준비, 투자하라.

1) 인간은 꿈을 먹고 산다.

인간은 꿈을 먹고 사는 동물이다.

만약에 꿈이 없다면 희망이 없으므로 육체적인 죽음은 결국 정신적으로 죽는 것과 다름이 없다.

때문에 비통함보다도 참담할 뿐이나 꿈을 먹고 사는 젊은이들은 희망과 비전을 실현하기 위해 미래를 투자하려고 한참 놀며 지낼 나이에 자기와의 어려운 싸움을 하고 있는 것이다.

지구촌을 뜨겁게 달구었던 2002 한·일 월드컵.

세계에서 내노라고 하는 축구 선수들은 축구장에 모여 멋진 경기를 벌여 그야말로 지구촌의 축제가 고조되어 묘기대행진 속에 축구팬들은 또 다른 축제문화를 연출하였다.

이를 놓칠세라 언제나 민주화열기의 상징이 되었던 대도시 중심가의 곳곳에 붉은 옷을 입은 사람들이 붉은 악마를 자청하며 모여든 진풍경은 우리도, 세계도 놀랐다.

수만 명에서 수십만 명의 붉은 악마를 자청하여 "오! 필승코리아, 아! 대-한민국."을 외쳐대는 가운데 1승 아니 16강에 대한 열기는 83년 전 기미년 독립만세운동을 연상케 했다.

그야말로 남녀노소, 직업의 귀천에 관계 없이 12번째 태극전사 붉은 악마들의 함성은 모처럼 국민들과 동포들을 하나로 묶어 우리도, 세계인들도 놀라게 만들기에 충분했다.

더구나 60m나 되는 초대형 태극기의 물결과 "꿈★은 이루어진다."라는 카드섹션 속에 경기가 끝나도 자리를 뜨지 않고 벌어진 뜨거운 함성의 응원열기와 자리를 뜨면서 벌인 청소하는 모습은 진한 감동을 주기에 충분했다.

세계 언론들도 이런 모습에 감동하여 시간마다 내보내는 월드컵소식에 붉은 악마들의 질서정연한 행동과 청소하는 장면을 내보내 우리를 다시 보게 만들기에 충분했다.

월드컵에 5회나 출전했으면서도 1승 한 번 못 했기에 그 소원을 풀기 위해 온 국민이 가슴을 죄며 경기를 지켜 보았고 그렇게도 그리던 16강의 소원을 넘어 8강 아니 4강에 드는 한강의 기적이 아닌 한민족의 기적을 낳아 세계도 우리도 놀랐다.

세계 축구강국이자 우승후보국이었던 폴란드, 이탈리아, 스페인을 차례로 무너뜨린 태극전사들의 투지와 히딩크 감독의 용병술은 물론 12번째 전사 붉은 악마와 온 국민들의 함성은 한 달 동안 한반도를 떠들썩하게 만든 우리들을 위한 월드컵이었다.

우리가 그동안 외세침략과 군사 독재자들의 피해 속에서 부정적으로 생각했던 사고를 긍정적이고 적극적이며 주체적인 사고로 전환시키는 거대한 분출구를 만들어 준 계기를 만든 것이다.


## 2) 확실한 비전 만들기

비전이 있어야 희망이 있다. 만약에 비전이 없다면 무의미하여 어떤 일을 열심히 하려고 하지 않을 뿐만 아니라 살아갈 의미마저도 없기 마련이다.

비전(vision)이란 시각, 상상력, 선견, 통찰력, 상상(미래)도, 광경, 일견이란 의미를 갖는다는 점에서 우리가 나아갈 지표이며 달성해야 할 목표이므로 아주 중요한 미래의 모습이다.

따라서 이는 실현을 위한 계획으로서의 준비가 있고 실천방안에 의한 실천이 있는 행위이기 때문에 어떤 일을 이루고자 하거나 그것을 얻으려고 바라는 한편 좋은 일이 오기를 기대할 때에 일어나는 감정인 희망과는 아주 근본적으로 다르다.

그러나 웬만한 기업이나 조직 등에서 경쟁적으로 너도 나도 비전을 내세우고 있거나 발표하였지만 그 내면을 보면 구체적인 실천방안이 없는 등 막연한 희망사항의 구호에 지나지 않아 그 결과는 뻔하다.

그렇다면 비전을 확실히 세우는 방법은 없을까?

훌륭한 비전이란 고객지향, 공익지향, 혁신지향, 인간지향 등을 통해 자신과 조직원에 대한 꿈이나 희망을 느끼게 하여 자부심을 갖게 하고 동기유발이 담겨 있는 등 무엇보다도 실현가능성이 있어야 한다.

즉 모든 구성원이 강한 구심점 아래 조직에 침투함으로써 다양한 장면에서 판단상의 가치기준과 행동상의 규범이 되어야 하는 것이다.

그러나 단순히 경쟁자들도 하니까 우리도 해야 한다라는 경쟁심리와 일부 층만을 위한 과욕만을 고려해 슬로건과 홍보카피의 구호에 지나지 않는다면 오히려 역효과를 가져오는 경우가 많아 시급히 개선되어야 한다.

이런 점에서 경영수뇌부는 강한 의지력과 믿음을 갖고 비전을 제시하는 선교사, 교육자, 추진가로서의 역할을 해야 하는 것은 당연하다.

과거에는 위기감의 돌파구로 사용했으나 오늘날에는 꿈과 희망에 호소하고 있는 추세로 평상시의 신뢰와 협력이 바탕이 될 때 구성원 개개인의 마음속에 파고들게 된다.

때문에 자신의 능력과 주변상황을 고려해서 실현가능한 비전을 세워야 자신감이 생겨 의욕을 가지고 추진력이 발동되어 기대하는 목표를 달성할 수 있다.

그러나 자기분수에 넘치는 비전을 추진하려다 보면 오히려 허둥지둥하여 좌절을 가져오기 마련이다.

비전이 없다는 것은 꿈과 희망이 없다는 것과 같으나 그렇다고 허무맹랑한 것은 오히려 자신을 헛되게 만드는 고무풍선과 같은 것이기에 배제해야 한다.


### 3) 비전의 꿈을 가꾸는 기업과 사람들

#### ▶사 례 1.

S그룹의 비전은 '의식주에 대한 걱정은 없어지고 남보다 더 잘 살게 된다. 더 잘살게 되는 것이란 더 즐기고 더 자랑하며 자식, 부모, 아내, 친척에게 더 배려할 수 있다. 남도 잘살게 도와주는 입장에 서며 회사에 오래 아무 걱정 없이 일만하면 된다. 병이 나면 세계 최고의 시설에서 치료받고 더 나아가 미리 예방해준다. 죽으면 S그룹의 공동묘지에 안장해 주며 본인이 죽어도 자녀교육 및 가족생활은 전적으로 회사가 보장해 준다.' 는 것이어서 귀추가 주목된다.


#### ▶사 례 2.

일본 S기업의 비전은 '다른 곳이 하지 않는 것을 하고 다른 곳보다 한발 앞서 하며 최고의 기술을 발휘한다. 세계를 고객으로 하며 자신의 능력을 최고로 발휘하게 하고 실력, 인격본위로 경영한다.' 는 것이니 지켜볼 만하다.

▶사 례 3.

G씨는 군제대 후 대학을 졸업하여 식품회사에 어렵사리 취업을 하였다.

멋진 결혼을 하고 달콤한 신혼생활을 하며 나중에 식품회사를 차려 어엿한 사장이 되겠다는 꿈을 갖고 마냥 행복해 했으나 그만 부도가 나는 바람에 하루아침에 모든 생활을 바꾸어 놓았다.

무박 2일의 배낭여행을 하면서 얻은 결론은 취업이 어려우니 아이 낳는 것 등 모든 계획을 뒤로 미루고 체면 따위를 내던지며 친구, 친척들과 왕래를 두절하는 등 앞으로 5년만 고생하여 자금을 마련해 식품회사를 차리자는 계획을 세운 것이다.

하는 수 없이 전세를 빼서 웬만한 도구는 시댁과 처갓집으로 분산시켜 놓고 가족들의 만류를 뿌리치고 식품영양학과를 나와 솜씨가 좋은 아내와 부침성이 좋은 남편을 무기로 삼아 방 한 칸이 딸린 음식점을 인수하고 직접 수리해 간편 음식점을 하고 있다.

아침에 샐러리맨들이 아침식사를 거르고 출근하는 것을 착안해 저렴하고 간편한 햄버거를 내놓고 점심과 저녁은 물론 밤 늦게까지 일해 매상은 1일 100만 원에 이른다.

아주머니 2명과 아르바이트 학생 4명과 서로 가족처럼 재미있게 지내면서 수익도 직장에 다니는 것보다 몇 배나 많으니 식품회사를 멋지게 차릴 원대한 비전 아래 틈만 나면 식품회사 설립과 운영방법에 대한 계획을 수립하고 있어 마냥 행복하단다.

# 따따블 - 재테크경영

## 1. 부기회계를 알아야 부자가 된다.

### 1) 부기와 회계의 상식

부기를 알아야 부자가 된다.

그러나 부기하면 골아픈 숫자계산으로 여겨 알려고 하지를 않으며 안다고 해도 단순한 계산으로 끝나는 경우가 많다.

부기(book-keeping)란 재산의 증감변화를 장부에 기록하고 계산하며 정리하여 그 결과를 명료하게 하는 기장법으로 단식부기와 복식부기가 있으며 다시 용도에 따라 상업부기, 은행부기, 관청부기, 공업부기, 농업부기, 가계부기 등으로 구분된다.

회계는 재산과 수입 및 지출의 관리와 운용에 관한 계산제도이다 보니 일종의 서비스이고 정보로 경영자, 투자자, 채권자 등의 이해관계자들에게 경제적 실체에 관한 유용한 정보를 제공하는데 목적이 있다.

회계원칙은 역사적 원가, 수익실현, 대응, 완전공개, 보수주의를 택하고 있으며 회계연도는 보통 1년 1기로 하여 1회계연도라 하는데 우리의 경우 1월 1일부터 그해 12월 31일로 하고 있다.

회계감사는 회계보고가 정확한 재정상태 및 영업성적을 표시하는가의 여부를 확인하기 위하여 타인이 작성한 회계기록을 검토, 증명하는 일로서 내외적 신뢰도에 중대한 역할을 하여 투명해야 하나 그렇지 못해 많은 문제점을 낳고 있어 이에 대한 개선이 시급하다.

손익계산서는 기업의 경영성과를 명확하게 보고하기 위해 일정기간 동안 일어난 거래나 사건을 통해 발생한 수익, 비용, 이익, 손실을 나타내는 기본 재무제표의 하나이다.

이를 통해 수익과 비용의 대응에 의한 기업의 당기 경영활동의 성과를 측정할 수 있고 이익 창출력에 관한 정보 제공과 미래 순현금 흐름을 예측하는데 유용한 정보를 제공하고 내부적으로 경영계획이나 배당정책의 수립 자료로 이용되고 있다.

이때 수익은 일정기간 동안 재화의 인도, 생산, 용역제공, 기타 실체가 계속적으로 수행하는 중심이 되는 활동으로부터 얻은 자산의 유입과 증가, 부채의 감소를 의미한다.

반면에 재무(financial)는 기업활동에 필요한 자본을 조달하고 조달된 자본을 기업목적에 유용하고 합리적, 경제적으로 운용하는 일이기에 이것의 목표는 집행(활동성)과 관리(수익성, 안전성)에 있다.

우리 나라의 경우 자본조달의 한계성은 금융시장의 미발달, 자기금융의 제약성, 공적 금융조달의 제한성 등이 있어 그 개선이 시급하다.


### 2) 가족의 효율적인 경제, 예산활동

가정생활을 영위하려면 정신적으로는 물론 물질적으로 안정되어야 한다.

특히 개인적인 욕망과 행복을 추구하기 위한 방법으로 한정된 재화를 가지고 생활에 필요한 물자와 서비스를 유효 적절하게 지출하는 것이 바람직하다.

생계비란 가정생활을 영위하기 위해 일정기간 내에 노동력을 재생산하고 욕망을 충족시키는 한편 건강한 생활을 영위하는데 필요한 총지출이 가계비이다.

벨기에의 학자 엥겔(Engel)은 「가계가 빈곤할수록 총지출 중에서 음식물비가 차지하는 비율이 높다.」라는 법칙을 창안하였고, 이를 생활수준을 나타내는 척도로 삼고 있어 국민생활 상태파악이나 임금책정의 기준 자료가 되고 있다.

생계비에 영향을 주는 가족구성, 직업, 수입, 물가, 지역, 생활정도, 구매태도, 계절 등은 생활의식구조에 따라 상당한 차이를 이룬다.

합리적인 경제생활을 위해서는 한정된 수입으로 알맞은 지출계획을 세우고 적절한 예산편성은 생활비를 적절하게 항목별로 배분하여 불필요한 낭비를 막는 등 수입과 지출이 균형을 이루어 안정된 가정생활을 위한 노력이 필요하다.

이때 예산 생활계획의 목적은 과거처럼 먹지도 입지도 않고 저축을 높여 재산을 늘리는 데만 있기보다는 가족의 욕구를 최대한 만족시켜 풍족하게 하는 데 있는 것이다.

총수입, 지출, 가족상황, 생활태도, 거주지, 교통, 구매태도, 특수사정 등을 충분히 고려해서 1년 이내의 단기계획은 내구소비재 구입이나 가족의 연간 생활계획을 중심으로 작성하고 장기계획은 가족의 생활주기를 바탕으로 출산, 양육, 교육, 주택구입, 결혼은 물론 노후생활과 불의의 재난 등에 대비하여야 한다.

소회계기는 매월 1일부터 그 달 말까지로 1개월 단위로 월급일을 기준으로 하는 봉급생활자는 대회계기에 종합 결산하면 좋고, 대회계기는 매년 1월 1일부터 연말까지 1년으로 하는 경우에는 농가나 자영업자 및 프리랜서처럼 지출과 수입이 불규칙적인 경우에 적용하면 효과적이다.

지출항목이 너무 자세하면 융통성이 없고, 너무 간단하면 명확성이 떨어지므로 적당한 경우가 좋은데 지출배분이 합리적이라고 해도 충분할 수 없어 가족간에 충분히 상의해서 소비의 중점은 중요항목, 절약의 중점은 비중요 항목에 두는 것이 바람직하다.

대개 지출항목은 식료품, 주거, 광열 · 수도, 가구 · 집기, 가사용품, 피복 · 신발, 보건의료, 교육교양, 오락, 교통, 통신, 공과금, 저축, 외상 · 채무, 외식, 기타 지출비 등이다.

가계부기는 수입과 지출을 일정한 형식으로 된 장부에 매일 기록하여 계산, 정리하는 것으로 이를 통해 동향파악, 재산증감, 현금변동의 상황을 알 수 있다.

또한 가족의 만족도를 비교, 검토하여 가계운영과 가족소비의 반성자료가 되어 협조를 얻을 수 있는 한편 교육적인 효과 이외에 가계담당자의 책임의 명확성 및 신뢰를 얻을 수 있다.

가계부는 일기장, 1일 수지 집계표, 특수현금 출납부, 농가가계부 형식 등이 있다.

무엇보다도 간단하고 정확하며 빨리 기입해야 하며 수입과 지출 상황은 파악하기 쉽고 집계하기 좋으며 자산과 부채를 뚜렷하게 누락사항이 없도록 수지계산을 맞춰 매일 기입하는 것이 기본이다.

회계말에 행하는 결산은 수입과 지출에 대한 계산의 마감으로 수출입의 균형, 수입증가에 의한 저축자산, 항목별 지출의 합리성, 신용구매의 적절성을 고려해야 한다.

잉여가 생긴 경우는 외상과 채무를 우선 갚고 난 후에 저축과 생활향상에 이용하며 부족시에는 원인분석을 통해 가족의 협조 아래 대책을 세우는 등 반성과 미래의 경제계획의 자료가 된다.

가계변동의 원인으로는 생활주기단계, 근로소득(질병, 상해, 사망), 재산소득(수해, 지진, 풍해, 설해)에 의한 자연적 요인과 경제조직의 구조변동·물가변동이라는 사회적 변동이 그 원인이 된다.

이처럼 가족의 경제생활은 처음부터 길들여지므로 수입과 지출 및 저축간의 적절한 조화로 최대의 만족을 위한 노력이 요구된다.


3) 가계경제생활의 상극현상

가계경제의 상극현상을 나타내고 있는 36살 동갑내기 여고동창

생인 두 사람의 사례를 들어보자.

K여사는 부유한 가정에서 외동딸로 태어나 귀여움을 독차지하면서 자랐다. 고액 과외선생님의 지도 아래 인문계 여고를 거쳐 Y대를 졸업해 중소기업체 사장의 며느리가 되어 남편과 고급 빌라에서 아들 하나에 가정주부를 두고 살고 있다.

반면에 L여사는 가정형편이 너무 어려워 여상을 나와 개인세무사 사무실에서 근무하였다. 그러다 야무진 그녀의 일처리와 성품을 눈여겨 본 거래처 사장님의 아들과 결혼하여 시부모님을 모시고 남편 그리고 두 아이와 함께 2층짜리 단독주택에서 살고 있다.

K여사는 남편이 주는 생활비 400만 원이 턱없이 적다며 친정어머니에게 매월 200만 원씩 받아 썼는데 이것도 적다며 더 달라고 하였지만 사정이 여의치 않자 결국 10여 개의 카드를 만들어 마음껏 사용하기에 이르렀다.

그러나 L여사는 어려서부터 근면, 검소가 몸에 배여 있으며 세무사에서 부기회계를 배운 습관으로 남편이 벌어다준 월급을 철저히 계획된 예산에 따라 집행하여 가계부기의 원칙을 준수하는 등 능력을 인정받아 시부모님의 재산관리까지 하고 있는 한편 가정부 없이도 스스로 모든 일을 야무지게 한다.

두 사람은 가끔 만나서 우정을 확인하지만 K여사는 시간이 갈수록 일류 병에 들어 과소비적이고 L여사는 여전히 검소하여 점차 관계가 멀어지기 시작하였다.

K여사는 우연히 고급 룸살롱에 갔다 제비족을 만난 것이 화근이 되어 유흥비와 빌려준 사업자금을 카드로 막았지만 도저히 감

당해낼 엄두도 못 내다가 결국은 고액대출에 눈을 돌리면서 빚이 눈덩이처럼 불어나 독촉전화에 시달리면서 고통의 나날을 지내고 있다가 결국은 이 같은 사실을 남편이 알게 되면서 친정부모도 알아 이혼협상중이다.

L여사는 시아버지의 사업이 기울어 월급조차 주지 못하는 사정을 알고 그동안 절약해 모은 6,000만 원을 내놓았다.

결국 여고동창생 20년 만에 K여사는 풍비박산 상태에 놓여 있고, L여사는 시아버지회사의 경리과장으로 출근할 예정이다.


## 2. 고액연봉 몸값 올리기에 주력하라.

1) 창의적인 능력을 중시한 연봉제

인간은 그 무엇인가의 대가를 바란다.

이에는 경제적인 대가와 명예 및 성취감 등 수없이 많은데 이같은 대가가 없다면 의욕이 없는 것이 인간의 공통된 욕구이다.

기본욕구인 경제적 대가는 의식주 해결이라는 차원을 넘어 질적인 문화생활을 하기 위한 뒷받침 이외에 자존심 경쟁도 숨어 있다.

월급 ⇨ 월급＋보너스 ⇨ 월급＋보너스＋인센티브 ⇨ 연봉 ⇨ 연봉＋인센티브 ⇨ 프로젝트 등으로 변신하고 있는 것을 보면 상당한 변화임에 틀림없다.

특히 연봉제는 획일화된 무경쟁이라는 월급의 한계성에서 탈피해 창의성과 자율성 등 개인능력의 극대화를 통한 조직의 극대화를 실현하고자 하는 임금차별방법은 경쟁심리를 유도해 능력향상 등 차별화를 꾀할 수 있다는 기대심리에 의해 추진된 것이나 아직까지 순수한 연봉제라기보다는 월급제와의 중간 성격인 변형(한국식) 연봉제를 채택하고 있다.

학력과 능력을 완전 무시한 현재 위치에서의 능력과 가능성을 고려한 순수한 서구식 연봉제를 채택해야 하나 우리의 정서 및 극소수의 프로를 제외한 절대 다수가 아마추어 수준이어서 아직까지 어려운 점이 많다.

뿐만 아니라 지나치게 과거지향적이고 연봉을 평가할 만한 전문가가 전무하며 여전히 보이지 않게 과거의 습관인 학연과 지연 및 충성 등의 감정논리가 숨어 있다.

인사팀, 팀장, 팀동료, 팀원, 외부평가팀 등으로 이루어진 연봉책정은 1년에 한 번 책정되면 불만이 있어도 1년 동안은 감수해야 하는 불합리성을 보완하기 위해 계간별의 조정제와 같은 방법이 있어야 한다.

개인과 조직의 창의성과 개성 등 능력을 충분히 발휘하여 성과를 극대화하기 위한 것으로 부처이기주의 해소와 극소수 정예화를 통한 자연적인 구조조정을 위한 것이다.

과거에는 조직원이 많아야 든든한 것으로 여겼으나 이제는 적은 인원으로 신나게 일하여 경쟁력을 길러 보람을 찾고 많이 분배하자는 것이니 불필요한 사람은 존재할 필요가 없어 자신이 자기를 혁신하고 경영관리해야만 하는 것은 당연한 일이다.

이에는 비합리적인 평가로 위화감조성에 의한 갈등 및 사기저
하는 물론 인위적인 구조조정이라는 문제점도 없지 않으나 어쩔
수 없이 홍역을 앓아야 할 과정이기에 문제를 최소화하는 노력이
절실하다.

## 2) 고액연봉 몸값 높이기

특수한 분야에서 도입된 연봉제가 서서히 뿌리를 내리고 있다.

증권사, 로펌(법률)사 등에서 일어나 스포츠, 연예, 방송, 음악,
디자인, 광고, 법률(변호사), 금융(펀드), 회계(공인회계사), 특허
(변리사), 컨설팅 등의 특수한 분야에서 냉정하리만큼 뚜렷하게
나타나고 있어 순수한 연봉시대가 확산되어가고 있다.

자신의 몸값은 자신이 주장하고 관리경영하며 혁신한 결과이므
로 과학적인 근거에 의한 계산의 협상은 꼭 실현할 당면과제이다.

### 아마추어세계와 프로세계의 경제적 대우

**아마추어의 세계** : 전문성 무시, 획일성 / 학력, 경력, 남성이 우위 → 월
급, 보너스 → 경쟁 전무

**프로의 세계** : 전문성 중시, 차별화 / 오직 능력만 중시, 인기 참조 → 연
봉, 인센티브 → 경쟁 치열

**연봉** : 1,000만 원 이하(최저), 1,500만 원(소), 2,500만 원(보통), 4,000
만 원(중상), 6.000만 원(상), 1억 원(최상), 2억 원 이상(최정상)

c. chae soo myung 12

그렇다면 능력을 발휘하고 인정받아 고액의 연봉을 받을 수 있는 방법은 무엇인가?

우선 사고의 전환을 통해 근본적으로 삶의 방향을 설정하고 프로근성을 위해 업무의 전문성을 강화하려는 준비가 필요하다.

물론 하루아침에 이루어지는 것이 아니므로 최소한 3년에서 최대 10년을 투자해야 한다는 굳건한 결심으로 목표, 기대효과, 일정, 예산, 언행 등 총체적이고 입체적으로 계획수립이 절실하다.

개인적으로 전문서적을 탐독한다던가 팀원을 만들어 주기적으로 토론하고 조사 분석을 하는 한편 대학원에 진학하거나 해외유학도 생각해 보는 등 과감한 투자가 필요하다.

연봉 1,000만 원에서 연봉 1억으로 껑충 뛰어오른 프로선수들을 보면 비참하고 초라한 자신을 알고 온갖 서러움을 딛고 다른 사람들이 놀고 잠을 잘 때 어둠 속에서도 훈련을 연마한 덕분에 영광스런 날이 온 것이다.

이같은 미래에 대한 투자 없이 무슨 프로가 될 수 있으며 고액연봉을 기대할 수 있는지 한번쯤 스스로 반문해 볼 일이다.

나이와 시간, 돈, 자존심 등 온갖 이유를 든다면 결국 제자리에서 맴돈다든가 경쟁사회에서 도태될 수밖에 없는 것은 당연하다.

또한 항시 웃음 띤 얼굴에 유머와 신뢰에 의한 친밀한 인간관계는 인기를 높일 수 있고 건강, 이미지메이킹, 끊임없는 자기계발 혁신경영 등의 사기관리력에다가 과학적으로 접근하여 설득하는 협상력은 고액연봉을 안겨주는 핵심포인트이다.

## 3) 냉정한 프로의 귀한 몸값

특수한 분야에서는 몸값의 비교는 하늘과 땅 아니 지하와 같다.

냉정한 프로세계에서 단돈 1,000만 원짜리 2진 선수가 있는가 하면 1진에서도 특별대우를 받는 선수 중에는 연봉 5, 6억 원도 많다.

한때 영화의 귀재로 인기를 끌었던 K씨의 경우 방송사가 시청률을 높이려고 안방극장으로 끌어들여 방송 1회 출연료가 500만 원 시대를 시작으로 J씨가 1,000만 원 시대를 열었으니 영화 출연료와 각종 광고비를 계산하면 엄청난 액수이다.

한국이 낳은 월드스타 박찬호의 연봉은 천문학적인 숫자이고 광고비 등을 계산한다면 움직이는 중견기업을 연상케 하고도 명예와 부를 한몸에 안은 귀한 몸으로 더욱 주가가 상한가를 치고 있어 부러움을 사게 만든다.

여의도에 있는 B회사에는 비록 대리급이지만 연봉 1억 5,000만 원을 받는 K씨가 있는가 하면 직급은 이사이면서도 연봉 6,000만 원을 받고 있는 사람이 있으며 한날 한시에 입사했던 K과장은 L과장보다 연봉이 2,000만 원 차이가 나고 있다.

20대 여상 출신 J씨는 업무기획력과 추진력이 탁월한 관계로 30대 명문대 출신 G씨를 누르고 과장으로 진급하는 데에는 엄청난 숨은 노력이 있었다.

인간적으로는 예의가 바르면서도 업무에서는 아주 당찬 자세로 조사 분석에 의한 기획력이 타의 추종을 불허하고 사람들을 사로잡는 능력과 문제발생시 해결하려고 노력하며 모든 것을 자기책임으로 돌리는 자세는 상상을 초월한다.

이같은 분위기가 확산될 전망이어서 학력 하나만 믿고 있다가는 큰 코를 다치며 경력과 성별 또한 참고사항에 불과해 오직 믿을 만한 것은 탁월한 능력뿐이다.

또한 야구의 명장으로 명성이 나있는 K감독을 빼놓으면 안 된다. 그는 세계아마추어야구대회에서 기가 막힌 안타를 쳐서 영웅으로 급부상하였다. 감독의 사인을 무조건 때리라는 사인으로 오인해 볼 중에서도 한참인 볼을 일부러 쳤는데도 안타가 되어 수많은 야구팬들은 물론 세계인들까지 놀라게 만들었다.

만약에 스트라이크 당했더라면 다잡은 우승을 놓쳐 아마도 역적으로 남아 영원히 그 꼬리표라는 불명예로 인해 명예를 회복하기까지에는 온갖 고통을 감래해야 했을 것이다.

그렇게 행운의 신이 오기까지에는 온갖 서러움 속에서도 이를 극복하기 위해 노력한 대가이다.

그는 서울의 고등학교에서 야구선수 생활을 했으나 서울에 있는 대학들이 쳐다보지도 않자 눈물을 머금고 지방대학에 들어가 달밤에도 혼자 훈련을 하는 등 오히려 기회로 삼고자 노력했던 것은 아무나 할 수 없는 그 대가였던 것이다.

## 3. 따따블 자금운용의 효율화를 꾀하라.

### 1) 경제변동의 사전대비 상품들

가계의 대표적인 경제준비는 저축, 보험, 주식, 채권 등이 있다.

예금은 언제나 찾을 수 있는 요구불예금은 편리하지만 기대할 만한 가치가 없고 일정기간 예금 후 찾는 저축성예금은 그만한 가치가 있으나 오랜 기간이 걸리고 급하게 찾을 경우 불리해 저금리 시대에서는 예전처럼 가치가 없다.

저축부대출, 세금우대저축, 연금저축 등 다양한 이자지급이나 대출방식이 있으므로 이에 대한 정보를 정확하게 파악하여 선택하는 것이 좋으나 금융소득도 일정액 이상이면 종합과세대상이 되므로 세금우대저축의 인기가 하락할 수밖에 없다.

어느 정도 목돈이 마련될 경우 재산증식을 위해 유가증권이나 가옥과 토지 등 부동산, 귀금속 및 영리사업에의 투자야말로 수익성은 높으나 안전성이 떨어지므로 원금회수, 수익성, 환금의 용이성 등을 고려해 자본금이 충분하고 신용이 있는 투자회사를 선택하는 것이 좋다.

한편 주(株)는 주식회사가 자금을 모을 때 발행하는 것으로 주식(share)은 주식회사에서 출자자 자본을 조달할 때 출자액에 균등히 분배할 추상적 특분 및 주주의 권리를 나타내는 유가증권이다.

주가의 상승과 하락의 원인은 주식을 사려는 사람이 많으면 많을수록 주가가 급격하게 상승하고 싸도 팔려는 사람이 많으면 급격히 하락하는 소비공급의 법칙이 존재하기 마련이다. 따라서 주를 바르게 이해하고 투자하면 전혀 위험한 것이 아니므로 주식에 관심을 갖는 사전준비는 물론 주가를 움직이게 하는 구체적인 사건과 재빠르게 정보를 입수하여 대응하는 순발력이 요구된다.

비교적 저가의 상태가 기회이지만 인기위주로 안이하게 쫓는 것은 위험하므로 사회동향과 주식시황에서 나름대로의 판단이 필요하다.

주가가 하락하면 잠시 참고 견디면서 지속하는 것이 기본이고 살 때와 팔 때 그리고 쉬어야 할 때를 알아야 하며 산이 높으면 그만큼 계곡이 깊으며 자신의 길을 가는 사람에게만 꽃동산이 보이며 특이한 기회를 잡아 매매하는 것이고 주식은 항시 움직이는 생명체이다.

천장 3일, 바닥 100일이므로 천장에서 사지 말고 바닥에서 팔지 않는 것이 바람직하며 만인이 모두 강세라 하면 바보가 되어 파는 것이 효과적이다.

따라서 기본지식을 이해하고 큰 추세를 읽어 적절한 기회를 노리는 고도의 기술이 필요하다.


## 2) 일확천금 부동산투자와 경매상식

돈을 버는 데에는 주식 이외에 부동산투자와 경매가 최고다.

하지만 그만큼 함정이 도사리고 있어 잘못 판단하면 모든 것을 날릴 수 있기에 무턱대고 덤벼들기보다는 최소한의 기본적인 상식 정도는 미리 알고 있어야 한다.

부동산은 그 소재를 쉽게 이동할 수 없는 재산으로서 민법상 토지, 건물, 입목 등과 같은 토지정착물을 말한다.

때문에 토지와 토지상에 부착되어 있거나 연결되어 있는 여러 가지 항구적인 토지개량물에 관한 것과 관련되어 있는 직업적, 물적, 법적, 금융적인 모든 측면을 기술하고 분석하는 것이어야 하므로 종합 응용과학에 가깝다.

그 중에서 토지(임대, 농지, 택지)와 건물은 무생물이지만 우주, 자연, 환경, 공간, 위치, 생산요소의 가치를 지닌다는 점에서 유한성에 따른 독점적이고 영속성을 지닌 관계로 투기대상이 되어 소비재이면서도 자본재의 성격을 지닌다.

이때 환경과는 아주 밀접한 관계가 있으므로 성장기 → 성숙기 → 쇠퇴기 → 천이기 → 악화기의 주기가 있기 마련이어서 수요, 공급은 물론 해당 주변역의 상황변화 등 세심한 조사 분석이 요구된다.

더구나 주택시장은 비동질성, 고정성, 경제재화에 내구성이 높고 생산에 시간이 걸리며 재고시장의 규모는 신규시장 규모보다 클 뿐만 아니라 경제파급효과가 크고 거래가 복잡하여 신중에 신중을 기하여야 한다.

투기는 개발(도시, 재개발, 광천, 온천, 유전), 수송도로(도로, 철도, 항만, 공항), 경제도시성장, 소유욕, 환물심리, 대체투자시장(증권, 예금)의 불완전 등의 이유로 일어난다.

경매는 부동산에 대한 강제집행 방법의 하나로 채무자 소속의 부동산을 압류하여 이것을 경매한 매득금을 가지고 금전채권에 대하여 변제하는 것을 목적으로 하는 집행과정이므로 질권자나 저당권자 등이 경매법의 수속에 의하여 행하는 것이 보편적이다.

부동산관리는 부동산을 효과적으로 운영하고 유지하는 과정으로 자가, 위탁, 혼합관리 방법이 부동산개발과 이용이 중요하며 감정평가에 의한 경제적 가치를 획득하는 것이다.

때문에 일확천금을 노리기 위한 투기의 대상이기도 하나 장기적으로 삶의 질을 향상시키려는 방법이지만 대개 유익하게 사용하는 경우가 적어 사회 문제로 부각되고 있는 것이다.

### 3) 자금운용의 천재와 둔재들

▶**사 례** 1.

중소기업에 다니는 경리과장 B씨는 경리선생님으로 불린다.

원래 상고를 다닐 때부터 부기를 좋아해 부기라는 별명을 얻은 이래 대학에 낙방하는 바람에 나의 갈 길은 바로 직업전선이라 여기고 취업했다.

매사에 성실하고 꼼꼼하여 일찍 자금을 만지다가 군에 가서도 운 좋게 연대본부에서 경리를 담당하여 빈틈없는 일처리로 경리과장과 인사계로부터 칭찬을 받아 포상휴가를 받기도 했다.

그는 대학을 못 나왔으니 돈이나 벌자며 독하게 마음을 먹고 군에서 받은 월급을 저축하여 제대 때 수십만 원이나 가져다 대학에 입학한 동생의 등록금에 보태어 가족의 마음을 울렸다.

휴가 때에도 회사에 나가 생산부에서 일하는 등 도움을 줬던 관계로 신뢰가 높았고 복직하여 성숙된 자세로 일을 해 나름대로의 원칙을 세워 절약하고 거래처에 제때에 결제해 주어 경리담당 과장이 아니라 경리부장이 공석인 재무담당 과장으로 승진하였다.

　내가 그 회사에서 요청받은 강의를 끝냈을 때 그가 상담을 요청
해왔다. 대화를 나누던 중 부기상식에 대한 강의도 필요하다며 한
번 해보라고 권하자 처음에는 자신이 없다며 망설였지만 이후에
도 자주 전화하고 찾아 오길래 강의 프로그램과 강의법을 지도하
여 연습을 한 결과 사내에서 강의를 잘하고 있다.

　그동안의 경험을 바탕으로 『알기 쉬운 경리상식』에 관한 책을
써보라고 권하자 처음에는 망설이다가 지금은 집필에 들어가기
위해 자료를 수집중이다.


## ▶사 례 2.

　중견기업의 자금팀에 근무하고 있는 L과장은 자금운용의 귀재
이다. 스카우트 제의를 받고 다니던 회사를 퇴사하면서 받은
5,000만 원의 퇴직금을 주식에 투자했는데 주가가 크게 올라 지
금은 3억 원이 되었다.

　수년 전 우연히 동료가 주식을 해 돈을 벌었다면서 술을 사주는
것을 계기로 그는 주식에 눈을 떴다. 하지만 운이 없는 지라 계속
하여 투자에 실패해 본전을 찾으려다가 그만 부모님께서 사주신
연립주택을 날리고 전세보증금을 만들기 위해 퇴사하여 퇴직금으
로 충당하고 부모님과 아내의 눈총을 받는 등 마음고생을 많이 하
였다.

　그러다가 어느 날 자신의 실패 원인이 주먹구구식 투자에 있다
는 것을 깨닫고 비싼 공부를 했다면서 제대로 이해를 하기 위해

주식에 관한 책을 모두 사다가 여러 번이나 독파하는 등 시험이 없는 주식고시를 준비한 셈이다.

신문, 잡지 등에 나온 기사와 분석도표를 여러 번 쳐다보니 주식에 어느 정도 눈을 뜨게 되면서 매일매일 신문을 통해 동향분석을 함으로써 물결의 흐름을 알게 되어 이제는 나름대로의 노하우가 생겼다.

이 같은 노력으로 중형 아파트와 중형 승용차를 장만하는 등 많은 돈을 벌었지만 무리하지 않고 흥분하지 않으며 냉정하게 마음을 비우니 주식 전문가가 되었다.

▶**사 례 3.**

그의 대학친구는 주식에 투자하여 어렵게 장만한 아파트를 날렸다. 이에 부모님께서 중소형 아파트를 장만해주었지만 또다시 아내 몰래 이를 담보로 은행에서 융자를 받았다.

그리고 한탕하기 위해 주식을 투자했고 "저렴한 땅을 사면 비싸게 되팔아준다."라는 부동산중개업자의 꾐에 넘어가 1.5배나 비싸게 구매한 상황에서 계속하여 부동산 가격은 떨어졌고 부동산업자는 바쁘다면서 만나주지도 않는 등 책임을 회피하고 있다.

투자했던 주식은 밑바닥에 머물러 있고 은행이자를 갚느라고 제대로 먹지도 못하고 경제직인 손실과 아내와의 극심한 갈등으로 마음고생이 이만저만이 아니어서 죽을 지경이다.

## 4. 후회 없는 소비경제생활은 미덕이다.

1) 물자, 서비스에 의해 욕망은 끝이 없어라.

소비의 목적이 크게 바뀌고 있다.

과거에는 구매욕구가 그저 소유하고 싶은 욕망이 강했으나 점점 사용 후의 만족을 중시하고 있는 추세이나 여전히 과시를 위한 목적으로 이용되는 경우가 많다.

소비가 아닌 구매로 변신하여 감성보다는 이성이 앞서야 한다.

백화점과 도매점 등을 고려해서 구매하는 현명한 소비문화가 정착되어야 한다.

시장의 지배자인 여성과 신세대는 물론 소위 부유층들은 자기 과시를 위해 점차 인지도와 지명도에 의한 맹목적인 유명브랜드 추종으로 연결되고 결국 유명백화점만 찾게 되는 소위 일류 브랜드병에 걸린 것을 자랑으로 여기는 경우가 의외로 많다.

때문에 판매자 입장에서는 이를 잘 활용하면 효과적이고 소비자 편에서는 보다 냉정한 차원에서 자기분수에 맞는 소비습관이 요구된다.

대개 구매과정은 욕구의 인식→정보의 탐색→구매결정→구매 과정을 거치면서 발안자→정보탐색자→분석자→영향력 행사자 → 결정자 → 구매자 → 사용자 → 사용후 평가자가 있다.

가령 점심식사의 예를 들면 배가 고파 점심을 먹고 일하자며 욕구인식을 말하면 시간과 품질, 가격 등을 고려해서 설렁탕, 자장면, 불고기백반 등 메뉴와 음식점에 대해 정보를 탐색할 것이다.

이를 말하면 여러 의견을 수렴해 팀장이라든가 물주 등 영향력을 행사하는 사람이 결정하여 선택하게 되어 식사를 하게 되는데 이때 시킨 사람과 먹는 사람이 따로 있을 수도 있다.

식사를 한 후에 만족하면 기분이 좋아 잘 먹었다고 하지만 맛이 없으면 기분이 나쁘고 너무 문제가 있으면 돈의 지불을 거부하거나 배탈이 났거나 식중독이 발생하여 병원에 입원하게 되면 치료비는 물론 심지어는 정신적인 피해를 청구할 수 있다.

이처럼 소비에 영향을 주는 요인으로는 문화적(전통, 관습, 계층), 사회적(준거집단, 대면집단, 가족), 개인적(연령, 가족 생활주기 단계, 직업, 경제상황, 라이프사이클, 성격, 자아개념), 심리적(동기부여, 지각, 학습, 신념, 태도, 충동, 환경) 요인 등이 있다.

소비유형에는 대개 합리적, 가격, 유동, 감정에 의한 충동구매가 있으며 평가기준은 실용성(품질, 견고, 간편), 감각성(디자인, 색채, 포장), 사회심리성(광고, 브랜드, 유행, 서비스)을 중시한다.

적은 비용으로 최대의 효과를 얻으려는 구매계획은 상품 선택시 필요의 효용성, 품질, 가격, 브랜드, 서비스, 소득수준, 유행, 디자인 등을 충분히 고려하여야 한다.

높은 이자를 물어가면서 카드로 결제하는 습관은 결국 이자가 이자를 낳는 경제적 · 정신적인 고통으로 이어지는 경우가 많으므로 삶 자체가 고통을 초래하지 않도록 자신이 절제를 하는 것이 최선의 방책이나.

수입을 초과하여 지출하는 등 지나친 사치는 개인의 인생을 망치며 가정의 경제파탄은 물론 가정파탄의 원인이 된다.

2) 신토불이와 수입품의 식별법

한우는 0~4℃의 냉장육으로 판매되므로 10일 이내에 소비된다. 그러나 수입육은 한 달 이상의 수송기간으로 인해 영하의 온도에서 얼린 냉동육이다.

선홍색을 띨수록 어린 소일 가능성이 매우 높아 육질이 부드럽고 신선도가 뛰어나나 냉동상태에서 숙성시킨 경우에는 겉의 색으로는 구별하기 곤란하다. 그래서 잘라 보았을 때 밝고 윤기가 나면 신선한 것이지만 지나치게 검거나 만졌을 때 끈적거리는 느낌이 들면 오래된 고기로 신선도가 떨어지고 질기며 악취가 난다. 만약 녹색을 띠면 이미 부패했을 가능성이 높다.

지방색은 흰색과 연한 노랑색을 띠어야 좋고, 미황색은 늙거나 청초를 먹고 자란 소고기이기에 질기고 풋내가 나며 겨울철에 구입한 경우 지방질이 황색이면 옥수수사료를 먹은 것이므로 육질이 밝고 결이 고운 것을 골라야 한다.

등심이나 목심, 갈비, 양지 등의 살 속에는 지방질이 섞여 있어 상강육(霜降肉)이라 하여 비육이 잘되면 두드러지는데 육질이 연하고 맛이 있으나 지방질을 제거하는데 따른 손실이 많아 값이 비싸다.

어린 암소, 작은 체구의 소는 결이 곱고 윤기가 나며 탄력이 느껴지나 늙거나 수소, 체구가 큰 소는 결이 투박하며 오랫동안 냉동되었다가 해동된 고기는 윤기가 떨어지고 맛도 질기다.

수입소고기의 경우 관계법령에 의해 원산지를 표기하도록 의무화했기에 이를 확인하길 바란다. 한우의 경우 붉은 도장, 젖소는 청색 도장을 찍도록 했으나 부위별로 팔게 되면 식별이 곤란하다.

또한 뼈 간격이 넓고 갈비 부위의 횡경막에 딸린 안창살이 없는 등 질 낮은 젖소를 비싼 한우로 판매하는 경우가 많아 꼼꼼한 식별이 요망된다.

한편 수퇘지고기는 냄새가 나지만 거세한 수퇘지는 냄새가 없다고 하여도 암퇘지고기보다 맛이 떨어진다.

분홍색에 가까울수록 좋은 고기이며 색이 지나치게 창백하면 맛이 폭폭하고 조리시 분량도 줄어들며 암적색을 띠면 늙은 돼지이거나 오래된 고기일 가능성이 매우 높다.

지방색이 희고 굳은 것이 맛있고 연하며 냄새가 없을 뿐만 아니라 고기의 결이 곱고 탄력이 있는 신선한 어린 돼지의 고기가 연하고 맛있다. 국산 삼겹살은 붉은 색을 띤다.

그러나 지방질의 폭이 넓고 두꺼우나 수입산 삼겹살은 삼겹살 형태가 나타나지 않고 지방의 두께도 얇고 오돌이 뼈를 제거한 것이 많다.

굴비의 경우 국산은 머리 중앙에 다이아몬드처럼 생긴 돌기가 있고 배 위는 황금색, 입안과 눈동자 주위는 붉은 색, 눈 주위와 지느러미는 노란색, 배 부분은 옅은 황금색, 입은 회색, 지느러미는 거무스름한 색을 띤다.

진짜 조기는 거의 찾아볼 수 없고 조기의 사촌 격인 부서가 조기로 둔갑하여 시중에서 판매되고 있는데 머리에 다이아몬드형 돌기가 없고 배 부분이 황금색을 띠나 조기보다는 옅고 머리가 큰 반면에 몸통이 가늘고 길다.

한편 국산 오징어는 짧은 여덟 개의 다리 굵기가 대체로 같고 긴 다리수도 많으며 통통하고 붉은 색을 띠나 수입산 오징어는 흰색과 흑갈색으로 다리가 길다.

국산 인삼은 다리가 2~4개 갈라져 있으나 중국산 인삼은 1~2개 덜 발달해 있고 머리부분이 길고 잘 부러지며 색깔도 연한 것이 특징이다.

국산 도라지는 길이가 15cm 이내로 짧고 육질이 부드러우나 중국산 도라지는 길이가 길고 수분함량이 적어 동그랗게 휘어지는 성질이 강하며 질기다.

국산 마늘은 겉껍질에 흙이 묻어 있고 모양이 통통하고 끝이 뾰쪽하나 중국산 마늘은 껍질이 깨끗하고 밝으며 모양이 납작하고 끝부분이 미끈하게 빠져 있으며 꼭지가 말라 비틀어져 있다.

국산 고추는 검붉은 색으로 광택이 나며 끝부분이 미끈하게 빠지고 꼭지가 잘 말랐지만 중국산은 광택이 없고 흙, 곰팡이가 묻어 있고 유통상 납작하게 눌려 있거나 심하게 찌그러져 있다.

## 3) 무지가 낳은 병폐와 미소

### ▶ 사 례 1.

30대 후반의 샐러리맨 W씨는 무지의 소치로 바가지를 썼다. 이사기념으로 집안식구들에게 식사를 대접하려고 시장에 가서 아주 맛있는 부위로 한우 5근을 샀다.

평상시에도 자주 이용하던 고깃집이어서 믿고 집에 돌아와 함께 소주잔을 돌리며 먹었지만 한편으로는 마음이 개운치 않았다.

그래도 믿음을 갖을 수밖에 없었다.

그러나 친척들이 모두 간 뒤에 아내가 들려주는 이야기에 배신감을 느꼈다. 어머니께서 수입소고기이지만 그런 대로 먹을 만 했다고 하셨단다.

고기를 이미 다 먹었을 뿐만 아니라 영수증도 없어 어떻게 할바가 없어 나중에 찾아가 이 같은 말을 전하자 "우리는 신용으로 장사하기 때문에 그런 일이 없습니다. 정히 의심이 가면 고기를 갖고 오십시요."라는 말에 더욱 분노를 느꼈다.

나중에 후배를 통해 그런 경우가 상당히 많다는 사실을 알았고 정확히 알고 사먹으라는 충고까지 받았다.

## ▶ 사 례 2.

C씨는 백화점 판촉사원들의 권유로 수입소고기를 샀다. 집에 와 맛있게 먹으려고 하니 이상한 냄새가 나 그대로 보관했다가 다음날 영수증을 들고 고객상담 코너에 가서 말하자 물건을 확인하고는 보관이 잘못되서 미안하다며 환불해주는 것이었다.

그리고 고기 코너에 가서 이 같은 사실을 다시 말하자 오히려 미안할 정도로 사죄하는 모습에 화가 났던 마음이 풀리는 것이었다.

서로가 말없이 미소를 짓는 순간 더욱 친밀감이 돈독해져 그 백화점을 찾을 때면 고기를 사든 사지 않든 간에 들러서 인사를 나누다보니 자주 고기를 사먹게 되었고 시골 부모님 댁에 갈 때도 그 곳에서 고기를 사곤 한다.

## 5. 부업 하나쯤 갖고 있어라.

 1) 부업의 핵심은 시간과 능력이 아닌 의지

 부업을 하고 싶은 이유의 대부분이 돈을 벌기 위해서 라고 한다. 그놈의 돈이 무엇이길래 돈, 돈, 돈을 악착같이 벌어서 자식들 과외공부시키고 남보다 더 잘 먹고 잘살려고 하는지?

 하지만 벌 수 있는 한 벌어야 하는 것이 인간의 기본적인 속성이다.

 반면에 현재 하고 있는 일이 적성에 맞지 않아 억지로 하기 때문에 진짜 자기가 하고 싶은 일을 신나게 할 수 있으며 능력을 점검하기 위해 원하는 경우도 있다.

 더구나 부업에 대한 인식이 바뀌고 주5일 근무가 보편화되고 있는 이때에 부업의 돌풍은 일어날 것인데 시간적인 여유, 신지식과 기술의 탁월성, 마케팅 비즈니스력 등 3요소가 맞아떨어져야 한다.

 사전준비가 없는 상태에서 오직 돈을 벌기 위해서 부업을 하려는 계산된 과욕을 가진 사람들이 대다수이다보니 일정한 기술 없이 결국 단순노동력에 의존해 시간 때우기에 급급해 육체적인 고통과 함께 과욕과 현실은 너무 동떨어져 있어 갈등과 속상함만 가져와 오래 버티지 못하는 경우가 많다.

 반면에 샐러리맨들은 학교 선후배, 지역적인 연고, 거래처의 소개 등 거미줄인맥으로 소리소문 없이 전문성을 고려한 부업을 하는 경우가 많은데 우선 본업에 충실하여 회사에서 인정받은 후 부업을 하는 것이 필요하다.

자신이 자랑삼아 한 이야기가 빌미가 되어 부업이 탄로나는 경우가 많은데, 발각되면 피치 못한 가정사정과 현재 업무의 업그레이드는 물론 거래처 관계유지를 위해 불가피했다며 진솔하게 이야기하는 한편 가끔 점심식사나 가벼운 술 한잔을 사는 것은 뇌물공세가 아닌 기본적인 예의로 더욱 서로를 알 수 있는 기회가 될 수도 있다.

한편 현재의 업무가 맞지 않거나 퇴출위기, 부도위기 등으로 불안하여 전업을 고려한 전업준비 부업은 우선 적성과 능력을 고려해 선택한 후 가장 잘되거나 특정지역의 상권연구를 위해 뛰어 드는 경우는 권장하고 싶다.

이를 통해 고객의 성격, 경쟁, 품질 노하우, 부재료, 직원관리, 외주 거래처관계, 홍보판촉기법 등 종합적이고 깊이 있게 관찰하는 노력은 실패를 줄이고 성공으로 가는 지름길이다.

이보다 더 발전하면 아예 미래의 가족사업을 위해 가족의 역할분담적인 부업을 의도적으로 하면 가장 이상적으로 추후 체인화를 유도할 수도 있는 것처럼 모든 것은 자신의 체계적인 준비에서 나오게 된다.

부업을 할 때 일의 성격과 난이도 및 시간 등을 고려하여 비용을 결정하고 일을 지키기 위해 노력해야 한다. 또한 현재 업무와 비슷한 부업이 좋으나 혹시 회사 기밀을 누출시킬 수 있는 일일 경우 이는 엄연히 불법이므로 형사처벌의 대상이 된다는 점에 주의해야 한다.

부업에는 나홀로 방법이 가장 쉽고 가족과 친구 및 선후배 등과 같이 집단으로 하는 여러 가지 방법이 있다. 이 중에서 어떤 방법이 가장 효과적인지를 살펴 돈도 벌고 능력의 활용과 향상을 위한 현명한 준비 및 선택실시가 요구된다.

### 2) 다양한 부업거리 중 하나를 선택하자.

부업을 찾기 위해서는 많은 고민을 해야 한다. 나의 적성에 맞고 부가가치가 높으며 시간과 공간 및 나의 모든 능력을 고려해서 고객과의 필요·충분 조건을 찾되 마음에 드는 경우가 드물 때 차선책을 택하는 것이 바람직하다.

●두뇌활용(고학력 전문지식을 최대한 활용한다.) : 고학력 소위 명문대출신을 선호한다는 점이다. 어느 정도 지명도가 있으면 프리미엄을 얻을 수가 있다. ─ 전문성(학습지 교재 문제출제, 논문, 저서집필, 석·박사 논문 조사 분석), 문장력(자유기고가, 교정, 집필), 외국어실력(출판물번역, 통역), 방송(리포터), 독자투고(신문, 잡지), 가족신문, 자격시험 어드바이스, 바둑교실 지도, 초·중·고생 고액과외, 초·중·고생 논술지도.

●자격증(자격증을 적극 활용한다) : 자격증을 남에게 빌려주고 매달 일정 금액을 받는 경우가 많은데 적발되면 큰일을 당한다는 점에서 주의한다. ─ 기사(건축, 토목, 조경), 부동산 중개, 피부관리, 애완견미용, 웹.

●예능(전문 예능력을 활용한다) : 전문성을 살릴 겸 시도를 하는 것은 바람직하나 교육자나 공직자가 하면 문제가 발생하므로 하

지 않는 것이 좋다(서예, 미술, 음악, 웅변지도).

●틈새업무(틈새 이벤트를 중시한다) : 간단한 기술만 갖고 있으면 충분히 가능하다[생일파티, 청소대행, 빨래방, 사진촬영, 야간운전대행, 엑스트라출연, 3D업종(파출부, 간병인, 청소), 국내 관광가이드(주말, 휴일)].

●다단계마케팅(인맥을 이용해 다단계마케팅을 한다) : 직장생활을 하면서도 가능하나 많은 사람들에게 피해를 입히거나 업무에 지장을 주어서는 안 된다(다양한 생활용품).

●육체노동(가진 것은 건강한 신체) : 육체적으로 건강하고 자존심을 버리면 언제라도 충분히 가능하다(신변보호대행, 길거리 잡화상, 야식배달).

●단순업무 : 운동삼아 하면 제격이나 게으른 사람은 아예 할 생각을 하지 않는 것이 좋다. → 배달(신문, 학습지, 생활정보지, 우유, 서류, 세탁물), 경기장 청소, 우편물 분리

●음식(돈버는 데는 가장 승부가 빠르다) : 음식솜씨가 있고 돈을 벌 욕심이 있으면 행동으로 옮길 필요성이 있다(야식업, 길거리 포장마차, 맞춤 반찬).

●기타 : 김장 담그기, 아이 돌보기 등이 중년여성들에게 적합하다.


3) 부업으로 신바람을 찾은 사람들
▶사 례
P회사 개발실의 디자이너 C씨.

그는 아이디어가 풍부하고 디자인표현력도 탁월하며 논리적인 사고로 전문잡지 등에서 원고청탁을 받고 미술공모전에서 대상을 타고 방송사에서 인터뷰 요청이 들어왔으며 디자인학원에서 특강을 하면서 인정을 받았다.

퇴근 후 1주일 2번 디자인학원 강사로 활동하게 되어 아이디어를 얻고 돈도 버는 동시에 스트레스를 풀면서 야간에 동료들에 비해 2배의 소득을 올리고 있다.

한편 D대 영문과를 졸업하고 Y대에서 석사학위를 받아 S그룹에 근무하고 있는 G씨는 원래 영어실력이 부족했는데 진급시험 때문에 어쩔 수 없이 영어학원에 다녔다. 그는 일반인 대상의 외국어학원을 마다하고 눈높이를 낮춰 대입학원 영어단과반을 여러 번 수강하면서 실력이 늘어났다.

이때 40대 후반의 K출판사 사장님도 함께 수강하였는데 그분이 G씨의 성실성과 능력을 인정하여 번역을 의뢰했다. 처음에는 실력이 없다면서 거절했지만 할 수 있는 데까지 해보라고 격려해줘서 일을 맡아 아내와 함께 매달려 번역을 끝냈다.

이로 인해 출판사로부터 끊임없이 번역물을 의뢰받게 되었고 가끔 출판사 사장님으로부터 통역 일까지 부탁 받아 영어실력도 늘고 부수입도 아주 짭짤하다.

이 밖에 40대 중반의 C여사는 과거 피아노학원을 운영했으나 점점 학생이 없어 처분하였다가 아이들이 학교에 다니자 무료함을 달래고 전공을 살리기 위해 가정방문 개인지도를 하였다.

주2회 2시간, 월 150만 원 이상으로 부업거리로는 만점이고 다

시 아이들을 가르친다는 기쁨과 무료함을 달래는 한편 저금도 하며 아이들도 좋아하고 있어 마냥 행복하다고 한다.

반면에 부업을 하다가 큰 낭패를 당한 경우도 있다.

### ▶사 례

서울에 살고 있는 50대 후반의 C씨는 어려운 가정형편에서도 공부를 잘하여 명문대에 다니고 있는 두 아들을 뒷바라지 하기 위해 낮에는 공사판에서 일하고 야간시간에는 재래시장 야간경비원으로 들어 갔다. 다른 경비원들은 적당히 근무하면서 C씨는 초년병이라고 군기를 잡아 제대로 잠도 못 자는 가운데 돈이 아까워 제대로 먹지도 못하고 그저 열심히 근무만 하였다.

월급도 적고 고참들의 시달림도 있는 등 정신적·육체적으로 고통을 당해 시름시름 앓게 되었는데 결국 한 달 만에 그만두고 말았다. 그리고 며칠 뒤 풍으로 쓰러져 병원에 입원하고 말았다.

퇴사만 하지 않았어도 보험처리 등 여러 가지 혜택을 받을 수 있었을 터인데 그렇지도 못해 부업을 한다고 하다가 그만 목숨을 잃을 뻔 했다.

거동할 수 없는 지경에 이르렀지만 가족들의 지극한 간호로 많이 회복되었다.

하지만 병간호 때문에 식당일을 하던 부인은 식당일을 그만두는 등 집안은 엉망이 되고 말았다.

# 정신육체 - 건강경영

## 1. 건강한 정신에 건강한 육체

1) 모든 병의 원인은 정신에서 온다.

"돈을 잃으면 조금 잃은 것이며 명예를 잃으면 많은 것을 잃은 것이나 건강을 잃으면 전부를 잃은 것이다."라는 말이 있다.

이것은 건강의 소중함을 단적으로 말한 것이다.

건강(健康)이란 질병이나 신체의 결함이 없을 뿐만 아니라 신체적, 정신적, 정서적, 영적, 사회적으로 정상적인 기능을 발휘하는 완전한 상태를 의미한다는 점에서 활기찬 생활을 하기 위한 인간의 에너지원이다.

벤자민 프랭클린은 "건강을 유지하는 것은 자기에 대한 의무인 동시에 사회에 대한 의무"라고 하였다.

건강은 곧 인생과 사회의 기초자원임을 의미하므로 건강은 조기사망, 장애, 증상(질병치료), 징후(조기진단), 정상인 건강 위험

요인, 개선(건강증진), 건강, 최상의 건강순으로 구분되므로 적절한 조치가 요구된다.

하지만 급속한 사회변화는 결국 정신적인 긴장과 갈등으로 이어져 정신건강에 영향을 주어 부담을 주고 있다.

정신건강은 안정된 정서상태에서 원만한 사회생활을 유지하면서 의욕적으로 자아를 실현하는 상태를 말한다는 점에서 사물을 이해하고 판단하며 기억하는 지적 기능과 감정적인 정서적 기능, 집단생활에서의 협력관계인 사회성 등이 포함되어 정신활동의 조절력, 사회적응상태, 자아확립성, 성취동기 수준, 가치관, 정서상태 등에 의해 판정된다는 점에서 매우 중요한 역할을 한다.

이를 위해서는 무엇보다도 마음을 초조하게 갖지 말고 어떤 경우라도 느긋하게 여기는 여유를 갖고 스트레스를 적절하게 해소해 쌓이지 않도록 취미생활을 한다.

인간의 신체는 수많은 뼈와 근육 및 신경 등으로 연결된 기계이므로 지나친 과로는 죽음을 부르는 원인이 된다. 따라서 충분한 수면은 잃어버린 기운을 회복시키고 운동은 새로운 힘을 만든다.

항시 긍정적으로 생각하고 분수를 고려하며 감사하는 마음으로 정신건강을 도모한다. 시기, 질투, 분노, 증오, 공포, 불안, 비관, 열등감, 좌절감, 강박관념 등의 어두운 감정은 건강을 해친다.

특히 뇌를 마비시켜 행동을 이상하게 만드는 정신장애는 유전인자 손상 등의 선천적인 내적 요인(간질병, 조울증, 정신분열, 박약), 생활환경 등의 후천적인 외적 요인(알코올, 약물 중독), 욕구 불만과 갈등의 심리적 요인(노이로제, 히스테리, 고민)에 의해 발생

한다.

　정신박약은 뇌손상이나 유전적인 원인에 의해 지능이 일반인들보다 낮고 인격형성이 되지 않은 상태이며, 이상성격은 비정상적인 성격에 의해 원만한 사회생활을 하기 어려운 상태를 말한다.

　가장 흔한 장애인 정신분열증은 신체적인 결함으로 인해 감수성이 높은 시기에 발생하며, 조울증은 정신적인 갈등과 불안이 원인으로 명랑과 우울이 주기적으로 찾아오며, 중독성 정신병은 알코올·마약·수면제, 각성제 등의 약물 복용 중독으로 인한 이상 증상이 보인다.

　욕구불만과 고민에 의한 불안신경증은 침착성이 없고 장래에 대한 공포심에서 나오며, 신경쇠약은 과로해서 피로하기 쉽고 일의 집중력과 기억력이 떨어져 능률이 저하된다.

　장기간의 욕구불만이나 갈등에 의한 히스테리는 주로 여성들의 감정적인 쇼크나 신체이상 등에서 일어나는 현상으로 결혼연령에 나타난다.

　이 같은 정신장애를 예방하기 위해서는 욕구조절과 원만한 인간관계를 형성하며 건전한 여가생활 등 자기 나름대로의 정서순환을 위한 노력이 필요하다.

　심리적인 정신장애 예방법에는 개인, 집단, 작업, 오락치료 등이 있고 약물치료는 다양한 보조약물이 있으며 물리치료는 전기충격과 정신 외과적 치료방법이 있다.

## 2) 건강을 해치는 요소와 주의점

건강은 인간의 주춧돌이자 기초자본이다.

때문에 건강을 지키기 위해서는 팔과(八過), 즉 과음(술) · 과식(음식) · 과색(성) · 과로(육체) · 과욕(마음) · 과속(속도) · 과열(온도) · 과용(사용)을 하지 말아야 한다.

칸트는 "술은 입을 경쾌하게 만들고 마음의 문을 열게 하는 동시에 마음을 운반하는 물질로 인간관계의 윤활유이고 사회생활의 활력소이며 우정의 촉진제이다."라고 하여 찬양론을 주장했다.

그러나 중세 신학자 어거스틴은 "술의 첫잔은 건강, 둘째 잔은 쾌락, 셋째 잔은 방봉, 넷째 잔은 광기를 위해서 마신다."고 하였고 스키타이왕족의 아나카르시스는 "첫잔은 사람이 술을 마시고, 두 잔은 술이 술을 마시며, 석 잔은 술이 사람을 마신다."라고 하였다.

법화경에 "폭음은 사람을 바보로 만들고 짐승으로 만들며 악마로 만든다."라고 하였고, 영국 속담에 "술은 재물을 잃게 하고, 질병을 낳으며, 남과 싸우고, 악명을 퍼뜨리고, 분노로 폭행을 하고, 지혜가 날로 손실된다."라고 하였듯이 술은 과음하지 말고 절제를 하여야 한다.

한편 맛있는 음식을 먹는 것은 인간의 순수한 기쁨 중의 하나이나 포식의 종이 되지 말고 미식의 노예가 되지 말아야 하며 소식이 오히려 좋다.

철학자 키케로는 "인간은 살기 위해서 먹는 것이지, 먹기 위해서 살아서는 안 된다."라고 하였고 주자는 "말을 삼가 덕을 기르고 음식을 절제하여 몸을 기르라."고 하였다.

특히 성생활은 인간의 기본적인 본성으로 조물주가 인간에게 준 가장 큰 기쁨과 축복의 하나로 남녀사랑과 부부화합의 원동력이 되며 스트레스를 해소시켜 쾌락을 주는 등 활력소가 된다.

서로가 사랑을 확인하고 만족을 적시, 적소, 적량으로 최대한 극대화시켜주는 한편 기대이상의 욕구를 만족시켜주기 위해서는 상대방이 좋아하는 행위를 찾으려고 다양한 성생활을 시도해야 하는데 이것은 단조로움과 권태감을 극복할 수 있다.

성생활은 이처럼 감미로운 속삭임으로 충분한 정신적인 공감대를 형성한 후에 육체적인 깊이와 넓이에 의한 지구상의 가장 위대한 창조활동이기에 기술이고 예술이다.

담배는 호흡과 관련된 모든 기능을 마비, 손상시키므로 스트레스를 다른 방법으로 풀려는 굳은 결심을 하고 3일을 참다보면 서서히 줄일 수가 있다.

나아가 육체적인 건강을 위해서는 정신건강과 함께 자신에게 알맞은 규칙적인 운동과 균형 있는 영양섭취는 물론 인체에 해로운 식품의 섭취를 자제하고 스스로 안전을 생활화하는 습관을 가져야 한다.

건강은 부모님으로부터 물려받아 타고난 체질이라고 하지만 건강관리에 가장 영양을 끼치는 생활태도와 주변환경 및 의료활용에 의해 크게 다르다.

골고루 음식을 섭취하는 것이 바람직하다. 과다, 편식으로 인한 영양의 불균형은 좋지 않고 운동부족에 의한 비만은 잔병을 일으키고 성격과 생활패턴까지 변화시킨다.

술과 담배를 끊으면 5년, 운동하면 5년, 건전한 신앙생활을 하면 5년 더 살 수 있으니 모두 합쳐 15년은 더 건강하게 살 수 있음을 깊이 인식했으면 한다.

이처럼 정신건강은 육체건강의 원천이 되므로 건강한 정신에 건강한 육체를 갖고 멋진 인생을 영위할 수 있도록 건강관리와 지원을 아끼지 말기를 바란다.

### 3) 건강을 찾은 사람과 잃은 사람들

▶**사 례 1.**

한 번 죽을 고비를 넘겼던 50대 초반의 H보험사 대리점 O소장.

그는 살아 있다는 것만으로도 늘 감사하게 생각하여 건강에 주의하면서 제2인생을 살아간다는 마음을 갖고 있다.

여러 번의 대수술 끝에 죽을 고비를 넘어 구사일생으로 살아서 직장생활을 하고 있으니 과욕을 부리지도 않고 술과 담배를 멀리하고 자기목소리를 낮춰 양보하는 편이다. 또 직원들에게도 야단을 치기보다는 칭찬을 아끼지 않고 부부관계도 무리하지 않고 가볍게 하면서도 만족감을 극대화시키는 편이다.

이런 생활을 오랫동안 하다보니 건강이 많이 회복되어 이제는 새벽에 부인과 함께 가벼운 마라톤을 할 수 있을 정도가 되었다. 이렇게 되기까지는 자신은 물론 아내의 내조가 매우 컸다.

▶**사 례 2.**

같은 회사 B부장은 뒤늦게 양주 맛에 취해 술을 위한 인생을 살게 되었다.

늦바람이 무섭다고 어느 날부터 술이 달다며 퇴근과 함께 온갖 이유를 대며 술을 마셔 외상장부가 즐비하고 사내식당을 외면한 채 주변식당으로 달려가 식사를 한 뒤에도 입가심으로 양주 한 잔은 보통이니 항시 얼굴이 붉고 업무처리가 제대로 되는 것이 없었다.

결국 중요한 바이어와의 만남 전에도 술을 마셔 결정적인 시기에 횡설수설하는 바람에 징계를 받고 월급날에는 여기저기 술집에서 외상값을 달라는 연락이 왔다. 결국 갈수록 알코올 중독증세가 나타나 결국 퇴사하고 말았다.

약을 먹을 때에도 물 대신에 양주로 먹다 보니 온몸에 마비가 오고 아내는 집을 나가 가정이 파탄나는 등 보는 이들을 안타깝게 만든다.


## 2. 적절한 영양섭취는 활력소이다.


### 1) 균형 있는 영양섭취를 위한 충고

영양소는 활동에 필요한 에너지의 공급, 신체조직의 구성, 신진대사의 조절 등의 중요한 역할을 한다.

5대 영양소는 인체내의 활동에 필요한 에너지 공급의 연료역할을 하며 단백질이 분해되어 에너지원이 되는 것을 저지하며 지방이 분해되는데 필요한 초기에너지 공급의 원료는 물론 전신 신경 작용을 하는 중추신경계의 에너지원이 된다.

이처럼 영양소는 체내에서 다양한 작용을 하므로 그 중 어느 하나만 부족해도 편식, 소화기장애로 인해 쉽게 피로해져 일에 대한 의욕을 잃게 되며 각종 질병의 원인이 되므로 골고루 섭취하여 영양균형을 유지하는 것이 바람직하다.

반면에 영양소의 섭취량이 소비량보다 많은 영양과다는 당뇨병, 고혈압, 심혈관, 비만의 원인이 되므로 권장량 이상의 과다한 섭취를 피하고 운동을 생활화해야 한다.

### 영양 결핍과 과다의 증상비교

| 영양소 | 영양 결핍 | 영양 과다 |
| --- | --- | --- |
| 탄수화물 | 활력부족, 발육부진 | 비만 |
| 지방 | 피부건조, 발육부진 | 비만, 동맥경화, 고혈압 |
| 단백질 | 발육부진, 빈혈, 저항력감소 | 신경질환, 비만, 고혈압 |
| 무기물 | 뼈의 약화, 빈혈, 갑상선 질환 | 조직마비, 무기질 과다증 |
| 비타민 | 야맹증, 괴혈병, 각기병, 빈혈 | 비만, 비타민 과다증 |

자료) 정성태 외 5, 『체육』, 교학사, 2000, p.253.

그러나 지나친 편식과 고기의 과다섭취로 인해 비만이 증가하고 발병률이 높아지는 등 많은 문제점을 낳고 있다

미국의 경우 성인의 1/4 정도가 비만으로 매우 심각한데 우리

도 특히 어린이들의 비만은 서서히 위험수치를 넘어가고 어른들도 비만인구가 급격하게 상승하고 있는 이유는 절제할 줄 모르는 지나친 식욕에 비례하여 운동부족 때문이다.

적정체중을 측정하는 신장체중 이용법은 신장에 대한 체중과다 및 과소를 판정하는 방법으로 (신장 -100)×지수(남자 0.9, 여자 0.86)로 알 수 있다.

인체둘레법은 신장과 체중 및 인체둘레를 이용해 체지방률을 추정하는 방법으로 남자는 허리, 여자는 엉덩이 둘레를 재며 피부두견법은 인체 각 부위의 피부두께의 체지방률을 피지후계로 측정하는 것이다.

적정(남자 15%, 여자 23%), 정상(남자 10~25%, 여자 18~30%), 마름(남자 10% 이하, 여자 18% 이하), 비만(남자 25% 이상, 여자 30% 이상)으로 나눈다.

이 밖에도 체지방측정법도 있는데 운동선수는 체지방이 과다해도 근육질이므로 비만하다고 볼 수 없다.


## 2) 질병 영양관리와 다이어트

인간의 오복(五福) 중 하나가 마음 편한 상태에서 건강하게 무병장수하는 것이다.

모든 병의 원인은 갈등, 분노, 욕구, 화병 등 정신적인 요인에서 오는 경우가 대부분이다.

따라서 아무리 보약을 많이 먹고 몸을 보신한다고 하여도 정신이 건강하지 않으면 병은 항시 침투하게 되며, 이 세상에서 가장 좋은 보약은 세 끼 식사이다.

우리 나라에서도 장수마을을 보면 산천이 수려하고 물과 공기가 맑은 곳이라는 공통점을 가지고 있다.

즉 조상들이 물려준 곳에서 욕심 없이 편안하게 사는 것이다. 식사를 통해 영양관리를 하여 질병의 상태를 개선, 회복시키려는 치료방법이 바로 식사요법인데 이 중 환자식을 치료식이라 한다. 일반 치료식은 영양성분을 조절하지 않고 질감만을 환자의 소화능력에 맞게 조절하는 식사법으로 외과, 산부인과, 정신과 환자식 등이 이에 해당된다.

지방의 섭취를 줄이고 단백질의 섭취를 높이며, 식물성 섬유질은 포만감을 주며 체내 흡수가 적고 비타민공급을 증가시키므로 많이 섭취하는 한편 소식으로 규칙적인 식사습관이 필요하다. 열량이 있는 인스턴트식품은 기타 영양분이 적으므로 피하고 식사 시작에서 포만감을 느끼기까지는 20분 정도가 소요되므로 음식을 천천히 씹어 먹고 취침 전에는 먹지 않는다.

비만은 열량섭취에 비해 열량소비가 적어 열량이 누적된 것으로 우선 허리와 엉덩이의 지방축적으로 뚱뚱보로 변하고 이로 인해 게을러져 결국 업무에 있어서 비능률적일 뿐만 아니라 내분비 장애를 일으켜 합병증의 원인이 되고 심하면 사망에 이른다.

식사요법으로는 체중감량을 위해 식사량을 줄이고 인스턴트식품을 금하며 저녁식사 후에는 어떤 음식도 먹지 않으며 전문가로부터 조언을 듣고 식단을 작성하여 실천한다.

운동은 일시적이기보다는 장기적이고 체계적으로 하는 것이 좋은데 무리하면 오히려 역효과를 초래하므로 자신에게 맞는 운동 선택이 절실하다.

또한 행동의 수정은 필수적이고 약물요법과 수술요법은 부작용을 초래할 수 있어 하지 않는 것이 좋으나 부득이한 경우 전문의로부터 자문을 받아 하는 것이 좋다.

### 3) 건강을 유지하기 위한 노력들

▶**사 례 1.**

G회사의 40대 초반의 영업과장 T씨.

그는 "영업은 자기에게 준 위대한 선물."이라며 매일 술을 마셔 그야말로 술독에 빠져 있었다.

그러다가 한 번 크게 앓아 장기간 동안 병원에 입원하는 등 곤욕을 치르어 자신은 물론 회사에도 막대한 지장을 주자 퇴출 위기에 놓여 있었다.

그후부터는 어떤 유혹도 뿌리쳐 술친구로부터 배신자라는 말을 들었지만 끄떡도 하지 않고 우연히 친구의 권유로 시작하게 된 기(氣)운동에 빠져들어 퇴근과 동시에 그곳으로 달려간다.

일요일에 가족과 함께 가벼운 등산을 시작하였을 때에는 숨이 차 몇 백 미터도 못 가서 쉬는 등 상당히 힘들었으나 아내의 끈질긴 설득으로 인해 주말마다 계속하여 산행을 하였다.

가족과 대화도 나누고 기분도 상쾌해지는 가운데 그동안 자기관리를 못 한 점과 가족에 소홀히 한 점을 깊이 반성하면서 시간이 흘러 이제는 완전히 회복되어 동료와 후배들에게 적극 권고하는 기와 등산의 전도사로 변신하였다.


**▶사 례 2.**

청주의 한 고층아파트에서 살고 있는 40대 초반의 주부 J씨는 비만으로 모든 일이 짜증스러워 사는 것이 곤욕이었다. 병원에 가보니 합병증 증세가 올 수도 있다는 진단결과를 받고 굳게 결심을 하였다.

우선 식사량을 줄이고 군것질을 하지 않으며 매일 아침과 저녁 산책과 계단을 오르내리는 피눈물나는 노력으로 상당한 감량효과를 보았다.

그랬더니 서서히 몸이 가뿐해지면서 생기가 돌았다.

부부들이 배드민턴을 치는 모습이 행복해 보여 일요일이면 피곤하다며 늦잠만 자는 남편의 건강을 위해 남편과 함께 시작했는데 민첩성과 지구력 및 순발력을 기를 수 있을 뿐만 아니라 무엇보다도 함께 대화하는 시간이 많아 좋았다.


## 3. 나만의 스트레스해소법을 찾아라.


### 1) 현대 고급병, 스트레스의 원인

누구나 정도의 차이일 뿐 스트레스(stress)를 갖고 있다.

그 원인은 노폐물이나 혈액덩어리가 뇌혈관을 막아 뇌조직에

혈액이 공급되지 않은 상태(하혈성 뇌졸중)와 낡은 수도관처럼 탄력성을 잃은 혈관의 일부가 혈압을 이기지 못해 파열되면서 발생(출혈성 뇌졸중)하는 경우가 대부분이다.

뇌무게는 전체 체중의 2~3%에 불과하나 전체 산소의 20%를 사용하기 때문에 20초 정도만 혈액공급이 차단되면 의식을 잃게 되고 4~8분이 지속되면 뇌세포는 영구히 손상을 입게 된다.

이는 갑자기 찾아오는 것이 아니라 위험을 미리 감지하여 손발이 저리거나 두통과 혈관이 막히는 부위에 따라 발음이 잘 안 되고 손에 힘이 없어 물건을 떨어뜨리는 한편 현기증이 나타나는 경고성 신호를 보낸다.

이때 시간이 지나면 괜찮을 것이라 가볍게 여기는 경우가 있는데 지나치면 결국 과로사, 압박사를 불러오게 되기 때문에 주의해야 한다. 또한 빠른 시일 안에 전문의를 찾아가 치료하는 것이 바람직하다.

이처럼 스트레스는 정신적인 압박감의 지속화로 인해 육체적으로 피곤한 상황에서 갑자기 춥다던가 하는 환경변수에 의해 일어난다.

샌드위치, 부적응, 좌절, 과잉부담, 절망, 소외감, 과욕, 환상, 갈등 등이 스트레스의 주요 원인이다.

그 척도는 배우자사망(100)이 가장 높고 이혼(73), 별거(65), 복역(63), 친구죽음(63), 질병(53), 결혼(50), 실직(47), 임신(40), 성장애(39), 경제적 빈곤(38)이 매우 높다.

그 다음으로 부부싸움(35), 고액담보(31), 자녀출가(29), 입학 ·

졸업(26), 생활환경 변화(25), 상사와 불화(23), 이사(20), 전학(20), 수면시간 변화(16), 휴가(12), 명절(11), 법규위반(10) 등이다.

특히 성격적인 면에서 완벽에 가까운 책임완수형에서 많이 발생하므로 강압관념에서 벗어나 때로는 느긋한 마음을 가져야 하는 동시에 신경을 많이 쓰는 일을 한 후에는 반드시 휴식과 여행 등을 다녀오는 것이 좋다. 신경 쓰는 일이 지속되면 스스로 위험을 초래하는 격이 된다.

이때 최대의 적은 담배이자 과다한 소금 섭취량 등이고 감기 · 몸살 증세로 나타난다.

결국 만성피로, 근육긴장, 두통, 복통 등 신체적인 고통과 자존심의 상실, 우울, 초조, 불안, 좌절 등 심리적 변화는 물론 사소한 일에도 결정을 내리지 못하고 우왕좌왕하며 자신과 주변사람을 유심히 체크하고 비판하는 편집증 증상이 일어난다.

갑자기 추운 곳에 노출되지 않는 것이 좋고 미지근한(38~40℃) 물로 목욕하며 이불은 가볍게 덮고, 베개는 얕게 비며 야채와 과일을 충분히 섭취하는 한편 비만에 주의하고 혈압을 낮춰 조절, 관리하는 등 종합적인 자기건강 경영관리가 필요하다.


2) 스트레스 자가진단 체크리스트
현재 나의 종합적인 스트레스 정도에 대한 체크를 헤보자.

5(수)  4(우)  3(미)  2(양)  1(가)

## 직장생활

1. 나는 연봉에 만족한다. _________________________ 불만이다.

2. 나는 직책에 만족한다. _________________________ 맞지 않는다.

3. 나는 회사방침에 만족한다. _________________________ 불만이다.

4. 나는 회사가 자랑스럽다. _________________________ 이직하려 한다.

5. 나는 자리가 안전, 비전적이다. _________________________ 불안하다.

## 업무관계

6. 나는 업무량이 적당하다. _________________________ 버겁다.

7. 나는 업무품질이 높다. _________________________ 낮다.

8. 나는 업무적성이 맞는다. _________________________ 맞지 않는다.

9. 나의 팀분위기가 좋다. _________________________ 나쁘다.

10. 나는 능력을 발휘하고 있다. _________________________ 발휘하지 못한다.

## 개인관리

11. 나는 성격이 두리뭉실하다. _________________________ 깐깐, 정의파다.

12. 나는 스트레스를 잘 풀어 없다. _________________________ 쌓여 괴롭다.

13. 나는 무엇이든 최선을 다한다. _________________________ 완벽주의자이다.

14. 나는 육체적으로 건강, 관리한다. _________ 취약, 관리하지 않는다.

15. 나는 인간관계가 넓고 원만하다. _________________________ 좁고 싸운다.

## 가족관계

16. 나의 가족은 화목하다. _________________________ 갈등, 불행하다.

17. 나의 가족은 모두 건강하다. _________________________ 아픈 사람이 있다.

18. 나는 성생활에 만족한다. _________________________ 불만족스럽다.

19. 나는 경제적으로 풍요롭다. ____________________ 궁핍하다.

20. 나의 가정은 발전적이다. ________________ 퇴보, 파멸중이다.


***평 가**

90~100 : 대만족 / 유지노력

80~89 : 만족한 편 / 대만족 노력

65~79 : 보통 / 만족 노력

50~64 : 불만족, 스트레스 증후군 / 자기발견 요망

35~49 : 매우 불만족, 스트레스 과다 보유 / 성격변화 요망, 휴직고려

20~34 : 폭발직전, 스트레스 위험수위 / 즉시 휴식, 즉시 자기인생발견

　　　　　시급

c. chae soo myung 13


한편 바이오(bio)리듬 중 출생일로부터 시작되는 신체리듬(23일), 감성리듬(28일), 지성리듬(33일)은 음양의 사인형 주기곡선이 0에 엇갈릴 때 위험하니 주의해야 하며 이 흐름을 잘 관리하고 활용하는 것이 바람직하다.


3) 스트레스해소 유무의 결과사례

스트레스를 풀지 못했거나 잘 푼 사례를 들어 본다.


▶**사 례 1.**

화장품회사의 개발실에서 근무하는 K씨.

그는 지나친 자기 아집에 사로잡혀 온갖 갈등을 일으키면서 스트레스를 받게 되었으나 이를 풀지 못해 눈이 찌그러지고 얼굴에 마비가 옴으로써 건강을 잃었다.

팀장은 고졸 출신이고 자기는 디자인을 전공한 대졸학력이라는 것에서 근본적으로 부정함으로써 업무 지시를 받지 않고 독단적으로 진행하다가 그만 사사건건 갈등의 싹이 텄다.

이때부터 한쪽 눈이 떨리는 증세가 나타나 병원을 다니게 되어 급기야는 대화가 단절되었고 업무를 주지 않는 사태에까지 이르게 되자 좌절에 빠지게 되었다. 주변에서 설득과 중재역할을 하여 문제를 해결하려 했지만 진급을 노리던 고참관료의 부추김으로 관계가 더욱 악화되고 말았다.

이렇게 되자 감정이 격해져 상호간 문제를 풀려는 대화 도중에 주먹이 오가는 사태에까지 이르렀다.

이 일 때문에 징계처분을 당하자 분에 못 이겨 충격을 받은 후부터는 한쪽 눈이 더욱 심하게 떨렸고 한쪽 얼굴이 마비되는 등 건강이 악화되더니 결국 휴직을 했다. 다시 복직하여 부서를 바꿔 근무하였지만 의욕도 없고 갈등이 생기자 급기야는 사표를 내고 집에서 휴식하면서 지난날을 몹시 후회하고 있다.

## ▶사 례 2.

언론사에 근무했던 K씨는 계속된 완벽성에 가까운 성격과 경쟁심이 심해 일벌레로 소문이 났으나 이미 자신도 모르는 사이에 스트레스가 쌓여 몸이 예전 같지 않아 시름시름 아팠다. 이를 지켜

보던 아내가 병원에 가보라며 간곡히 애원했지만 대수롭게 생각하지 않고 병원에 한 번 가지 않았다.

오랫동안 야근하는 것을 당연한 것처럼 여기던 시절이었기에 어느 날 평상시와 같이 동료들과 저녁식사를 마치고 휴식도 취하고 운동을 할 겸 오랜만에 탁구를 치다가 그만 쓰러졌다. 다급히 병원에 실려 갔으나 이미 목숨을 잃은 뒤였고 부검결과 과로사로 판명되었다.

30대 초반의 젊은 나이에 이제 백일밖에 안 된 딸과 아내를 남긴채 저 세상으로 홀로 떠났으니 모두를 불행하게 만들고 말았다.

▶ 사 례 3.

업무와 부서장 때문에 생긴 스트레스를 이겨내고 건강을 회복한 D공사 B과장은 마냥 행복하다.

업무 자체가 아주 까다롭기로 소문이 난 데다가 모 국장이 붙임성도 없고 술도 한잔 사지 않는다며 교묘한 방법으로 괴롭히자 그만 좌절감에 빠져 있었다.

평상시 업무차 나와는 친했던 그가 상담을 요청해와 나는 그에게 건강을 위해 당분간 휴직을 권했지만 안 된다고 하여 차선책으로 운동을 권유하였다.

스트레스를 푸는 방법을 가르쳐 주기에는 이미 늦었기에 시간만 나면 가볍게 마라톤을 시작해보라며 강력히 권고하였다. 마라톤을 하면 우선 잡념이 없어지고 건강해져 모든 병이 사라지며 자신과의 싸움을 할 수 있기 때문에 처음부터 무리하게 하면 오히려 역효과로 건강에 악영향을 주므로 처음에는 걷다가 서서히 조금씩 양을 늘리면서 한 달만 해보면 그 효과가 나타난다는 설명도 덧붙였다.

처음에는 귀찮고 시간이 없어서 못 하겠다며 헬스클럽에 다니다가 마라톤으로 전환하고 단축마라톤에도 참석하여 완주하였다.

이후부터는 사소한 것에도 마음의 변동이 없는 서글서글한 성격으로 변해 직장생활에서도 말도 잘하고 부부간에 성생활도 적극적이어서 바람을 피울까봐 걱정을 한다는 농담도 하는 여유도 생겼다.


## 4. 맞춤운동을 주기적으로 실시하라.

1) 건강은 보이지 않는 재산

실로 건강은 보이지 않는 위대한 재산이다.

건강은 이미 타고 난다고 하지만 부모님으로부터 물려받은 선천적인 건강도 자신이 관리하지 않으면 망가지게 되고 선천적으로 건강하게 태어나지 못했다고 하여도 자신이 건강을 관리하면 튼튼해지기 마련이다.

체육은 신체의 움직임에 담겨 있는 의미를 탐구하고 그 현상을 분석하는 학문이므로 인간 움직임의 연구를 위한 예술과 과학이다. 반면에 운동은 억압된 욕구를 발산시키고 활동욕구를 충족시켜 주며 정신적인 스트레스를 해소시켜 주는 역할을 한다. 따라서 보다 합리적이고 계획적인 활동을 통해 인간의 행동을 바람직한 방향으로 수정, 변화, 혁신시킴으로써 개인의 잠재력을 최대한 발달시켜 민주사회의 건강한 시민으로 육성하는데 그 목적이 있다.

그 추구하는 인간상은 건전한, 자주적인, 창의적인, 도덕적인 사람으로 개인의 발전과 지역사회 발전을 동시에 추구하는 적극적이고 긍정적인 인간, 신체적으로 튼튼하고 인지적으로 신체활동에 대한 전문지식을 습득하여 창의력과 판단력을 증진하는 데 있다.

한편으로는 정서적으로 명랑하고 활달한 성격을 함양하며 사회적으로 공명정대함은 물론 책임의식, 준법정신, 협동심을 기르는 데 있다. 즉 운동은 신체를 움직이거나 운동기구를 다루어 승패를 겨루는 행위로 그 효과는 근육과 인대 강화, 심장병 예방과 체지방 감소, 골격 발달, 여가활용, 사회성 함양, 스트레스 해소, 즐거움 · 성취감 · 자신감 · 행복감을 증가시킨다.

이런 점에서 그 요소는 지식적(특성, 가치, 과학적 원리, 역사, 규칙), 기능적(기초, 복합, 경기), 신체적(체격, 체력), 정신적(태도), 환경적(용구, 시설, 경기장)이다.

특히 생활체육은 일반인들이 여가시간에 신체활동을 통해 심신을 단련하는 체육영역이고, 보건은 건강을 유지하며 심신을 단련하기 위한 계획적이고 체계적인 신체활동이며, 여가활동은 자유시간을 이용해 즐겁고 가치 있는 활동을 통해 피로를 풀고 활력을 재충전시키는 자발적이고 건설적인 활동이다.

여기에는 신체적(운동, 등산, 낚시, 사이클링, 하이킹), 예술적(음악, 미술, 연극, 영화, 문학), 오락적(놀이, 텔레비전 시청, 라디오 청취, 오락), 지적(독서, 서예, 조사 분석, 역사여행, 수집), 사회적(대화, 봉사활동, 야유회)인 것 등이 있다.

체력운동은 삶에 활력을 불어 넣어 주며 심신의 건강을 증진시켜 주는 동시에 인내심과 자신감을 길러주고 심폐지구력, 근력, 근지구력, 유연성, 체지방력, 순발력, 스피드, 민첩성, 평형성을 주는데 운동강도, 빈도, 시간에 따라 운동량이 결정된다.

적성과 주어진 환경을 고려해 가장 효율적으로 스트레스를 해소하고 건강을 유지, 회복할 수 있는 방안을 스스로 모색하여 강구하는 길만이 건강을 지킬 수 있는 유일한 길이다.

"건강은 건강할 때 지켜야 한다."라는 말이 있듯이 건강은 주어진 상황여건에 따라 지키고 관리해야 한다.

### 2) 생활체육의 유형을 찾아서

생활체육은 기본기를 갖추어야 실력도 늘고 불필요하게 낭비되는 에너지를 줄일 수 있다.

체조는 모든 운동을 할 때 준비운동이나 정리운동으로 이용되는 근력, 유연성 등의 체력 향상과 피로 회복, 자세 교정에 효과적이다.

마라톤은 상체를 세우고 보폭을 좁혀 빠른 발 옮김의 트로팅주법을 사용하는 것이 에너지소모를 크게 줄일 수 있고 호흡은 걸음에 맞춰 자연스럽게 하고 달리는데 필요한 팔다리 동작 외에 불필요한 동작을 줄여야 한다.

능력에 맞는 보폭의 크기와 걸음수로 페이스를 조절하기 위하여 전반에는 가볍게 뛰고 후반으로 갈수록 점차 빨리 달리는 것이 바람직하다.

수영 중 경영은 강인한 체력과 숙련된 기술로 속도를 겨루는 경기로 물에 대한 공포심을 없애고 지구력, 유연성, 근력, 조정력을 향상시켜주며 자유형, 평형, 접영, 배영 등이 있다.

공중에서 신체의 균형과 높은 미적 감각을 표현하는 다이빙은 도움닫기, 발구름, 공중에서의 다이빙 기술과 우아함, 입수자세를 중시한다.

축구는 킥을 하는 순간 발목, 무릎, 허리를 이용해 체중을 전달함으로써 발의 가속도를 증가시키는 강인한 체력과 정신력이 요구되는 단체운동으로 협동심과 준법정신을 기르게 된다.

손과 발을 이용한 태권도는 강인한 민족정신의 함양과 예의바른 태도를 기르기 위한 운동으로 좋고 볼링은 리듬, 균형, 타이밍의 3박자를 조화시켜 공을 정확하게 굴려 쓰러뜨린 핀 수의 많고 적음을 겨루는 실내경기로 평형성, 집중력, 침착성을 길러 준다.

스키는 겨울의 자연경치와 속도감을 즐기는 균형감각의 운동이고, 수상스키는 스키를 신은 다음 모터보트에 매인 줄을 잡고 물 위를 활주하는 스포츠로 균형감각과 모험심과 대담성을 기를 수 있는 운동이다.

스케이트는 박진감 있는 운동으로 추위를 이겨내는 인내심과 스피드감각, 조정력, 평형성, 각근력을 길러준다.

낚시는 물고기를 잡는 과정에서 스트레스를 해소하고 심신단련은 물론 인내심을 통한 정신수양을 하는 야외활동으로 장소선정, 미끼선택, 바늘매기, 찌와 봉 맞추기, 낚싯대 설치, 던지기와 채기를 통한 호수·강·바다낚시가 있다.

하이킹(즐겁게 걷는다)은 장시간 산, 들, 강가, 바닷가를 여행하는 활동으로 극기심과 진취적인 기상을 기르게 되는데 언제, 무엇을, 어디로, 어떻게, 왜에 대한 의문을 체계적으로 계획을 세워 걸음걸이와 속도, 휴식은 물론 안전수칙을 준수하는 것이 바람직하다.


## 3) 다양한 운동으로 상쾌한 사람들

### ▶ 사 례 1.

평촌에 살고 있는 30대의 S씨는 태권도에 흠뻑 빠져 있다.

손발 기술이 매우 다양하고 민첩성, 전신지구력 등의 체력단련에 효과적일 뿐만 아니라 민족정신을 함양한 강인한 정신력과 예의바른 태도를 기를 수 있고 일정한 시간에 승부를 겨루는 것이 더욱 매혹을 느끼게 한다는 것이다.


### ▶ 사 례 2.

분당에서 살고 있는 H여사는 늦잠이 많아 아침에 못 일어 나는 아들의 습관을 바꾸기 위해 달리기 시작했는데 처음에는 귀찮아 하던 남편이 이제는 제일 좋아한다.

속도감과 경쾌함을 주며 가족이 무리를 지어 탄천을 달리다 자연스럽게 알게 된 사람들과 포탈링(2~3명이 무리를 지어 30km 정도를 달림)으로 친해져 용문산까지 다녀온 이후 내년에는 휴가 때 연차휴가까지 내어 해남 땅끝마을에서 임진각까지 달려보기로 했다며 두려움과 함께 마음이 설렌다고 한다.

### ▶ 사 례 3.

부산에서 보험설계사로 활동하고 있는 40대 중반의 주부 B씨는 친하게 지냈던 한 친구를 만나 추억을 상기할 겸 탁구장에 들렀다가 탁구에 매혹되었다.

탁구를 하면 모든 것을 잊을 수 있어 정신력 강화와 근력, 기술력을 키울 수 있으며 가격도 저렴하여 이제는 아예 1일 1시간씩 반액으로 선 지불을 하고 거의 매일 출근하다시피 한다.

### ▶ 사 례 4.

성남에서 공무원생활을 하고 있는 K씨는 테니스를 고급운동으로 여겼던 지난날의 판단이 잘못이라며 후회하면서 그동안 못 한 것을 실컷 치고 있다.

우연히 테니스장에 갔다가 중고생들이 담배를 피우고 있는 것을 보고 이를 추방하기 위해서 시작한 벽치기 테니스는 아파트 사람들과 우의를 다지고 이제는 부인과 함께 하니 부부 사이의 갈등이 말끔하게 씻겼고 밥맛도 좋고 기분도 상쾌해 몸도 가뿐해져 생기가 돌고 언제나 싱글벙글한다.

▶사 례 5.

서울에 있는 벤처회사 직원들은 주말이면 모든 일을 제처놓고 사장님과 함께 산행을 간다.

주말이면 쌓인 스트레스를 풀기 위해 술을 마셨다가 한 동료가 병원에 입원하는 바람에 충격을 받고 다른 스트레스 해소 방법을 찾던 중 처음에는 몇 명으로 시작하였으나 우연히 사장님이 참석하면서 정신적·육체적 건강을 위해서 아예 근무시간의 연장으로 여기고 모든 직원의 참여로 확대하였다.

하이킹형식에서 탈피해 빙벽, 암벽, 극지 등반을 위해 철저히 준비하고 있어 회사자체가 등산회사라 자칭하다보니 현재의 등산 장비들이 여러 가지 문제점을 가지고 있어 아예 등산 장비팀을 별도로 사업부서로 만들 계획이다.


## 5. 건전한 신앙생활은 은총이다.


1) 신은 죽었는가, 살았는가?

누구나 신(神)에 대한 갈망은 있다.

그에 대한 욕구가 크면 신앙생활을 하게 되고 작으면 무신론자가 된다. 그렇다고 해도 극소수를 제외하고는 신을 부정하는 완전 무신론자는 아닌 경우가 대부분이다.

"신은 죽었다."라고 한 니체도 신을 부정한 것이 아니라 강조하다 보니 그렇게 표현한 것이다.

원래 종교란 초인간적인 숭고 위대한 것을 외경하는 정의에 의거해 이것을 인격화하고 신앙, 기원 및 예배함으로써 안심임명, 축복, 해탈, 구제를 얻기 위한 봉사생활을 영위할 때의 관계를 말한다.

불교(佛敎)는 윤회에서 해탈과 불명의 세계에 도달하는 방법을 설명하여 당시 사상계에 커다란 영향을 주어 크샤트리아계급의 지지를 받아 성립된 고타마 싯다르타(석가모니)가 일으킨 종교로 그 사상은 인간성의 성찰에 있다.

설법교화를 위해 녹야원에서 설법하여 세상에 전해져 고(苦)가 어디에서 생기는가를 찾아냄으로써〔集〕 그것을 없앨 수 있는 실천적인 길〔道〕이 분명해지며 이를 사성제(4가지 성스런 진리)라 하며 그 실행의 길은 팔정도(八正道 : 인생관, 생각, 말, 행동, 생활, 노력, 의식집중, 정신통일)이다.

기독교(基督敎)는 예수 그리스도(Jesus Christ)의 인간 창조와 타락 및 구원의 3장으로 구성되어 전지전능하신 하나님의 천지창조와 인류의 조상인 아담과 이브의 죄에 대한 타락은 물론 구세주가 핵심요소이다.

요한복음 14장 6절에 "나는 길이요, 진리요, 생명이다. *I am the way, ant the truth, and the life.*"라 하여 그 출발점은 '전지전능한 하나님을 믿어야지 그렇지 않으면 으뜸가는 죄다.'라는 것이다.

결국 불교는 설득하고 깨닫는 무신론의 종교로 고(苦)에서의 해

탈을 역설해 정적이나 기독교는 외치고 믿는 유신론의 종교로 죄
(罪)에서의 해방을 강조하다보니 동적이다.

힌두교는 인도문화의 황금기에 성행한 브라만교와 불교, 토속
신앙과 결합한 것으로 윤회관과 카스트제도를 존중하고 시바신과
비시누신을 받든다.


2) 건전한 신앙생활은 절대적으로 필요하다.

인간은 누구나 자신이 지향하는 삶의 방향을 추구하려고 종교
를 필요로 한다.

그렇다보니 석가의 자비와 예수의 사랑을 실천하기보다는 헌금
을 통한 소원을 풀어달라고 간절히 기원하는 기복신앙(祈福信仰)
으로 타락하고 말았다.

이처럼 지나친 이기주의적인 발상으로 종교를 믿다보니 지극히
계산적이고 마치 헌금을 많이 내면 축복을 받는 것으로 여기고 또
한 그렇게 유도하는 풍조가 존재하는 한 진정한 신앙생활을 할 수
도 없어 점점 종교로부터 멀어져 갈 수밖에 없다.

국민 4,700만 명의 과반수가 신앙생활을 하고 있으면서도 사회
가 점차 지능화된 고소와 고발이 증가하고 있는 것을 보면 석가와
예수의 참뜻을 바르게 이해하지 못한 불건전한 신앙생활의 탈을
쓴 무리들이 많음을 알 수 있다.

특히 추방해야 할 사이비종교란 겉은 제법 종교와 비슷하나 그
속은 판이하게 다른 탈을 썼다는 점에서 건전한 신앙생활을 하기
위해서는 배척하고 추방해야만 한다.

신교리를 주장하여 기존 교회를 부정하거나 기존의 성경, 불경의 왜곡 해석은 물론 신격화하여 교주로 여기는 한편 무엇보다도 직·간접적으로 헌금을 과다하게 강요한다는 점에서 신흥종교와 기존종교의 일탈이 이에 해당된다.

즉 재산착취(재산헌납), 공포심 조장(말세론 주장), 가족과 사회와의 단절(공동체생활), 이중적인 교리주장(교리모순), 독선적인 신앙생활(다른 종교와 종파 맹비난), 우상화(신격화), 주술행위(요행, 기적), 간음과 추문(천국의 길 주장) 등이다.

한편 이단이란 전통이나 권위에 도전하는 사상이나 학설로 교회나 불교의 단일성을 파괴한다는 점에서 사회적인 문제를 일으킨다.

그 원인은 성서와 불교의 해석 오류, 성직자의 지나친 신격화, 기성종교의 부패와 타락, 안일무사와 믿음의 일탈, 위기의식과 절망감에 따른 교인과 신도수 확보 및 헌금강요와 세기의 종말론, 자기들만이 탈환에서 구원받는다고 믿으며 외부와 단절, 혼숙과 같은 비윤리적 지상천국을 주장하게 된다.

반면에 신흥종교는 새로 일어난 종교로서 3대 요소인 교주, 교리, 포교사를 갖추지 못한 거짓종교를 말하는데 사상적으로나 문화적으로 빈곤한 상태에서 정치적·경제적으로 사회가 혼란한 틈을 최대한 이용해 기성종교에서 분파해 나오기 마련이다.

이처럼 한국종교의 문제점은 종교규모의 대형화(교세확장), 물량주의(교인 도둑질), 승리주의(소형종교 무시), 탈사회화(구원만 강조), 기복신앙(소원수리), 지도력 약화(전문성 결여), 양적배출 등이다.

과거 100년이 복음과 선교로 양적 성장을 거둔 빛과 소금이었다면 앞으로 100년은 내적 성숙과 종교의 사회적 책임을 다하는 소금과 빛이 되어야 하는 등 종교가 종교다워지도록 질적 성장을 하는 것이다.

이를 위해서는 모든 종교지도자들과 신도들이 함께 협력하여 기쁨이 충만한 삶을 창출하고 사회를 자비와 사랑을 베풀어주기 위한 참종교정신을 실천하는 등 건전한 종교 문화운동이 일어날 때가 왔다.


## 3) 건전한 신앙생활과 그릇된 만남

### ▶사 례 1.

대전에서 살고 있는 40대 중반의 Y여사.

그녀는 건전한 신앙생활을 하여 잃었던 건강도 되찾고 가족의 화목에 앞장서고 있으며 봉사활동도 열심히 하여 부러움의 대상이 되고 있다.

처음부터 종교 차이로 연애결혼을 반대했던 시부모님과 함께 살면서 서로간의 갈등은 한치 양보도 없이 증폭되었다. 급기야는 스트레스가 쌓여 가족간의 갈등은 더욱 깊어만 갔고 정신분열증세까지 이르러 이혼 전까지 갔었다.

완고한 유교 집안이라서 처음에는 반대가 심했으나 남편의 간절한 설득으로 "가정을 화목하게 만든다."라는 조건으로 교회에 나가게 되어 마음의 평온을 찾았고 결혼 전에 "부모님께 효도하겠다.”라는 약속을 지키겠다며 무조건 순종하기로 했다.

　시부모님이 아닌 친정부모님처럼 정성껏 모시자 그제서야 시부
모님도 그동안의 언행을 후회하면서 며느리와 화해하여 가정의
평화와 행복을 되찾고 온 가족이 독실한 신앙생활을 하며 양로원
과 고아원에 봉사하는 등 아주 행복한 생활을 하게 되었다.


## ▶ 사 례 2.

　30대 중반의 K씨는 부인이 허무맹랑한 사이비 종교에 빠져 버
리는 바람에 가족이 뿔뿔이 흩어지고 말았다.

　평상시 무신론자를 자처하던 그녀는 언제인가부터 몸이 아프다
며 가정을 돌보지도 않고 심지어는 가끔 기도원에 간다며 외박을
서슴지 않았고 아이들마저도 멀리하면서 가끔 집에 들어와 기도
를 한다고 야단법석이었다.

　그제서야 문제의 심각성을 깨닫고 자세히 알아보니 신흥 사이
비종교에 흠뻑 빠져버렸다는 사실을 알고는 설득에 들어갔다.

　평상시에 세금을 잘 내기로 소문났던 탓에 그런 줄로만 믿었다
는 말을 듣고는 통장을 확인해 보니 그동안 집을 장만하기 위해
먹지도 입지도 못하고 착실히 저축한 거금 5,000만 원까지 인출
했던 것이었다.

　이 사실을 안 아내는 겁에 질려 가출해 버리고 물어 물어서 찾
아간 교회는 신도들이 빠져 나올 수 없도록 감시체제가 철저한 사
기꾼들의 집합소와 다를 바가 없었다.

　아이들은 시골에 계신 어머님이 오셔서 불편한 몸으로 돌보고

있지만 직장생활은 엉망이고 시골의 아버님도, 처갓집도 모두 풍
비박산이 나고 말았다.

### ▶사 례 3.

몇 년 전 옷로비 사건의 청문회는 IMF로 인해 나라 경제가 추락
해 정신적·경제적으로 어려웠던 국민들에게는 충격이었다.

소위 한국을 이끌어가고 대표하는 대기업의 회장부인과 법의
수장 부인 사이에서 벌어진 이 사건은 한때 같은 교회 신도들로
절친했다가 서로의 갈등에 의해 고소·고발에까지 이르렀으니….

청문회 장소에서도 서로가 자기 주장이 옳고 상대방은 거짓이
라며 "예수님 앞에 맹세합니다."라는 언행은 거짓된 신앙의 탈을
쓴 외형적으로만 엘리트인 부인들의 무지한 삐뚤어진 내면의 모
습을 그대로 보여주었다.

아마도 건국 이후 최대의 사건이었고 앞으로도 영원히 교훈으
로 남을 일이다.

# *에 필 로 그

## 1. 프로근성을 기리며

프로는 아름답다.

단 한번밖에 없는 나의 인생을 아주 멋지고 당당하게 살아가기 위해서는 지금까지의 사고와 행동에서 탈피하여 21세기 국제화·정보화 시대가 원하는 마인드와 노하우로 변신은 필수이다.

즉 프로근성을 갖기 위해서는 이에 걸맞는 신사고의 혁신 아래 행동혁명으로 신지식인 나아가 신인류로 거듭나야 한다.

지금까지의 인성보다는 얄팍한 지식을 중시했던 반지성인으로는 한계성이 드러나고 있으므로 인간 근원의 도덕성과 탁월한 전문성 및 봉사 책임성 이외에 정열을 가지고 있어야 한다.

무엇보다도 자신의 일을 소중히 하고 창의력을 가지고 신바람나게 최선을 다함으로써 경쟁력을 길러 전문차별화로 효율성을 통해 자신의 발전은 물론 조직과 사회발전을 이루려는 프로 중의 프로가 되도록 온갖 에너지를 극대화해야 한다.

자기업무와 자기인생의 품질을 보다 고급화시킬 수 있는 방안을 마련하고 육성시키는 것도 모두 자기 자신이라는 점이다.

나의 품질은 곧 나의 인격이고 연구 정열은 보람이며, 혁신은 비전이고 경영관리는 생활이념인 동시에, 건강은 행복이다.

이 같은 프로근성의 원천은 자기계발 혁신경영관리에서 나오는 결과물이라는 점에서 이에 대한 연구가 지속되어야 할 과제이다.

## 2. 자기경영의 귀재가 되려면….

타인에 의해 개인경영의 지배를 받기보다는 자기경영의 귀재가 되어야 한다.

합리적인 신지식 경영이란 자신의 인생과 업무를 철저히 계획하고 조직하며 지휘하고 조정하여 통제하는 것이라는 점에서 온갖 지식과 지혜를 모으는 한편 과학적인 준비성이 습관화되어야 하는 것이다.

이 같은 신지식경영, 창의력경영, 정보경영, 품질경영, 조직경영, 비즈니스경영, 이미지경영, 인생경영, 재테크경영, 건강경영 등은 보다 차원 높은 세계로 끌어올리게 만든다.

적성이 직장인인 가운데 신사고와 보람의 연속된 생활을 영위할 수 있는 것도 자기 자신이라는 점에서 보다 긍정적이고 적극적이며 합리적인 사고와 행동으로 자기경영의 귀재가 되길 바란다.

남과의 비교 우위확보는 곧 자기 삶이 아니므로 진정한 자기인생을 발견하고 어떤 사고로 어떻게 살아갈 것인가를 심도 있게 고민하는 신선한 프로가 되는 길을 찾아 멋진 인생을 영위하는 방법을 찾도록 노력하자.

# 가림출판사 · 가림M&B · 가림Let's에서 나온 책들

### 바늘구멍
켄 폴리트 지음 · 홍영의 옮김

미국 추리작가 협회의 최우수 장편상을 받은 초유의 베스트 셀러로 전쟁을 통한 두뇌싸움을 치밀하고 밀도 있게 그려낸 추리소설.  신국판 / 342쪽 / 5,300원

### 레베카의 열쇠
켄 폴리트 지음 · 손연숙 옮김

최고의 모험, 폭력, 음모 그리고 미국적인 열정 속에 담긴 두 남녀의 사랑이야기를 독자들의 상상을 뒤엎는 확실한 긴장감으로 마지막까지 흥미진진한 켄 폴리트의 장편 추리소설.
신국판 / 492쪽 / 6,800원

### 암병선
니시무라 쥬코 지음 · 홍영의 옮김

암병선을 무대로 인간생명의 존엄성을 지키기 위해 불의와 맞서는 시라도리 선장의 꿋꿋한 의지와 애절한 암환자들의 심리가 생생하게 묘사된 근래 보기드문 걸작.  신국판 / 300쪽 / 4,800원

### 첫키스한 얘기 말해도 될까
김정미 외 7명 지음

이 시대의 젊은 작가 8명이 가슴속 깊이 간직했던 나만의 소중한 이야기를 살짝 털어놓은 상큼한 비밀 이야기.
신국판 / 228쪽 / 4,000원

### 사미인곡 上 · 中 · 下
김충호 지음

파란만장한 일생을 보낸 정철의 생애를 통해 난세를 살아가는 우리에게 삶의 지혜와 기쁨을 선사하는 대하 역사 소설.
신국판 / 각 권 5,000원

### 이내의 끝자리
박수완 스님 지음

앞만 보고 살아가는 우리에게 자신을 뒤돌아볼 수 있는 여유를 갖게 해주는 승려시인의 가슴을 울리는 주옥 같은 시집.
국판변형 / 132쪽 / 3,000원

### 너는 왜 나에게 다가서야 했는지
김충호 지음

세상에 대한 사랑의 아픔, 그리움, 영혼에 대한 고뇌를 달래야 했던 시인이 살아 있는 영혼을 지닌 이들에게 전하는 사랑의 메시지.  국판변형 / 124쪽 / 3,000원

### 세계의 명언
편집부 엮음

위인이나 유명인들의 글, 연설문 혹은 각 나라에서 전해져 오는 속담을 통하여 지난날을 되새겨보는 백과전서로서, 오늘을 반성하는 교과서로서, 그리고 미래를 설계하는 참고서로서 역할을 해줄 것이다.  신국판 / 322쪽 / 5,000원

### 여자가 알아야 할 101가지 지혜
제인 아서 엮음 · 지창국 옮김

남녀가 함께 살면서 경험으로 터득한 의미심장하면서도 재미있는 조언들을 발췌한 내용으로 독신의 삶을 청산하려는 이들이 알아야 할 유용하고 상상력 풍부한 힌트로 가득찬 감동의 메시지이다.  4 · 6판 / 132쪽 / 5,000원

### 현명한 사람이 읽는 지혜로운 이야기
이정민 엮음

현대를 살아가는 우리들에게 삶의 가치를 부여해주고 자기 성찰의 기회를 갖게 해준다.  신국판 / 236쪽 / 6,500원

### 성공적인 표정이 당신을 바꾼다
마츠오 도오루 지음 · 홍영의 옮김

자신뿐만 아니라 주위 사람들의 마이너스 사고를 플러스 사고로 바꾸어서 사람의 마음을 움직이며, 그리고 사람의 마음에 남는 최고의 웃는 얼굴을 만드는 비법 총망라!
신국판 / 240쪽 / 7,500원

### 태양의 법
오오카와 류우호오 지음 · 민병수 옮김

불법 진리 사상의 윤곽과 그 목적 · 사명을 명백히 함으로써 한 사람 한사람의 인간이 깨달음을 추구하고 영적으로 깨우치기 위한 명확한 방향을 제시하였다.  신국판 / 246쪽 / 8,500원

### 영원의 법
오오카와 류우호오 지음 · 민병수 옮김

일찍이 설해졌던 적도 없고 앞으로도 설해지지 않을 구원의 진리를 한 권의 책에 이론적 형태로 응축한 기본 삼법의 완결편.
신국판 / 240쪽 / 8,000원

### 옛 사람들의 재치와 웃음
강형중 · 김경익 편저

옛 사람들의 재치와 해학을 통해 한문의 묘미를 터득하고 한자를 재미있게 배우며 유머감각까지 높일 수 있는 일석삼조의 효과 만점.  신국판 / 316쪽 / 8,000원

### 지혜의 샘터
쇼펜하우어 지음 · 김충호 엮음

쇼펜하우어의 철학체계를 통하여 풍요로운 삶의 지혜를 얻고 기쁨을 얻을 수 있도록 꾸며 놓은 철학이야기.
4 · 6판 양장본 / 160쪽 / 4,300원

### 헤세가 너에게
헤르만 헤세 지음 · 홍영의 엮음

순수한 애정과 자유를 갈구하는 헤세의 아름다운 세상을 통한 깨끗한 정신세계를 공유할 수 있는 기회를 제공.
4 · 6판 양장본 / 144쪽 / 4,500원

## 사랑보다 소중한 삶의 의미

크리슈나무르티 지음 · 최윤영 엮음

금세기 최고의 사상가이자 철학자인 크리슈나무르티가 인간의
정신적 사고의 구조와 본질을 규명하여 인간의 삶에 대한 가장
완벽한 해답을 제시.  신국판 / 180쪽 / 4,000원

## 장자-어찌하여 알 속에 털이 있다 하는가

홍영의 엮음

동양 사상의 저변에 흐르고 있는 자연에의 경외감을 유감없이
표현한 장자를 통하여 인간 본연의 자세로 돌아가 나를 돌아보
는 계기를 만들어 주는 책.  4 · 6판 / 180쪽 / 4,000원

## 논어-배우고 때로 익히면 즐겁지 아니한가

신도희 엮음

인간에게 필요불가결한 윤리와 도덕생활의 교훈들을 평이한
문체로 광범위하게 집약한 논어의 모든 것!!
4 · 6판 / 180쪽 / 4,000원

## 맹자-가까이 있는데 어찌 먼 데서 구하려 하는가

홍영의 엮음

반성과 자책을 통해 잃어버린 양심을 수습하고 선으로 복귀할
것을 천명하는 맹자 사상의 집대성!!  4 · 6판 / 180쪽 / 4,000원

# 건 강

## 식초건강요법

건강식품연구회 엮음 · 신재용(해성한의원 원장) 감수

가장 쉽게 구할 수 있고 경제적인 식품이면서 상상할 수 없을
정도로 뛰어난 약효를 지닌 식초의 모든 것을 담은 건강지침
서!  신국판 / 224쪽 / 6,000원

## 아름다운 피부미용법

이순희(한독피부미용학원 원장) 지음

피부조직에 대한 기초 이론과 우리 몸의 생리를 알려줌으로써
아름다운 피부, 젊은 피부를 오래 유지할 수 있는 비결 제시!
신국판 / 296쪽 / 6,000원

## 버섯건강요법

김병각 외 6명 지음

종양 억제율 100%에 가까운 96.7%를 나타내는 기적의 약용버
섯 등 신비의 버섯을 통하여 암을 치료하고 비만, 당뇨, 고혈
압, 동맥경화 등 각종 성인병 예방을 위한 생활 건강 지침서!
신국판 / 286쪽 / 8,000원

## 성인병과 암을 정복하는 유기게르마늄

이상현 편저 · 캬오 샤오이 감수

최근 들어 각광을 받고 있는 새로운 치료제인 유기게르마늄을
통한 성인병, 각종 암의 치료에 대해 상세히 소개.
신국판 / 312쪽 / 9,000원

## 난치성 피부병

생약효소연구원 지음

현대의학으로도 치유불가능했던 난치성 피부병인 건선 · 아토
피(태열)의 완치요법이 수록된 건강 지침서.
신국판 / 232쪽 / 7,500원

## 新 방약합편

정도명 편역

약물의 성질과 효능을 쉽게 꾸며 놓아 자신의 병을 알고 증세
에 맞춰 스스로 처방을 할 수 있는 가정 한방 주치의 역할을 해
준다. 증상과 처방에 따라 가정에서 조제할 수 있는 보약 506
가지 수록.  신국판 / 416쪽 / 15,000원

## 자연치료의학

오홍근(신경정신과 의학박사 · 자연의학박사) 지음

대한민국 최초의 자연의학박사가 밝힌 신비의 자연치료의학으
로 자연산물을 이용하여 부작용 없이 치료하는 건강 생활 비법
공개!!  신국판 / 472쪽 / 15,000원

## 약초의 활용과 가정한방

이인성 지음

현대과학이 밝혀낸 약초의 신비와 활용방법을 수록하여 가정
에서도 주변의 흔한 식물과 약초를 활용하여 각종 질병을 간편
하게 예방 · 치료할 수 있는 비법제시.  신국판 / 384쪽 / 8,500원

## 역전의학

이시하라 유미 지음 · 유태종 감수

일반상식으로 알고 있는 건강상식에 대해 전혀 새로운 관점에
서 비판하고 아울러 새로운 방법들을 제시한 건강 혁명 서적!!
신국판 / 286쪽 / 8,500원

## 이순희식 순수피부미용법

이순희(한독피부미용학원 원장) 지음

자신의 피부에 맞는 관리법으로 스스로 피부관리를 할 수 있는
방법을 제시하고 책 속 부록으로 천연팩 재료 사전과 피부 타
입별 팩 고르기.  신국판 / 304쪽 / 7,000원

## 21세기 당뇨병 예방과 치료법

이현철(연세대 의대 내과 교수) 지음

세계 최초 유전자 치료법을 개발한 저자가 당뇨병과 대항하여
가장 확실하게 이길 수 있는 당뇨병에 대한 올바른 이론과 발
병시 대처 방법을 상세히 수록!  신국판 / 360쪽 / 9,500원

## 신재용의 민의학 동의보감

신재용(해성한의원 원장) 지음

주변의 흔한 먹거리를 이용하여 신비의 명약이나 보약으로 활
용할 수 있는 건강 지침서로서 저자가 TV나 라디오에서 다 밝
히지 못한 한방 및 민간요법까지 상세히 수록!!
신국판 / 476쪽 / 10,000원

## 치매 알면 치매 이긴다

배오성(백상한방병원 원장) 지음

자연의 생기를 빨아들이면서 마음을 다스리는 B.O.S.요법으로
뇌세포의 기능을 활성화시키고 엔돌핀의 분비효과를 극대화시
켜 증상에 맞는 한약 처방을 병행하여 치매를 치유하는 획기적
인 치유법 제시.  신국판 / 312쪽 / 10,000원

## 21세기 건강혁명 밥상 위의 보약 생식

최경순 지음

항암식품으로, 다이어트식으로, 젊고 탄력적인 피부를 유지할
수 있게 해주는 자연식으로의 생식을 소개하여 현대인들의 건
강 길라잡이가 되도록 하였다.  신국판 / 348쪽 / 9,800원

## 기치유와 기공수련

윤한홍(기치유 연구회 회장) 지음

기 수련을 통해 길러지는 기치유는 누구나 노력만 하면 개발할
수 있고 활용할 수 있는 능력임을 강조하는 저자가 기 수련 방

법과 기치유 개발 방법을 자세하게 소개하고 있다.
신국판 / 340쪽 / 12,000원

### 만병의 근원 스트레스 원인과 퇴치
김지혁(김지혁한의원 원장) 지음

현대를 살아가는 사람들에게 스트레스는 피할 수 없는 존재.
만병의 근원인 스트레스를 속속들이 파헤치고 예방법까지 속
시원하게 제시!!  신국판 / 324쪽 / 9,500원

### 김종성 박사의 뇌졸중 119
김종성 지음

우리나라 사망원인 1위. 뇌졸중 분야의 최고 권위자인 저자가
일상생활에서의 건강관리부터 환자간호에 이르기까지 뇌졸중
의 예방, 치료법 등 모든 것 수록.  신국판 / 356쪽 / 12,000원

### 탈모 예방과 모발 클리닉
장정훈 · 전재홍 지음

미용적인 측면과 우리가 일상적으로 고민하고 궁금해 하는 털
에 관한 내용들을 저자들의 치료 경험을 토대로 다양하고 재미
있게 예들을 들어가면서 흥미롭게 풀어간 것이 이 책의 특징.
신국판 / 252쪽 / 8,000원

### 구태규의 100% 성공 다이어트
구태규 지음

하이틴 영화배우의 다이어트 체험서.
저자만의 다이어트법을 제시하면서 바람직한 다이어트에 대해
서도 알려준다. 건강하게 날씬해지고 싶은 사람들을 위한 필독
서!  4 · 6배판 변형 / 240쪽 / 9,900원

### 암 예방과 치료법
이춘기 지음

암환자와 가족들을 위해서 암의 치료방법에서부터 합병증의
예방 및 암이 생기기 전에 알 수 있는 방법에 이르기까지 상세
하게 해설해 놓은 책.  신국판 / 296쪽 / 11,000원

### 알기 쉬운 위장병 예방과 치료법
민영일 지음

소화기관인 위와 관련 기관들의 여러 질환을 발병 원인, 증상,
치료법을 중심으로 알기 쉽게 해설해 놓은 건강서.
속이 쓰리거나 음식을 삼킬 때 가슴이 막히는 증상 때문에 걱
정이 되는 독자들은 이 책으로 근심을 한 방에 날려버릴 수 있
다.  신국판 / 328쪽 / 9,900원

### 이온 체내혁명
노보루 야마노이 지음 · 김병관 옮김

음이온의 생성, 음이온이 많은 환경, 음이온이 건강에 미치는
영향 등을 구체적인 실험사례를 들어가면서 설명한 신개념의
건강서. 새로운 건강관리 이론으로 주목을 받고 있는 음이온을
통해 건강을 돌볼 수 있는 방법 제시.  신국판 / 272쪽 / 9,500원

### 어혈과 사혈요법
정지천 지음

침과 부항요법 등을 사용하여 피를 맑게 함으로써 모든 질병을
다스릴 수 방법과 우리 주변에서 흔하게 접할 수 있는 각 질병
의 상황별 처치를 혈자리 그림과 함께 상세하고 쉽게 해설.
신국판 / 308쪽 / 12,000원

### 약손 경락마사지로 건강미인 만들기
고정환 지음

경락과 민족 고유의 정신 약손을 결합시킨 약손 성형경락 마사
지로 수술하지 않고도 자신이 원하는 부위를 고치는 방법을 제
시하는 건강 미용서.  4×6배판 변형 / 284쪽 / 15,000원



### 우리 교육의 창조적 백색혁명
원상기 지음

자라나는 새싹들이 기본적인 지식과 사고를 종합적 · 창조적으
로 발전시켜 창조적인 사고능력을 배양할 수 있도록 한 교육지
침서.  신국판 / 206쪽 / 6,000원

### 육아아이디어 263
생활컨설턴트그룹 엮음 · 한양심 옮김

세상에서 가장 예쁘고 소중한 우리 아기에게 언제나 여유로우
면서도 무슨 일이든 척척 처리하는 현명한 신세대 엄마가 되기
위한 최신 육아 정보 수록!  신국판 / 318쪽 / 6,000원

### 현대생활과 체육
조창남 외 5명 공저

건강의 개념 및 체력의 개요를 비롯한 각종 현대병의 원인과
예방 및 운동요법에 대한 이론과 요즘 각광받는 골프 · 스키 ·
볼링 등의 레저스포츠 총망라한 생활체육 총서.
신국판 / 340쪽 / 10,000원

### 퍼펙트 MBA
IAE유학네트 지음

기존의 관련 도서들과는 달리 Top MBA로 가는 길을 상세하
고 완벽하게 수록. 톱 MBA를 꿈꾸는 지원자들에게 가장 완벽
하고 충실한 최신 정보 제공.
신국판 / 400쪽 / 12,000원

### 유학길라잡이 Ⅰ - 미국편
IAE유학네트 지음

미국의 교육제도 및 유학을 가기 위해서 준비해야 할 절차, 미
국 현지 생활 정보, 최신 비자정보 등을 한눈에 볼 수 있는 유
학길잡이.  4 · 6배판 / 372쪽 / 13,900원

### 유학길라잡이 Ⅱ - 4개국편
IAE유학네트 지음

영어권 국가인 영국 · 캐나다 · 호주 · 뉴질랜드의 현지 정보 ·
교육제도 및 각 국가별 학교의 특화된 교육내용 완전 수록!!
4 · 6배판 / 348쪽 / 13,900원

### 조기유학길라잡이.com
IAE유학네트 지음

영어권으로 나이 어린 자녀를 유학보내기 위해 준비중인 학부
모 및 준비생들이 반드시 읽어야 할 필독서!!
영어권 나라의 교육제도 및 학교별 데이터를 완벽하게 수록하
여 유학정보서의 질을 한 단계 상승시킨 결정판!!
4 · 6배판 / 428쪽 / 15,000원

### 현대인의 건강생활
박상호 외 5명 공저

현대인들의 건강한 삶을 위한 사회체육의 중요성을 강조. 건강
과 체력 증진을 위한 기본상식, 노인과 건강 등 이론과 스쿼
시 · 스키 · 윈드 서핑 등 레저스포츠 등의 실기편으로 이루어
진 알찬 내용 수록.  4 · 6배판 / 268쪽 / 15,000원

### 천재아이로 키우는 두뇌훈련
나카마츠 요시로 지음 · 민병수 옮김

화이트 브레인을 발달시켜야 머리가 좋은 아이가 된다. 머리가

좋은 아이로 키우기 위한 환경 만들기, 식사, 운동 등 연령별 두뇌 훈련법 소개.  국판 / 288쪽 / 9,500원

### 두뇌혁명
나카마츠 요시로 지음 · 민병수 옮김

『뇌내혁명』 하루야마 시게오의 추천작!!
어른들을 위한 두뇌 개발서로, 풍요로운 인생을 만들기 위한 '뇌' 와 '몸' 자극법 제시.  4 · 6판 양장본 / 288쪽 / 12,000원

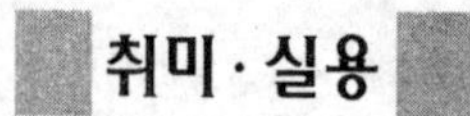

# 취미 · 실용

### 김진국과 같이 배우는 와인의 세계
김진국 지음

포도주 역사에서 분류, 원료 포도의 종류와 재배, 양조 · 숙성 · 저장, 시음법, 어울리는 요리에 이르기까지 일반인의 관심사와 함께 와인의 유통과 소비, 와인 시장의 현황과 전망 등 산업적 부분까지 다루었다.
특히 와인소매점과 레스토랑 종사자들을 겨냥, 와인 판매 요령, 와인의 보관과 재고의 회전뿐만 아니라 고객에게 와인을 권하고 추천할 수 있는 능력, '와인 양조 비밀의 모든 것' 을 동영상으로 제작한 CD까지, 와인의 모든 것이 담긴 종합학습서.
국배판 변형양장본(올 컬러판) / 208쪽 / 30,000원

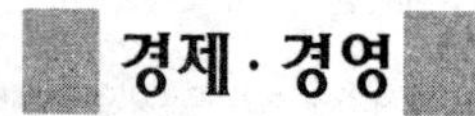

# 경제 · 경영

### CEO가 될 수 있는 성공법칙 101가지
김승룡 편역

미래의 CEO를 위한 획기적인 경영실용서로서 또 한 번의 경제위기를 겪고 있는 우리의 현실을 극복하고 일어설 수 있는 리더로서의 역할과 책임에 대한 명확한 해답을 제시해줄 것이다.
신국판 / 320쪽 / 9,500원

### 정보소프트
김승룡 지음

홍수처럼 쏟아지는 정보를 수집 · 분석하여 효과적으로 활용하는 방법을 총망라한 정보 전략 완벽 가이드!!
신국판 / 324쪽 / 6,000원

### 기획대사전
다카하시 겐코 지음 · 홍영의 옮김

저자가 신사업 기획안과 지역 활성화의 프로젝트맨으로 수십 년간 활약하면서 얻은 경험과 체험을 토대로 엮은 완전 실용판 기획지침서로서 히트상품의 개발, 창업의 성공, 업무의 효율화, 성공적인 마케팅전략, 인재조직의 활용, 비용절감 등 기획에 관련된 모든 사항을 실례와 도표를 통하여 초보자에서 프로 기획맨에 이르기까지 효율적으로 활용할 수 있도록 체계적으로 총망라하였다.
신국판 / 552쪽 / 19,500원

### 맨손창업 · 맞춤창업 BEST 74
양혜숙 지음

창업대행 현장 전문가가 추천하는 유망업종을 7가지 주제별로 나누어 수록한 맞춤창업서로 창업예비자들에게 창업의 길을 밝혀줄 발로 뛰면서 만든 실무 지침서!!  신국판 / 416쪽 / 12,000원

### 무자본, 무점포 창업! FAX 한 대면 성공한다
다카시로 고시 지음 · 홍영의 옮김

완벽한 FAX 활용법을 제시하여 가장 적은 자본으로 창업하려는 예비자들에게 큰 투자를 필요로 하지 않으면서 성공을 이끌어주는 길라잡이가 되는 실무 지침서.  신국판 / 226쪽 / 7,500원

### 성공하는 기업의 인간경영
중소기업 노무 연구회 편저 · 홍영의 옮김

무한경쟁시대에서 각 기업들의 다양한 경영 실태 속에서 인사 · 노무 관리 개선에 있어서 기업의 효율을 높이고 발전을 이룰 수 있는 원칙을 제시.  신국판 / 368쪽 / 11,000원

### 21세기 IT가 세계를 지배한다
김광희 지음

21세기 화두로 떠오른 IT혁명의 경쟁력에 대해서 일반인들도 쉽게 이해할 수 있도록 전문가의 논리적이고 철저한 해설과 더불어 매장 끝까지 실제 사례를 곁들여 이 책을 통해 21세기 최정상에 오르는 방편을 터득하게 해줄 것이다.
신국판 / 380쪽 / 12,000원

### 경제기사로 부자아빠 만들기
김기태 · 신현태 · 박근수 공저

날마다 배달되는 경제기사를 꼼꼼히 챙겨보는 사람만이 현대생활에서 부자가 될 수 있다. 언론인의 현장감각과 학자의 전문성을 접목시킨 것이 이 책의 특성! 누구나 이 책을 읽고 경제원리를 체득, 경제예측을 할 수 있게 준비된 생활경제서적.
신국판 / 388쪽 / 1..00원

### 포스트 PC의 주역 정보가전과 무선인터넷
김광희 지음

포스트 PC의 주역으로 급부상하고 있는 정보가전과 무선인터넷 그리고 이를 구현하기 위한 관련 테크놀러지를 체계적으로 소개한 21세기의 현자(賢者)가 되기 위한 지침서.
신국판 / 356쪽 / 12,000원

### 성공하는 사람들의 마케팅 바이블
채수명 지음

마케팅의 A에서 Z까지 마케팅 박사가 최근의 이론을 보완하여 내놓은 마케팅 관련 실무서. 마케팅의 정보전략, 핵심요소, 컨설팅실무까지 저자의 노하우와 창의적인 이론이 결합된 마케팅서.  신국판 / 328쪽 / 12,000원

### 느린 비즈니스로 돌아가라
사카모토 게이이치 지음 · 정성호 옮김

미국식 스피드 경영에 익숙해져 현실의 오류를 간과하고 있는 대기업, 중소기업, 조그맣게 자기 가게를 하고 있는 사람들을 위한 어떻게 팔 것인가보다 무엇을 팔 것인가를 차분히 설명하는 마케팅 컨설턴트의 대안 제시서!  신국판 / 276쪽 / 9,000원

### 적은 돈으로 큰돈 벌 수 있는 부동산 재테크
이원재 지음

700만 원으로 부동산 재테크에 뛰어들어 100배 불린 저자가 부동산 재테크를 계획하고 있는 사람들이 반드시 알아두어야 할 내용을 경험담을 담아 해설해 놓은 경제서.
신국판 / 340쪽 / 12,000원

### 바이오혁명
이주영 지음

21세기 국가간 경쟁부문으로 새로이 떠오르고 있는 바이오혁
명에 관한 기초지식을 언론사에 몸담고 있는 현직 기자가 아주
쉽게 해설해 놓은 바이오 가이드서. 바이오에 관심은 있지만
쉽게 접근하기 어려워하던 독자들이 바이오에 금방 친숙해질
수 있고, 관련 용어 해설을 수록해 놓았다는 것이 이 책의 최대
장점!!  신국판 / 328쪽 / 12,000원

 주 식 

### 개미군단 대박맞이 주식투자
홍성걸(한양증권 투자분석팀 팀장) 지음

초보에서 인터넷을 활용한 주식투자까지 필자의 현장에서의
경험을 바탕으로 한 주식 성공전략의 모든 정보 수록.
신국판 / 310쪽 / 9,500원

### 알고 하자! 돈 되는 주식투자
이길영 외 2명 공저

일본과 미국의 주식시장을 철저한 분석과 데이터화를 통해 한
국 주식시장의 투자의 흐름을 파악함으로써 한국 주식시장에
서의 확실한 성공전략 제시!!  신국판 / 388쪽 / 12,500원

### 항상 당하기만 하는 개미들의 매도 · 매수타이밍 999% 적중 노하우
강경무 지음

승부사를 꿈꾸며 와신상담하는 모든 이들에게 희망의 등불이
될 것을 확신하는 Jusicman이 주식시장에서 돈벌고 성공할 수
있는 비결 전격공개!!  신국판 / 336쪽 / 12,000원

### 부자 만들기 주식성공클리닉
이창회 지음

저자의 경험담을 섞어서 주식이란 무엇인가를 풀어서 써놓은
주식입문서. 초보자와 자신을 성찰해볼 기회를 가지려는 기존
의 투자자를 위해 태어났다.
신국판 / 372쪽 / 11,500원

### 선물 · 옵션 이론과 실전매매
이창회 지음

철저한 정글의 법칙이 적용되는 선물과 옵션시장에서 일반인
들이 실패하는 원인을 분석하고, 반드시 지켜야 할 투자원칙
에 따라 유형별로 실전 매매 테크닉을 터득함으로써 투자를 성
공적으로 할 수 있게 한 지침서!!  신국판 / 372쪽 / 12,000원

 역 학 

### 역리종합 만세력
정도명 편저

피흉취길해 나갈 수 있는 생활의 지침서!!
현존하는 만세력 중 최장 기간을 수록하였으며 누구나 이 책을
보고 자신의 사주를 쉽게 찾아보고 맞춰 볼 수 있게 하였다.
신국판 / 532쪽 / 10,500원

### 작명대전
정보국 지음

좋은 이름 짓는 원리를 체계적으로 공식화한 "쉽게 짓는 작명법"
으로 독자들 스스로 작명할 수 있도록 한글 소리 발음에 입각한 작
명의 원리를 밝힌 길라잡이이다.  신국판 / 460쪽 / 12,000원

### 하락이수 해설
이천교 편저

점서학인 하락이수를 직역으로 풀어 놓아 원작자의 깊은 뜻을
원형 그대로 전달하고 원문을 공부하려는 사람들에게 도움이
되는 해설서이다.  신국판 / 620쪽 / 27,000원

### 현대인의 창조적 관상과 수상
백운산 지음

관상에는 그 사람의 평생 운명이 담겨져 있다. 관상을 보면 그
사람의 성격 및 운세, 미래의 성공 여부도 예측할 수 있다.
관상학을 터득하여 적절히 운명에 대처해 나감으로써 어느 분
야에서든지 성공적인 삶을 누릴 수 있는 비법을 전해줄 것이
다.  신국판 / 344쪽 / 9,000원

### 대운용신영부적
정재원 지음

운명을 새롭게 변화시켜주는 신비의 영부적!!
수많은 역사와 신비로운 영험을 지닌 1,000여 종의 부적과 저
자가 수십 년간 연구 · 개발한 200여 종의 부적들을 집대성한
국내 최대의 영부적이다.  신국판 양장본 / 750쪽 / 39,000원

### 사주비결활용법
이세진 지음

컴퓨터와 역학의 만남!! 왕초보자도 한글만 알면 신녹현사주
방정식을 실전에 응용할 수 있다. 운명의 숨겨진 비밀을 꿰뚫
어 보는 신녹현사주 방정식의 모든 것을 수록하였다.
신국판 / 392쪽 / 12,000원

### 컴퓨터세대를 위한 新 성명학대전
박용찬 지음

이름 속에 운명을 바꾸는 비결이 있다. 태어난 아기 이름은 물
론 개명 · 상호 · 아호 짓는 법까지 사람이 살아가면서 필요한
모든 이름 짓기가 총망라되어 각자의 개성과 사주에 맞게 이름
을 지음으로써 본인의 삶에 이름값을 할 수 있도록 누구나 쉽
게 짓는 작명비법을 수록하였다.  신국판 / 388쪽 / 11,000원

### 길흉화복 꿈풀이 비법
백운산 지음

30년이 넘는 세월을 역학에 몸담으면서 터득한 꿈과 관련된 해
몽들이 상세하게 수록되어 있고 길몽과 흉몽을 구분하여 그림
과 함께 보기 쉽게 엮었으며, 특히 요즘 신세대 엄마들에게 관
심이 많은 태몽이 여러 가지로 자세하게 풀이되어 있다.
신국판 / 410쪽 / 12,000원

### 새천년 작명컨설팅
정재원 지음

오랜 세월 철학원을 운영한 저자의 경험을 바탕으로 일반인들
도 '참 쉽다' 라는 표현이 저절로 나올 수 있도록 쓰여졌다. 독
학으로 풍수지리학, 사주추명학 및 성명학을 섭렵한 저자의 경
험을 되살려, 혼자 배워야 하는 독자들도 정말 이해하기 쉽도
록 구성된 신세대 부모를 위한 쉽고 좋은 아기 이름만들기의
결정판이다. 더불어 개명 · 상호명 · 회사명 · 상품명까지 체계

적으로 원리화하여 손쉽게 지을 수 있는 작명비법을 제시한다.
신국판 / 470쪽 / 13,000원

### 백운산의 신세대 궁합
백운산 지음

인간의 운명을 예언하는 역리학의 대가이며, 매스컴을 통하여
잘 알려진 백운산 선생이 남녀궁합 보는 법뿐만 아니라 인간관
계, 출세, 재물, 자손문제, 건강문제, 성격, 길흉관계 등을 미리
규명할 수 있도록 쉽게 풀어놓았다.  신국판 / 304쪽 / 9,500원

### 동자삼 작명학
남시모 지음

한글 성명만으로 사람의 운세를 예측할 수 있다. 최초의 한글
성명학으로 한글의 독창성 · 우수성 · 과학성을 운명철학 차원
에서 검증한, 한국사람에게 알맞은 건물명 · 상호 · 물건명 등
의 이름을 자신에게 맞는 한글이름으로 지을 수 있는 작명비법
을 제시한다.  신국판 / 496쪽 / 15,000원

### 구성학의 기초
문길여 지음

좋지 않은 운(運)을 길운(吉運)으로 바꾸어 운명을 새롭게 변화
시키는 방위학의 모든 것을 통하여 개인의 일생운 · 결혼운 ·
사고운 · 가정운 · 부부운 · 자식운 · 출세운을 성공적으로 이끄
는 비법 공개.  신국판 / 412쪽 / 12,000원

# 법률 일반

### 여성을 위한 성범죄 법률상식
조명원(변호사) 지음

성희롱에서 성폭력범죄까지 여성이었기 때문에 특히 말 못하
고 당해야만 했던 이 땅의 여성들을 위한 성범죄 법률상식서.
사례별 법적 대응방법 제시.  신국판 / 248쪽 / 8,000원

### 아파트 난방비 75% 절감방법
고영근 지음

예비역 공군소장이 잘못 부과된 아파트 난방비를 최고 75%까
지 줄일 수 있는 방법을 구체적인 법적 근거를 토대로 작성한
아파트 난방비 절감방법 제시.  신국판 / 238쪽 / 8,000원

### 일반인이 꼭 알아야 할 절세전략 173선
최성호(공인회계사) 지음

세법을 제대로 알면 돈이 보인다.
현직 공인중개사가 알려주는 합법적으로 세금을 덜 내고 돈을
버는 절세전략의 모든 것!
신국판 / 392쪽 / 12,000원

### 변호사와 함께하는 부동산 경매 닷컴
최환주(변호사) 지음

경매재테크의 성공을 위한 입찰준비에서 낙찰까지의 경매 입
찰 테크닉을 경매 전문 변호사가 명쾌하게 해설한 실전 경매
완벽 가이드서.  신국판 / 364쪽 / 11,000원

### 혼자서 쉽고 빠르게 할 수 있는 소액재판
김재용 · 김종철 공저

나홀로 소액재판을 할 수 있도록 소장작성에서 판결까지의 실

제 재판과정을 상세하게 수록하여 이 책 한 권이면 모든 것을
완벽하게 해결할 수 있다.  신국판 / 312쪽 / 9,500원

### "술 한 잔 사겠다"는 말에서 찾아보는 채권 · 채무
변환철 지음

현대인들의 삶은 채권 · 채무라는 법률영역으로부터 벗어나서
살 수 없기 때문에 채권 · 채무 관련 분쟁이 끊임없이 발생하고
있다. 이러한 사실에 착안하여 전문 변호사가 속시원하게 구수
한 문장력으로 해설해주는 일반인들이 꼭 알아야 할 채권 · 채
무에 관한 법률 사항을 빠짐없이 수록했다.
신국판 / 408쪽 / 13,000원

### 알기쉬운 부동산 세무 길라잡이
이건우 지음

부동산을 사거나 팔 경우, 상속을 받을 경우, 또는 부동산을 소
유하고 있을 경우 부동산에 관련된 모든 세금을 알기 쉽게 단
계별로 해설하고 있다. 합리적이고 탈세가 아닌 적법한 절세법
제시.  신국판 / 400쪽 / 13,000원

### 알기쉬운 어음, 수표 길라잡이
변환철(변호사) 지음

어음, 수표의 발행에서부터 도난 또는 분실한 경우의 공시최고
와 제권판결에 이르기까지 어음, 수표 관련 법률사항을 쉽고도
상세하게 설명. 한 권으로 압축해 놓은 생활법률서.
신국판 / 328쪽 / 11,000원

### 제조물책임법
강동근 · 윤종성 공저

제품의 설계, 제조, 표시상의 결함으로 소비자가 피해를 입었
을 때 제조업자가 배상책임을 져야 하는 제조물책임 시대를 맞
아 제조업자가 갖춰야 할 법률적 지식을 조목조목 설명해 놓은
법률서.  신국판 / 368쪽 / 13,000원

# 생활법률

### 부동산 생활법률의 기본지식
대한법률연구회 지음 · 김원중 감수

부동산관련 기초지식과 분쟁해결을 위한 노하우, 테크닉을 제
시하고 권두 특집으로 주택건설종합계획과 부동산 관련 정부
주요 시책을 소개하였다.  신국판 / 480쪽 / 12,000원

### 고소장 · 내용증명 생활법률의 기본지식
하태웅 지음

독자들이 고소 · 고발의 법적 의미를 정확히 이해하고 스스로
고소 · 고발장을 작성할 수 있도록 예문과 서식을 함께 소개하
여 문제 해결에 대응할 수 있도록 하였다. 또 민사소송에 대해
서도 자세하게 설명하였으며 부록에는 형법과 형사소송법의
원문을 게재하여 법전 역할까지 할 수 있도록 하였다.
신국판 / 440쪽 / 12,000원

### 노동 관련 생활법률의 기본지식
남동희 지음

인터넷 노무 상담실을 운영하며 4만 여 건 이상의 무료 상담을
계속하고 있는 저자의 상담 사례를 통해 문답식으로 속시원하
게 풀어나가는 노동 관련 생활법률 해설의 최신 결정판이다.
아울러 취업규칙 · 단체협약 · 고용보험 관련 여러 가지 서류

및 직장 내 성희롱 예방 지도 지침 등과 같은 노동 관련 양식도 곁들였다.  신국판 / 528쪽 / 14,000원

### 외국인 근로자 생활법률의 기본지식
남동회 지음

외국인 연수협력단의 자문위원으로 오랜 시간 실무를 접했던 저자의 경험을 바탕으로 외국인 근로자의 체류자격 및 취업자격 등 법적 문제와 법률적 지위를 상세하게 다루었다.
신국판 / 400쪽 / 12,000원

### 계약작성 생활법률의 기본지식
이상도 지음

법을 전공하지 않은 사람이라도 국민생활과 직결된 계약법의 기초를 이루는 핵심 기본지식을 체계적으로 쉽게 이해할 수 있도록 했으며, 간단명료한 해설과 더불어 이와 관련된 계약서 작성 예문을 상세하게 예시함으로써 실제 상황에 활용가능하게 하였다.  신국판 / 560쪽 / 14,500원

### 지적재산 생활법률의 기본지식
이상도 · 조의제 공저

현대 산업사회에서 중요시되고 있는 특허, 실용신안, 의장, 상표, 저작권, 컴퓨터프로그램저작권 등 지적재산의 모든 것을 체계화하여 한 권으로 요약하였다. 아울러 지적재산 전체를 통틀어 다루되 상호 연관적으로 해설하여 실무에 직접 활용할 수 있도록 하였다.  신국판 / 496쪽 / 14,000원

### 부당노동행위와 부당해고 생활법률의 기본지식
박영수 지음

노사관계 이슈 중에서 주요 핵심사항인 부당노동행위와 정리해고 · 징계해고를 중심으로 간단 명료한 해설과 더불어 대법원 판례, 노동위원회에 의한 구제절차, 소송절차 및 노동부 업무처리지침을 소개하여 실질적인 도움이 되도록 하였다.
신국판 / 432쪽 / 14,000원

### 주택 · 상가임대차 생활법률의 기본지식
김운용 지음

전세업자들이 보증금 반환소송이나 민사소송, 경매절차까지의 모든 기본적인 흐름을 알 수 있도록 인터넷을 통한 실제 법률상담을 전격 수록하였다. 이 책을 통하여 사전 분쟁을 막고 많은 시간과 비용 및 정신적 고통까지 당하는 소송이나 강제집행의 단계에 이르지 않고 문제 해결을 할 수 있도록 하였다.
신국판 / 480쪽 / 14,000원

### 하도급거래 생활법률의 기본지식
김진홍 지음

경제적 약자인 하도급업자를 위하여 하도급거래 관련 필수적인 법률사안들을 쉽게 해설함과 동시에 실무에 필요한 12가지 하도급표준계약서를 소개하여 공정한 하도급거래의 법률자문 역할을 할 수 있도록 하였다.  신국판 / 440쪽 / 14,000원

### 이혼소송과 재산분할 생활법률의 기본지식
박동섭 지음

이혼과 관련하여 해결해야 할 법률문제들을 저자의 실무경험을 바탕으로 명쾌하게 해설하였다. 아울러 약혼이나 사실혼과기로 인한 위자료문제도 함께 다루어 가정문제로 고민하는 사람들에게 길잡이가 되도록 하였다.  신국판 / 460쪽 / 14,000원

### 부동산등기 생활법률의 기본지식
정상태 지음

등기를 하지 않으면 어떤 위험이 따르고, 등기를 하면 어떤 효력이 생기는가! 등기신청은 어떻게 하며, 필요한 서류는 무엇이고, 등기종류에는 어떤 것들이 있는가 등 부동산등기 전반에 걸쳐 일반인이 꼭 알아야 할 법률상식을 간추려 간단, 명료하게 해설하였다.  신국판 / 456쪽 / 14,000원

### 기업경영 생활법률의 기본지식
안동섭 지음

사업을 구상하고 있는 사람이나 현재 경영하고 있는 사람 및 관리실무자에게 필요한 법률을 체계적으로 알려줌으로써 성공적인 기업 경영자의 비전을 제시해준다. 또한 관련 법률서식과 서식작성 예문도 함께 소개하였다.  신국판 / 466쪽 / 14,000원

### 교통사고 생활법률의 기본지식
박정무 · 전병찬 공저

교통사고 당사자가 쉽게 응용할 수 있도록 단계별 해결책을 제시함과 동시에 사고유형별 Q&A를 통하여 상세한 법률자문 역할을 하였다.
신국판 / 480쪽 / 14,000원

### 소송서식 생활법률의 기본지식
김대환 지음

일상생활과 밀접한 소송서식을 중심으로 소장작성부터 판결을 받을 때까지 그 절차마다 법원에 제출하는 순위에 따라 그 서식작성요령을 서식마다 항목별로 자세하게 설명하였다.
신국판 / 480쪽 / 14,000원

### 호적 · 가사소송 생활법률의 기본지식
정주수 지음

개명, 성 · 본 창설, 취적절차 및 법원의 허가 및 판결에 의한 호적정정절차, 친권 · 후견절차, 실종선고 · 부재선고절차에 이르기까지 상세한 해설과 함께 신고서식 작성요령과 구비할 서류 및 재판절차에 대하여 자세히 설명하였다.  신국판 / 516쪽 / 14,000원

### 상속과 세금 생활법률의 기본지식
박동섭 지음

지금 우리 주위에 상속을 둘러싸고 형제간, 부모자식간에 다툼이 갈등이 있는 경우를 심심치 않게 본다. 이럴 때 상속재산분할, 상속회복청구, 유류분반환청구, 상속세부과처분취소 등 상속관련 사건들을 해결하는 데 도움이 되도록 상속법과 상속세법을 상세하게 함께 수록.  신국판 / 480쪽 / 14,000원

### 성공적인 삶을 추구하는 여성들에게 우먼파워
조안 커너 · 모이라 레이너 공저, 지창영 옮김

사회의 여성을 향한 냉대와 편견의 벽을 깨뜨리고 성공적인 삶을 이루려는 여성들이 갖추어야 할 자세 및 삶의 이정표 제시!!
신국판 / 352쪽 / 8,800원

### 聽 이익이 되는 말 話 손해가 되는 말
우메시마 미요 지음 · 정성호 옮김

상호 교류감이 있는 대화가 인생과 비즈니스를 성공으로 이끈다. 직장이나 집안에서 언제나 주고받는 일상의 화제를 모아 실음으로써 대화의 참의미를 깨닫고 비즈니스를 성공적으로 이끌기 위한 대화술을 키우는 방법 제시!!
신국판 / 304쪽 / 9,000원

### 성공하는 사람들의 화술테크닉
민영욱 지음

개인간의 사적인 대화에서부터 대중을 위한 공적인 강연에 이르기까지 어떻게 말하고 어떻게 스피치를 할 것인가에 관한 지침서. 자신의 경험을 바탕으로 한 이론을 통해 화술이 부족해서 사회에 적응하지 못하는 사람들에게 길라잡이가 된다.
신국판 / 320쪽 / 9,500원

### 부자들의 생활습관 가난한 사람들의 생활습관
다케우치 야스오 지음 · 홍영의 옮김

경제학의 발상을 기본으로 하여 사람들이 살아가면서 생활에서 생각해 볼 수 있는 이익을 보는 생활습관과 손해를 보는 생활습관을 수록, 독자 자신에게 맞는 생활습관의 기본 전략을 설계할 수 있도록 제시.  신국판 / 320쪽 / 9,800원

### 코끼리 귀를 달긴 원숭이-히딩크식 창의력을 배우자
강충인 지음

코끼리와 원숭이의 우화를 히딩크의 창조적 경영기법과 리더십에 대비하여 자기혁신, 기업혁신을 꾀하는 창의력 개발법을 제시.  신국판 / 208쪽 / 8,500원

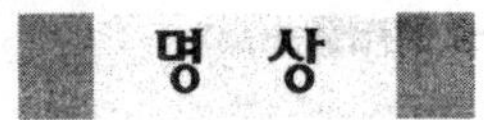

## 명상

### 명상으로 얻는 깨달음
달라이 라마 지음 · 지창영 옮김

티베트의 정신적 지도자이자 실질적 지도자인 달라이 라마의 수많은 가르침 가운데 현대인에게 필요해지고 있는 인내에 대해 문답형으로 풀어놓았다. 달라이 라마와 함께 풀어보는 인내에 대한 이야기.  국판 / 320쪽 / 9,000원

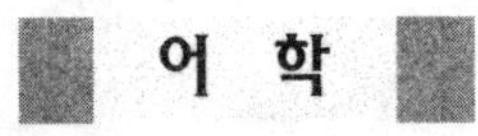

## 어학

### 2진법 영어
이상도 지음

영어학습의 대혁명!!
2진법 영어의 비결을 통해서 기존 영어학습 방법의 단점을 말끔히 해소시켜 주는 최초로 공개되는 고효율 영어학습 방법. 적은 시간을 투자하여 영어의 모든 것을 획기적으로 향상시킬 수 있는 비법을 제시한다.  4 · 6배판 변형 / 328쪽 / 13,000원

### 한 방으로 끝내는 영어
고제윤 지음

일상생활에서의 이야기를 바탕으로 하는 영어강의로 영어문법은 재미없고 지루하다고 생각하는 이 땅의 모든 사람들의 상식을 깨면서 학습 효과를 높이기 위한 공부방법을 제시하는 새로운 영어학습서.
이 책으로 영어문법을 마스터하여 영어의 벽을 뛰어넘도록 하자.  신국판 / 316쪽 / 9,800원

### 한 방으로 끝내는 영단어
김승엽 지음 / 김수경 · 카렌다 감수

일상생활에서 우리가 무심코 던지는 영어 한마디가 당신의 영어수준을 드러낸다는 사실을 깨닫게 하는 영어 실용서. 풍부한 예문을 통해 참영어를 배우겠다는 사람, 무역업이나 관광 안내업에 종사하는 사람, 영어권 나라로 이민을 가려는 사람들에게 많은 도움을 줄 것이다.  4 · 6배판 변형 / 236쪽 / 9,800원

### 테마별 고사성어로 익히는 한자
김경익 지음

세글자, 네글자로 이루어진 고사성어를 통해 실용한자를 익히고 성어 속에 담긴 의미도 오늘에 맞게 재해석 해보는 한자 학습서.  4 · 6배판 변형 / 248쪽 / 9,800원

### 해도해도 안 되던 영어회화 하루에 30분씩 90일이면 끝낸다
Carrot Korea 편집부 지음

온라인과 오프라인을 넘나들면서 영어학습자들의 각광을 받고 있는 린다의 현지 생활 영어 수록. 교과서에서 배울 수 없었던 생생한 실생활 영어를 90일 학습으로 모두 끝낼 수 있다.
4 · 6배판 변형 / 260쪽 / 15,000원

### 바로 활용할 수 있는 기초생활영어
김수경 지음

다양한 상황에 대처할 수 있도록 인사나 감정 표현, 전화나 교통, 장소 및 기타 여러 사항에 관한 기초생활영어를 총망라.
신국판 / 240쪽 / 10,000원

## 스포츠

### 수열이의 브라질 축구 탐방 삼바 축구, 그들은 강하다
이수열 지음

축구에 대한 관심만으로 각 나라의 축구팀, 특히 브라질 축구팀에 애정을 가지고 브라질 축구팀의 전력 및 각 선수들의 장단점을 나름대로 분석하고 연구하여 자신의 의견을 피력하고 있는 축구 길라잡이서.  신국판 / 280쪽 / 8,500원

### 마라톤, 그 아름다운 도전을 향하여
빌 로저스 · 프리실라 웰치 · 조 헨더슨 공저 / 오인환 감수 / 지창영 옮김

마라톤에 입문하고자 하는 초보 주자들을 위한 마라톤 가이드서. 올바르게 달리는 법, 음식 조절법, 달리기 전 준비운동, 주자에게 맞는 프로그램 짜기, 부상 예방법을 상세하게 설명하고 있다.  4 · 6배판 / 320쪽 / 15,000원

성공하는 사람들의
# 자기혁신경영기술

2002년 11월  5일 제1판 1쇄 인쇄
2005년 10월 20일 제1판 2쇄 발행


지은이/채수명
펴낸이/강선희
펴낸곳/가림출판사

등록/1992. 10. 6. 제4-191호
주소/서울시 광진구 구의동 57-71 부원빌딩 4층
대표전화/458-6451   팩스/458-6450
홈페이지  http://www.galim.co.kr
e-mail  galim@galim.co.kr

값 12,000원

ⓒ 채수명, 2002

저자와의 협의하에 인지를 생략합니다.
무단 복제 · 전재를 절대 금합니다.

ISBN 89-7895-120-2  13320

가림출판사 · 가림M&B · 가림Let's의 홈페이지(http://www.galim.co.kr)에
들어오시면 가림출판사 · 가림M&B · 가림Let's의 신간도서 및 출간 예정 도서
를 포함한 모든 책들을 만나실 수 있습니다.
온라인 서점을 통하여 직접 도서 구입도 하실 수 있으며 가림 홈페이지 내에서
전국 대형 서점들의 사이트에 링크하시어 종합 신간 안내 및 각종 도서 정보,
책과 관련된 문화 정보를 받아보실 수 있습니다.
또한 홈페이지 방문시 회원으로 가입하시면 신간 안내 자료를 보내드립니다.